家康の天下取り

関ヶ原、勝敗を分けたもの

加来耕三

つちや書店

刊行に寄せて

加来耕三さんが作家生活四十周年を迎えられたという。

これを記念して、これまでに出版された約四百冊の中から「加来耕三といえばこの一冊――」と銘打って本書が刊行された。加来さんには、滋慶学園の文化教養系学校グループの名誉教育顧問として、学校の教職員・学生たちの指導をしていただいている。そのご縁もあって、総長である私が推薦文を書くことになった。

四十年前、私は加来さんと出会った。つまり、彼の作家生活の期間と私とのつきあいは、時間的に重なっているのである。

そのころ私は、大阪と東京で四校の医療系専門学校を経営しており、四十歳代、加来さんは二十歳代半ばだった。教育欄でも評価が高かった『大阪新聞』(現在は休刊)で、連載企画「21世紀へのチャレンジ――はばたく専門学校卒業生たち――」の取材・執筆をされていた。いわば卒業生探訪記で、業界のプロフェッショナルとして活躍している卒業生を取り上げていただいたときに、会ったのが最初であった。

彼は奈良大学を卒業後、大阪の出版社の編集長をつとめ、作家として独立したところだった。編集長として、稲盛和夫の伝記『ある少年の夢』、東京農業大学助教授（現・名誉教授）の小泉武夫著『匂いの中の日本文化』などの話題作を手掛けた彼が、作家となって一作目の『真説　上野彰義隊——慶応四年の知られざる日々——』（ＮＧＳ・一九八四年）を刊行された年でもある。

デビューしたての彼は歴史ものの執筆だけではなく、ノンフィクションの取材もおこなっており、その一環として『大阪新聞』の連載を担当されていた。

しかし、今にして思えば、その頃すでに大器の片鱗をのぞかせており、人間としてのスケールの大きさを伺わせるものがあった。古流剣術をやっているというだけあって姿勢、体格がよいのはもちろん、私の眼には態度、ふるまいが凛々しく映ったものだ。

またこの時期は、滋慶学園グループの草創期でもある。専修学校制度が施行された昭和五十一年（一九七六）、厚生省（現・厚生労働省）認定の歯科技工士養成校（現・新大阪歯科技工士専門学校）が設立されてから八年が経過。学校法人 滋慶学園を設立し、「職業人教育を通して社会に貢献する」をミッションとして掲げるグループの基盤がいよいよできき上り、職業人育成の職種も医療系から文化教養系へと拡大しようとしているころであった。

卒業生の取材がご縁となって、加来さんには専門学校の教材・パンフレットなどの執筆も依頼するようになっていた。

なかでも思い出深いのは、『SPECIALIST　医療・科学系　劇画による専門学校ガイドブック』（NGS・一九八七年）で、加来さんにこの本を監修していただいている。ともすれば硬くなりがちなガイドブックが、劇画によってよりわかりやすい内容になっていた。

現在、加来さんが企画・構成・監修（作品によっては原作）をつとめるポプラ社のコミック版日本の歴史シリーズ（既刊八十四巻）の源流は、すでにこのころにあったように思う。

その後、加来さんは新しい学科・コースの提案など、新規事業のプランにも積極的に参画いただき、マンガ・コミックイラスト・シナリオなどの分野では、コーディネーター的な役割を担っていただいた。いろんな場面でアイディアを出していただいたばかりか、出版社などとのコネクションを通じ、多くの学生がデビューのチャンスをいただき、感謝状を贈ったこともある。自ら指導した学生や後輩との交流は今なお続いており、なかには同じように歴史作家になった卒業生もいると聞く。

またグラミン銀行の創設者で、母国バングラディッシュの貧困に苦しむ人々を自立に導き、平成十八年（二〇〇六）にノーベル平和賞を受賞したムハマド・ユヌス氏の偉業を紹介する『まんが版 ユヌス教授のソーシャル・ビジネス』（つちや書店・二〇一四年）の出版も印象深く記憶に残っている。

利益よりも貧困・教育・環境などの問題を解決する持続可能な経済システムである「ソーシャル・ビジネス」の誕生から発展、その意義をマンガで伝えており、加来さんには企画・構成を担当していただいた。「社会貢献事業としての職業人教育」をミッションとする滋慶学園グループと九州大学との共同研究の成果でもあり、SDGsにつながる本書は、グループにとっても意義は大きかったと思う。

滋慶学園グループの浮舟邦彦総長（左）と加来耕三氏

加来耕三氏といえば、歴史家・作家と思い込んでいる人が多いが、四十年前の彼は「歴史」「武道」「漫画の原作」の三本立てで、筆一本の生活を維持していた。大学の卒業論文が講談社に認められ、また本書の原本である『家康の天下取り』を刊行した日本経済新聞社など、多くの刊行先に恵まれ、歴史評伝を世に出してきた加来さん。

いまや歴史をテーマにしたテレビ番組二本にレギュラー出演し、わかりやすい解説をされている。

歴史を扱う作家は多い。しかし、経営やマネジメントの本質を理解し、偉人たちの組織のつくり方やリーダーシップにまで論をすすめ、現在と未来を見据えながらものが書ける歴史作家は、それほどいないのではないだろうか。

加来さんと出会ったころ、まだ医療系四校だった滋慶学園グループは現在、専門学校を中心に全国で八十二の教育機関を経営するまでに成長した。職種も最近のＡＩ、ｅスポーツ、サイバーセキュリティーなどのコースを含め五百職種におよぶ。また大阪には「臨床工学」を学ぶ滋慶医療科学大学や「医療の質と安全」を研究する同大学院もあり、令和五年（二〇二三）四月には東京情報デザイン専門職大学が、東京の江戸川区にオープンする。

そして令和八年、滋慶学園グループはいよいよ創立五十周年を迎える。

四十年――。長かったようで短くもあったこの歳月、加来さんの感慨もひとしおであろうと思う。私としても、さまざまな困難を乗り越え、発展してきたグループの歴史を振り返り、未来を展望するこのごろなのである。

令和五年（二〇二三）元旦

滋慶学園グループ総長　浮舟邦彦

はじめに

歴史の史料を読むのは、未知の国を旅するようなもので、ときには思わぬ光景にでくわすことがまゝまゝある。

〝天下分け目〟の関ヶ原の戦いを調べていて、この合戦が実は、東軍の徳川家康の意図した戦いではなく、西軍の主将・石田三成が持久戦を想定して、練りに練ったものであり、作戦遂行のために新しい城砦まで築いて、彼が待ち構えていたのを知ったときの驚きは、無類のものであった。

同様に、徳川家康という日本人のあいだで、最も著名なこの人物が、通史や小説によって誤解され、いつの間にか虚構の薄絹《ベール》に覆《おお》われてしまっている、との皮肉に出会った時も大きな衝撃《ショック》であった。

本書は別段、関ヶ原の戦いの通史を大きく覆《くつがえ》そうとか、家康の新しい像を導き出したい、などという大それたことを動機に執筆したわけではない。

ともすれば、結果論を追いがちになる〝歴史〟を、一度立ち止まり、遡《さかのぼ》りながら原因――

過程《プロセス》と順に見ていくとどうなるか、を考えた。無論、新史料も駆使して史実を検証している。すると、どうであろう、従来の通史では説明のできない事実に、幾つも遭遇した。

たとえば、関ヶ原の合戦の前提となった家康の天下取りは、これまでいわれてきたような、虎視眈々《こしたんたん》と隙を狙いつづけてきた、といったものでは到底、説明し得ない現実があった。豊臣秀吉が考え抜いた家康封じ込めの包囲網《シフト》は、完璧にしつらえられていたし、豊臣家も天下の諸侯も、家康を十二分に警戒していた――云々。

家康もそうした環境と雰囲気を、気骨が折れるほど自覚していたのである。

当時、日本に伝道にきていたイエズス会の宣教師たちが、本国へ送信した報告書《レポート》――たとえば、ポルトガル人のフェルナン・ゲレイロの編纂による『一六〇〇年および一六〇一年度日本年報』――には、次のような記述があった。

天下すなわち帝国（日本）の政治は、幾多の領袖（大名）によって、またさまざまに異なる意見によっていかようにも左右されるものであるから、偽政者間の締盟など永きにわたって保たれるものではあり得ない。ましてや、そのあいだに力の強弱がある場合はなおさら……。（日埜《ひの》博司訳・カッコ注は筆者）

その頃の、戦国日本の意識でいえば、「天下は実力者の持ち回り」ということになろうか。

このような判断が、この国ではつねにくだされてきた。

であるから、太閤《たいこう》様（秀吉）の死後、しばらくのあいだは事態が平穏に推移したとしても、内府様（家康）の権力がとみに増し、政界第一の地位を占めるにいたったのは、ごく自然のなりゆきであった。彼はひじょうに専制的となり、一切を命じかつ御《ぎょ》する唯一人となった。ために他の諸侯は彼に対する多大な反感をいだきはじめ、一体化の動きをすすめた。そして彼に一撃を加えるための一種の陰謀をしくんだ。

なかんずくこの事にあたったのは、三ヶ国の領主・肥前殿《ひぜんどの》（前田利長《としなが》）、そしてこれまたひじょうに強大な領主（上杉）景勝《かげかつ》である。両者はいずれも上級奉行（五大老）であった。下級奉行（五奉行）のうちでは治部少《じぶのしょう》（石田三成）である。彼こそこの陰謀（関ヶ原の戦い）の枢要であり、ドン＝アゴスティーニョ（別音でトム＝オーギュスタン・小西行長《ゆきなが》）は親友であるがため、彼に熱烈な好意をよせていた。（前ページ同上）

ほぼ、日本のこの時期の政局を、的確に把握していたといっていい。

こうした四面楚歌の現状の中に、家康はいたのである。

しかも、気になるのはその風貌であり、指導力《リーダーシップ》であった。

およそ、きらびやかさに縁遠い地味な家康が、どうすれば諸侯の衆望を担えたというのだろうか。立ち止まって考察すると、明らかにされていない事柄が多すぎる。

第一、家康の性格すら、これまでの通史は誤解していた。

詳しくは序章の冒頭で述べる。読みすすめて頂ければと思う。

――関ヶ原の合戦には、その政略・外交・戦術など、すこぶる多くの面で、それ以前に手本《モデル》があったということも、これまであまり語られてこなかったのではあるまいか。

家康は（あるいは三成も）そうした経験を巧みに学習し、己れのものとしていた。

本書が関ヶ原をテーマとしながら、〝天下分け目〟の合戦当日を、僅かしか記述していないのもそのためである。

また、幾つかの問題を解決し、ようやく関ヶ原へ動き出した家康が、誤算を多くしていたことも、本文で明らかにしている。石田三成・大谷吉継《よしつぐ》を相手方の大将と見定めていた家康は、より恐るべき敵を完全に見落としていた。安国寺恵瓊《あんこくじえけい》である。

この人物は一言でいえば、この時代の日本が持ち得た、最高の教養人であったといっていい。頭脳が明晰であるばかりでなく、先見性に優れ、織田信長の没落も秀吉の出世も予言し、見事に的中させている。この恵瓊に、秀吉が己れに似た者として唯一、比較を許した石田三成、謀才に恵まれた大谷吉継が加わり、綿密に練られた秘策をもってして、彼らの勝ちとはならず、なぜ、関ヶ原の戦いは家康の勝利となったのであろうか。

ついでながら、関ヶ原の当日、家康が率いた徳川軍（東軍）は主力＝徳川の正規軍ではなく、ついに合戦に間に合わなかった、後継者・秀忠《ひでただ》の率いる別働隊こそが主力であった、と筆者は考えてきた。併せて、この秀忠軍は最初から、決戦に参加する意志はなかったのではあるまいか、とも疑ってきた。

改めて考察すると、不思議な決戦であった。

大義名分をはじめ地の利、兵力、経済力にいたるまで、ことごとくに優越していたはずの西軍は、どうして家康に敗れたのであろうか。

本書はその答えを求め、同時に日本型指導力《リーダーシップ》についても考察した。

加えて、関ヶ原の戦いが豊臣政権の存続を懸けた、三成と加藤清正《きよまさ》の戦いであったこと。清正の性癖、実際には共同謀議のなかった三成と上杉家の直江兼続《なおえかねつぐ》に共通した境遇。真田昌幸《まさゆき》と三成の密約、豊臣官僚内部における三成と浅野長政の対立。三成暗殺計画の真相といった、これまでもあまり明確にされてこなかった史実の側面にも、可能なかぎり光を当ててみた。多くは知られざる、逸話といえるに違いない。

本書を執筆するにあたっては、できるかぎり原史料にあたった。出典は各々、本文中に付記している。なお、本書は平成五年（一九九三）九月に、日本経済新聞社より刊行され、好評を博して版を重ね、ベストセラーの仲間入りを果たさせていただいた、拙書『家康の天下取り　関ヶ原・勝敗の研究』を定本とし、以来、幾度か出版社を変え、加筆・訂正してきた筆者の代表作を、作家生活四十周年を記念して、新たに刊行したものである。

本書が読者諸氏の、〝未来〟を考えるうえで、何らかの参考になれば、これにすぐる喜びはない。

刊行にあたっては、「刊行に寄せて」を寄稿くださった滋慶学園グループ総長・浮舟邦彦氏、表紙をかざっていただいたグラフィックデザイナーで挿画家の中川恵司先生、そして刊行でお世話になったつちや書店社長の佐藤秀氏、同社書籍編集長の渡部まどか氏に、この場を借りてお礼を申し述べる次第です。

令和五年（二〇二三）新春・東京・練馬の羽沢にて

加来耕三

目次

第三章　家康の鬱屈した情念……175

第四章　秀吉亡きあとの政権

第五章　〝天下分け目〟の戦い……305

終章　日本人最多の典型

岩手村
平尾村
府中村
相川村
至赤坂
垂井
有馬豊氏
浅野幸長
山内一豊
池田輝政
相川
金蓮寺
至大垣・羽島
表佐村
南宮神社
宮代村
吉川広家
長束正家
安国寺恵瓊
南宮山
毛利秀元
相川山
長宗我部盛親
老郡
栗原山
牧田路
山村
乙坂村
栗原村
至尾張
牧田川
0
1 km

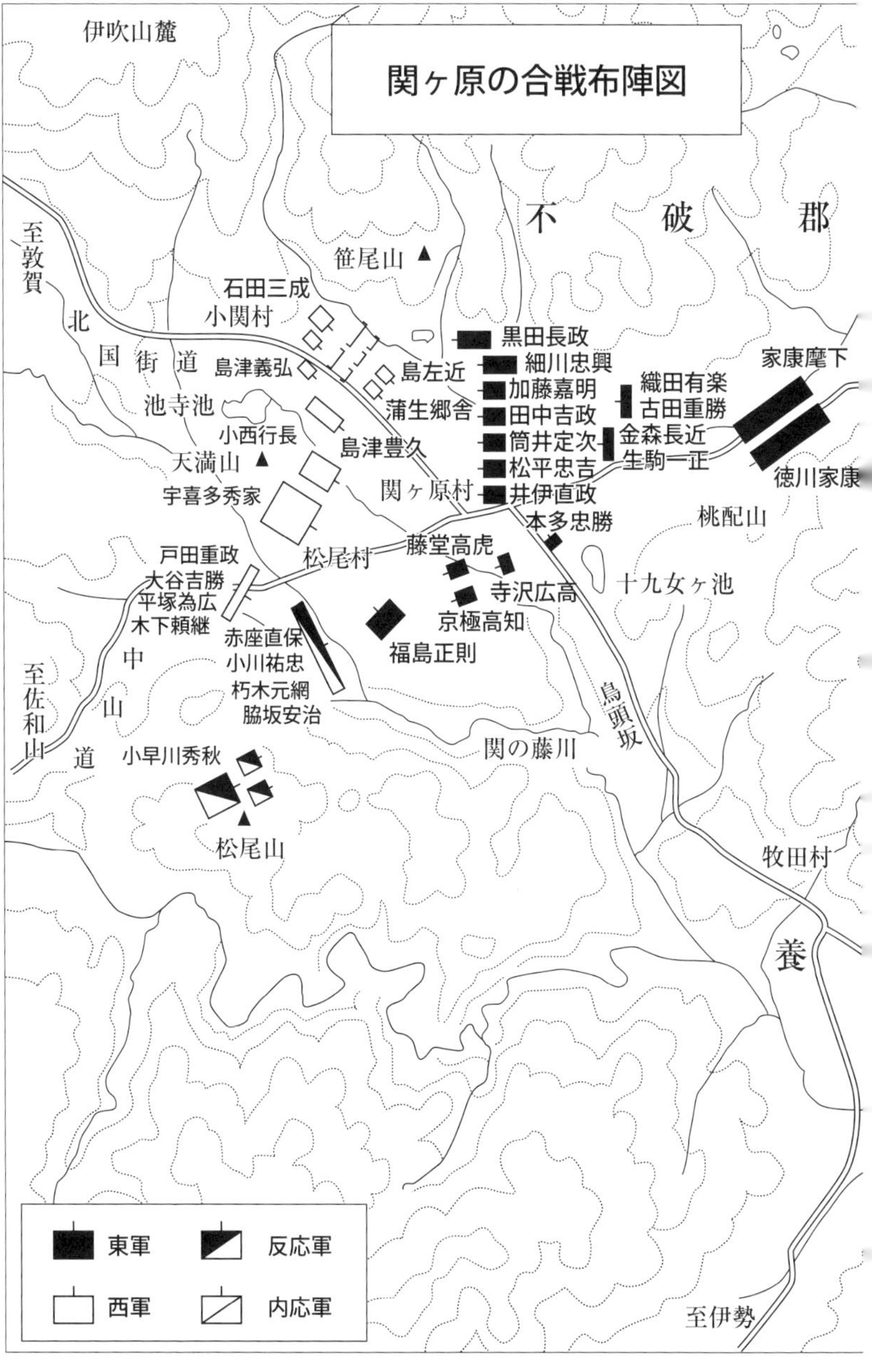
関ヶ原の合戦布陣図
伊吹山麓
不 破 郡
笹尾山
至敦賀
北国街道
石田三成
小関村
島津義弘
池寺池
小西行長
天満山
宇喜多秀家
島左近
蒲生郷舎
島津豊久
関ヶ原村
黒田長政
細川忠興
加藤嘉明
田中吉政
筒井定次
松平忠吉
井伊直政
織田有楽
古田重勝
金森長近
生駒一正
家康麾下
徳川家康
桃配山
本多忠勝
藤堂高虎
松尾村
戸田重政
大谷吉勝
平塚為広
木下頼継
寺沢広高
京極高知
十九女ヶ池
福島正則
赤座直保
小川祐忠
朽木元網
脇坂安治
至佐和山
中山道
烏頭坂
関の藤川
小早川秀秋
松尾山
牧田村
養
至伊勢
東軍
反応軍
西軍
内応軍

装幀画　中川惠司
装　幀　脇田みどり

序章

関ヶ原に家康のすべてがある

誤解される家康

徳川家康をいまもって、誤解している人は少なくない。

その性格と、天下取りについてである。

関ヶ原での戦いを契機として、日本史上最大の権力者に成り上がったこの人物は、脂肪《あぶら》がたっぷりと肥満した身体に溜まり、テカテカと顔が光り輝いていた。

太り過ぎて乗馬も億劫《おっくう》なほどで、関ヶ原へ出向くのには輿《こし》をつかっている。この年、五十九歳。令和の感覚でいえば、七十すぎといえようか。

そうした彼の風貌から世間では、あるいは後世のわれわれまでもが、この天下人を、

「たぬきおやじ」

と思い込み、陰謀、背信、簒奪《さんだつ》、弑虐《しいぎゃく》、威嚇、譎詐《けっさ》、買収、甘言といった、ありとあらゆる悪徳・奸謀を一代でおこなった梟雄《きょうゆう》（強くて性格の悪い英雄）と信じてきた。

一般的な人気のなさも、この心象《イメージ》ゆえであったといえる。

「稀代《きだい》の忍人《にんじん》」

との評価もあった。稀代とは世にまれなこと、忍人とは目的遂行のためなら手段を選ば

ず、いかなる残酷なことも、平然と実行する者の意である。

そうかと思うと、きわめて律儀で用心深い、実は善人――この家康のイメージは、徳川二百六十五年の泰平を築いた功績とあいまって、組織運営の神さまのごとく、高く評価される一面をも生んでいた。

家康を敬慕する人々は、慶長《けいちょう》八年（一六〇三）正月十五日――関ヶ原の合戦から三年後――六十二歳の家康が認《したた》めたと伝えられる次の遺訓を、人生の手本のように扱ってきた。

人の一生は重荷を負《おい》て遠き道をゆくが如《ごと》し、いそぐべからず、不自由を常《つね》とおもへば不足なし。こころに望《のぞみ》おこらば、困窮したる時を思ひ出《いだ》すべし。堪忍《かんにん》は無事長久《ちょうきゅう》の基《もとい》、いかりは敵とおもへ。勝事《かつこと》ばかり知《しり》て、まくる事をしらざれば、害其身《そのみ》にいたる。おのれを責《せめ》て、人をせむるな。及《およ》ばざるは過《すぎ》たるよりまされり。

ところが、この「東照公御遺訓《とうしょうこうごいくん》」は家康の親筆ではなく、後世の人々の仮託によるもの――旧幕臣・池田松之助《まつのすけ》の、明治に入ってからの偽筆――であることが、徳川美術館の館長であった徳川義宣《よしのぶ》氏によって、実証されてしまった（徳川義宣著「一連の徳川家康の偽筆と日課念仏」・『金鯱叢書』第八輯《しゅう》所収）。

つまり、家康の評価が定まった段階（明治十七年〈一八八四〉頃）でつくられたもので、必ずしも家康その人の真の姿と重なるものではないことが、明らかになったわけだ。

そのわりには、家康の偶像はある程度固定されて、令和の今日まで伝えられている。

同様のものに、

鳴かぬなら鳴くまで待とうほととぎす

というのがあった。

家康は忍耐づよく、困苦によく耐え、〝待ち〟に徹した人であった、との見方が通説化してきた証左といえよう。

確かに家康は、都合十二年もの人質生活をおくり、東海道最大の太守《たいしゅ》・今川義元《よしもと》に仕えて、その存命中は一度もこの主人を裏切らず、今川家に忠勤を励んでいる。

義元の死後、織田信長と同盟してからは、信長の天下統一事業に駆り出され、東の脅威・武田信玄にその身を晒《さら》しながら、恐れおののきつつ九死に一生の場面を、幾度か経験している。それでいてついぞ、信長からは離反しなかった（できなかった、というべきか）。

また、信長の後継者に躍り出た豊臣秀吉にたいしても、堂々と矛《ほこ》を交えて小牧《こまき》・長久手《ながくて》を争ったものの、秀吉が天下統一を成し遂げる過程では、家康は己れの膝を屈してその風下に立ちつづけている。

そうした家康の姿は、一見して〝長いものには巻かれろ〟式の態度ともみえ、一面では、天性の律義さを発露しているかのようにもみえた。そして〝律義者〟の家康が薄絹《ベール》を自ら剝ぎ取り、天下に野心を公にしたのが関ヶ原の戦いであった、との通説も頷《うなず》けなくはない。

「あの戦い以前と以後とでは、内府《だいふ》（家康）どのは人変わりされたような――」

事実、前関白《さきのかんぱく》・太政大臣の近衛前久《このえさきひさ》などは、不快とも何とも名状しがたい口吻《こうふん》を抱いていた。豊臣恩顧の大名も例外なく、家康の人変わりには驚いたようだ。

だが、これら表面的な家康ははたして、その正体に近いものであったのだろうか。筆者は、本来はまったく逆の本性をもった人物ではなかったか、と疑ってきた。

すなわち、家康は元来は猛々しく、ややもすると狂騒し、暴走しかねない危うさを、体内に同居させていたのではないか。その激越なさまは、あるいは信長を凌駕していたかもしれない。その狂気の激しさを矯《た》め、己れの鋭鋒ぶりを懸命に抑えるために、家康は自身に律義者＝善人になるための催眠術を施したのではなかったか。

いわば、家康の分厚い皮膚に匹敵する、その堅牢な二重人格は、人質生活や信長に属邦扱いされた歳月のなかで、創り上げられた鎧《よろい》や兜《かぶと》のようなものであったといえよう。

もし、家康が己れで己れを抑制する人質生活や不遇時代を体験していなければ、おそらく彼は三河の土豪同士の争いの中で揉《も》まれ、熱せられ、狂悖《きょうぼつ》し、揚げ句の果てには剣や弓矢を前からのみか、家臣のいる背後からも受けて、頓死した公算が小さくはなかった。

徳川家代々の〝血〟

徳川、それ以前は松平家の血脈が、そういうものであった、とする傍証は少なくない。

たとえば、家康の祖父で〝中興の祖〟とあがめられる松平清康《きよやす》（七代）の場合――。

この人物は紛れもない、伝説的英雄であったといえる。

三河の松平党といえば、家臣の結束は巌《いわお》のごとく固い、とよくいわれるが、これも家康の性格と同様に、後世の創作、誤解の産物といえそうだ。

戦国時代、党首に組織を束ねるだけの力量がなければ、一門は簡単に離反した。

松平家とて例外ではあり得ず、清康が松平家を十三歳で相続したとき、この一族は没落同然の情況であった。それを清康は二十歳までの間に建て直し、旧領のことごとくを回復したばかりか、西三河の諸豪族をあらかた討ち平らげた。

次いで、今川氏の支配下にあった東三河の経略もおこない、天文《てんぶん》（てんもん、とも）初頭（一五三〇年代）には三河一国をほぼ席捲するにいたった。清康の性質は豪邁《ごうまい》で勇猛果敢、家康に似て小ぶとりの男であったが、馬上にあって家臣団を指揮する姿は、鬼神もかくやと思えるほど、ほれぼれする大将ぶりであったという。

——家康はこの祖父を、憧憬していた。

通称も祖父、父と受け継がれた〝次郎三郎〟を用いている。また、本来は公家や武家のうち、実名のみを指した〝諱《いみな》〟にも、「元康」「家康」と祖父の名の一字を使用した。

ところで、松平清康がいま少し長寿であったなら、東海道の支配地図は大きくかわっていたであろう。あるいは、人質生活を過ごした家康と、尾張《おわり》（現・愛知県西部）の信長の立場は逆転していたかもしれない。清康は武将としての才覚では、今川義元、織田信秀《のぶひで》（信長の父）とならぶほどの名将であった。それまでの本拠地・安祥城《あんじょうじょう》（現・愛知県安城市）から、岡崎城（現・同県岡崎市）に移ったのも清康の代である。

だが、清康の生涯はあまりにも呆気《あっけ》ない、終焉を迎えていた。

天文四年（一五三五）十二月、尾張に出陣した清康は、「逆心あり」との讒言《ざんげん》がもとで、あろうことか譜代の重臣・阿部定吉《さだよし》の子・弥七郎によって、やられるまえにやっつけろとばかりに、背後から妖刀村正《むらまさ》で斬殺されたのであった。ときに、清康は二十五歳。

大久保彦左衛門はその著書『三河物語』の中で、阿部弥七郎のことを、

「日本一の阿呆《あほう》弥七郎め」

と罵《ののし》っている。この変事を、清康が布陣した尾張国春日井《かすがい》郡森山《もりやま》（現・愛知県名古屋市守山区）の地名をとって、〝森山崩れ〟という。

清康を失った三河松平党は大混乱となり、一門は右往左往した。なかでも、かねてから隙あらば、と党首の座を狙っていた松平信定《のぶさだ》（清康の叔父・後見人）は、好機到来とばかりに、清康の嗣子・仙千代《せんちよ》（のちの広忠《ひろただ》・十歳）を殺害しようとした。

仙千代は子の家康よりも、はるかに悲惨であった。血縁者の信定に生命《いのち》を狙われ、忠臣と信じた者には裏切られ、ついには領内に身の置きどころがなくなって、わずかな近侍《きんじ》に護られ伊勢神戸《かんべ》（現・三重県鈴鹿市）の城主・東条《とうじょう》（吉良《きら》）持広《もちひろ》の許《もと》に、逃げ込んだりしている。持広は清康の妹婿ではあったが、肉親ではない。それでも彼は広忠を庇護したが、持広がこの世を去ると、息子の義安《よしやす》は広忠を織田家への質に差し出そうと企てる。

乱世であった。弱者には、心のやすまる暇などない。親は子を、子は親を殺害して顔色を変えることもない。家臣は平然と主君を裏切る。そうした日常の中で元服をした広忠は、遠江《とおとうみ》（現・静岡県西部）に亡命し、ついには今川義元の庇護を恃《たの》むにいたった。

大国今川家を背景に、ようやく三河に帰還できた広忠は、決して無能な人ではなかったが、それまでの経緯もあって、人間不信の度がつよすぎた。

まるっきり、家臣が信用できない。そのため家臣団も容易には懐《なつ》かず、広忠擁立に功績のあった大久保忠俊《ただとし》（彦左衛門の伯父・のち家康の代まで仕える）・阿部定吉（日本一のあほう弥七郎の父）と、家格においては上席の酒井雅楽頭正親《うたのかみまさちか》や石川安芸守清兼《あきのかみきよかね》、酒井左《さ》衛門尉忠親《えもんのじょうただちか》らが、早々に対立を激化させる。

広忠は内憂外患――家臣団の派閥争いと大国の今川家と織田家に挟まれた現実――の中、天文十一年十二月二十六日に生まれたわが子・竹千代《たけちよ》（のちの家康）を、今川家に人質として差し出しながら、途中、織田家に奪われる不手際まで重ねてしまった。

竹千代を織田家に引き渡したのも、広忠の継室の父・戸田康光《とだやすみつ》であった。広忠の心痛やいかばかりであったろうか。にもかかわらず、さらに悲劇はつづいた。

天文十八年三月六日、加茂郡広瀬城主・佐久間九郎左衛門の密命を受けた、刺客《しかく》の岩松《いわまつ》八弥《はちや》の手にかかって、広忠は暗殺される。偶然ながら、このとき八弥が用いた脇差も、清康の生命《いのち》を奪ったときと同じ村正であったという（『岡崎古記』）。

いずれにせよ、記録に残る広忠も父の清康ほどではないにせよ、感情の起伏の激しい人物であったようだ。彼は二十四歳でその生涯を閉じた。

余談ながら、この激越な松平家の血は、家康をつたってその長子の信康《のぶやす》にも流れていく。家康が三河に独立してのち、「岡崎三郎」などと称された信康は、成長するやたちまちその狂暴な性質を露わにした。戦場での働きは、父の家康が唸るほどの若武者振りであったが、日常の信康は精神の平衡感覚を失い、ときおり尋常ではなくなった。

それも燥《はしゃ》ぐのがいつしか度を越える質《たち》で、本人は自分でその段階的拡大《エスカレーション》を止めることができない。秋の踊りを見物していて、踊りの下手な者、装束のみすぼらしい者をつづけざまに、矢で射殺《いころ》したことがあったという。また、鷹狩りに出て、獲物がなかった腹いせに、行きがかりの僧を血祭りに上げたことも。

家臣たちは心の中で、この若殿では徳川家の行く末はおぼつかない、と考えていたようだ。父の家康が健在でなければ、やはり信康は二十代半ばの頃には、親族・家臣によって謀殺される運命にあった、といえる。幸いにも家康が後ろ楯となっており、先代、先々代に比べれば家臣団の結束は強固になっていた。

しかしながら、信康は〝生〟をまっとうできなかった。

通史では、織田信長が信康の並々ならぬ器量に将来を危惧し、生母の築山殿《つきやまどの》（家康の正室）が武田家と内通していた事実にこと寄せ、無関係の信康にむりやり腹を切らせた、といわれている（昨今では信康の、家康に対するクーデター計画ともいわれているが）。

いずれにせよ、見落としがちなのは、このおり信長はことの是非を確かめるべく、ときの家康の家臣団で筆頭の地位にあった酒井左衛門尉忠次《ただつぐ》を安土《あづち》に呼び、面接し、直々に事実関係を質していた。当然であろう。この時期＝天正《てんしょう》七年（一五七九）、武田信玄、上杉《うえすぎ》謙信《けんしん》の二大巨敵はこの世を去り、信長は以前よりは武威を広げていたとはいえ、東に武田勝頼《かつより》、西に毛利輝元《もうりてるもと》、畿内の中心部には摂津《せっつ》（現・大阪府北部と兵庫県南東部）に大坂本願寺が、いまだ敵として存在し、反織田攻囲網の中での戦いを余儀なくされていた。

同盟者の家康に、ここで背かれては一大事になりかねない。信康の件にしても、一応の理屈の通ることが大前提であったはずだ。あるいは信長のことである、信康ともども家康をも上手に葬る心算であったのかもしれない。ただし、この場合にも前提条件があった。酒井忠次を、味方陣営に引き入れることである。

松平家を凌駕していた酒井家

江戸時代以降の書物は、いずれもが〝三河家臣団の忠誠〟を神話にまで高め、称賛したが、これは史実とはあまりにかけ離れた虚構《フィクション》といわねばならない。

三河は本来、土豪の連合軍に過ぎなかった。三河松平党とはいってみても、内情は酒井党、本多党、大久保党、内藤党、鳥居党、平岩党、石川党、青山党、阿部党、成瀬党、渡辺党、植村党などが蟠踞《ばんきょ》しており、都合上の〝党首〟を松平氏（松平党の代表）に定めていただけのこと。松平氏の内状は、いわゆる旗頭《はたがしら》であった。

隣国の尾張に発生した織田家とは、その制度もしきたりも大きく異なっていた。織田家では信長の父・信秀の代に、党派的結合が家臣団編制に組み替えられ、次の信長の時代になって専属家臣団が創設され、人材の登用、抜擢人事を繰り返したことで、家臣団はより整備されていた。

信長の後半生、織田家では六方面軍を編成したが、その司令官は柴田勝家《しばたかついえ》、丹羽長秀《にわながひで》、佐久間信盛《さくまのぶもり》を除いて、滝川一益《たきがわかずます》、羽柴《はしば》（のち豊臣）秀吉、明智光秀《あけちみつひで》ともに、信長自らが土塊《つちくれ》の中から掘り起こし、登用してひとかどの部将に育成し、ついには幹部にまで登らせた出自の詳《つまび》らかならぬ者たちであった。前者の三人も地生《じば》えとはいえ、各々の家来は少ない。大半は信長の力によって編成された、家臣団を与えられたにすぎなかった。

彼らにとって主君の信長は、完全な意味での主人であり、信長の許にあってはこの六人は、見方を変えれば、何か失敗をすればいつ馘首《かくしゅ》されてもしかたのない哀れな使用人でしかなかったのだ。

現に佐久間信盛は、信長が家康の長男・信康を自害させた翌天正八年（一五八〇）に、織田家の老臣・林通勝《みちかつ》や安藤元就《もりなり》らとともに、無能ぶりをあげつらわれて放逐《ほうちく》されている。

ところが三河では、このようなことは家康の代となっても夢物語でしかなかった。

――好例が、酒井家であろう。

松平氏が三河国に発祥した頃（一三五七～一四四〇年まで諸説あり）、酒井家はすでに碧海《へきかい》郡酒井（または幡豆《はず》郡坂井）の土豪として一つの勢力をもち、流浪の時宗《じしゅう》の僧・徳阿《とくあ》弥《み》（松平家初代・のち松平太郎左衛門親氏《ちかうじ》）を庇護する立場にあった。

両者の実力は、比べものにならない。加茂《かも》郡松平郷（現・愛知県豊田市）に移った親氏は、その後も酒井家の力を借りて、三河に散在する零細・小土豪を糾合し、ようやく族党的な武装集団の長《おさ》になりおおせた。

忠次の兄とも叔父ともいわれる酒井忠尚《ただひさ》（ただなお、とも）は、家康が今川家で人質生活をおくっていたおりの、三河家臣団の〝党首代理〟であり、親今川派の人物として知られていた。万一、家康の身に何事かが起こり、松平家の血統が絶えるような事態ともなれば、間違いなくこの忠尚が、今川家属邦の三河を束ねることになったろう。

「一のをとな」とよばれた忠尚は、家康の独立後にあっても、

「上様（家康）か将監《しょうげん》様（忠尚）かと云程《いうほど》の威勢」（『三河物語』）

であったという。

なお、忠尚は三河で一向一揆が起こったおり、一揆方の将として家康と対峙した。

よく知られているように、この家臣団を二分した内戦は、結局、家康の粘り腰が効を奏

して、敗れた忠尚は一度は帰参を許されたものの、再び、居城の三河上野《うえの》城（現・愛知県豊田市）で挙兵し、敵せずとみるや駿河《するが》へ逃亡している。

普通であれば酒井家は、ここで滅亡してしかるべきであったが、家康はこの家を残した。否、潰すだけの実力を当時の家康は、持っていなかったのである。その証左に、忠尚の後継者・酒井忠次は、やはり「一のをとな」となっている。忠次は家康より十五歳の年長で、かつては今川家での人質生活も一緒におくった仲であった。

今川家では松平家の家臣としてではなく、多分に、独立勢力である酒井党の人質として、忠次を遇したのではあるまいか。また、忠次の妻は松平清康の娘・碓氷《うすい》殿であり、家康にとっては叔母にあたった。家康は終生、酒井家を別格の家として立てつづけている。

――話がいささか脱線したが、酒井忠次の徳川家における重要性は、家康はいうに及ばず、信長にも十二分に認識されていたであろう。

信長は忠次を懇《ねんご》ろに迎え入れ、座がくつろいでから本題に入った。信康に謀叛の企てが、あるや否や。普通なら「一のをとな」の立場上、懸命に否定し、釈明してしかるべきであったろう。ところが忠次は、信長の挙げる十二ヵ条の罪状のうち、十ヵ条までをすらすらと認めてしまった。

理由は、信康の体内に流れる激越な血が、重臣を重んじようとはせず、実に軽々しく振る舞うことに、あったように思われてならない。忠次は幾度となく信康に諫言《かんげん》したが、生まれながらの三河の国守の小倅《こせがれ》は、いっこうに聞く耳をもたない。

徳川家の存立基盤にたいして無頓着でありすぎ、その一方でむしろ家臣の分際で傲岸《ごうがん》だ、と忠次を憎んで人々の面前で罵倒《ばとう》・嘲弄《ちょうろう》することも多かったようだ。忠次にすれば、酒井党が生命《いのち》と同様にいとおしい。信康の代になった場合、わが党は果たして、無事に過ごすことができるだろうか、と真剣に苦悩してもおかしくはなかったろう。

曲解のないように繰り返すが、時代は戦国乱世である。忠次は朱子学《しゅしがく》全盛の、江戸期の家老ではない。利害と感情が各々反するときは、相手が主家であろうと譲らず、武士の一分を立てるのが戦国の土豪の分限であった。

この場合、武士の一分とは主殺しに他ならない。

戦国期きっての極悪人といわれた松永久秀《まつながひさひで》は、主家の三好氏を謀殺し、同僚の三好《みよし》三人衆とともに、思い通りにならない室町幕府十三代将軍・足利義輝《あしかがよしてる》をも御所に襲って〝弑《しい》逆《ぎゃく》〟している。また、合戦の混乱とはいえ、奈良の大仏を焼いて平然としていた。

この時期に湧き出た群雄のあらかたは、各々、久秀ほどではないにせよ、形をかえた主殺しをなしたればこそ、一国一城の主《あるじ》になれたといえなくもない。下剋上の世であった。

家康の凄味は〝素知らぬ体〟

信長からの信康に関する尋問は、忠次にとっては渡りに船であったろう。

むしろ信長が下手に家康に遠慮して、信康を殺すことなく、生かして幽閉でもしようものなら、そのほうが忠次には気掛かりとなったはずだ。

信康はいったん感情が激しくなると、鎮《しず》まるまではどうにも手がつけられない。完全に感情制御機能が破損しているとしか、忠次には思えなかった。万一、幽閉が己れのせいだ、などと知られて、酒井家に恨みをもたれたら、危殆《きたい》（危険）はかえって深まる。

忠次は信長が意外に思うほど、信康の罪状をあっさりと認めたばかりか、その暴虐な振る舞いは主人家康も存じている、とまで言及した。こうなれば、信長も躊躇《ちゅうちょ》はいらない。

「すみやかに腹を切らせるよう、三河どのに申し伝えよ」

判決を下した。

戦国の世は、どこまでも非情である。おそらくこのとき信長と忠次の両者は、互いに目を見合わせ、薄笑いを浮かべたに違いない。うなずき合ったかも。

二人は暗黙のうちに、家康が判決を拒絶したおりの、とるべき道筋を確認したのではあるまいか。かつて酒井忠尚が荷担した一揆のときと同様に、忠次は三河を二分しての叛乱を起こす気でいた。戦国武将の感情の強《こわ》さは、こうしたところにも如実に表れていた。

家康は忠次の報告を、泰然自若として聞いたという。その通りであったろう。

もし、顔に色を出せば、その日のうちに忠次が謀叛の旗を挙げるのはしれていた。徳川家の家臣は、否、三河の土豪たち＝族党連合軍は、たちまち四散するであろう。そして間髪をいれずに、織田軍団が三河に殺到してくるに相違なかった。

そうなれば家康は、内外に敵を受けて滅亡するしかない。土豪の連合にすぎない家臣団は、確かに情義を重んじてきた。が、それは家康につき従うことで自党の繁栄を期待し、保証されるべく忠勤を励んできたにすぎない。

家康がわが子可愛さに、滅亡を賭けた絶望的な一戦を強《し》いれば、彼らは織田家に奔《はし》るか、次の〝旗頭〟として酒井忠次を戴くのは目にみえていた。乱世にあるのは利と欲、自己中心の自家保全の本能だけであった、といってよかった。

「三郎（信康）には、死んでもらうより手はあるまい」

家康は三日後、わが子を処置する書状を認《したた》めた。

このことは家康の、生涯にわたる痛恨事となった。十八歳にしてもうけた、最初の男子である。いとおしくないはずはなかった。慶長五年（一六〇〇）九月十五日、五十九歳の

家康は早朝に美濃赤坂（現・岐阜県大垣市）から関ヶ原の桃配山《ももくばりやま》に本営をすすめながら、

「この齢《よわい》になって、かほど辛い目をすることよ。三郎が生きていれば、かようなことを手ずからせずにすんだものを……」

二十一年前に死んだ息子・信康の通称を口にして、声を湿らせたという。

家康にとって若くして死んだ信康は、追憶の中では十万の大軍を率いて、己れに代って〝天下分け目の戦い〟をなし得る大器、として育っていたようだ。

それでいて家康の不思議さは、信康を死にいたらしめた張本人ともいうべき酒井忠次、処刑を執行した大久保忠世《ただよ》を終生、罰しなかったことである。いささかの意趣返しもしないまま、徳川家の柱石、股肱《ここう》の忠家として恃《たの》みつづけた。

徳川幕府が誕生してからも、紆余曲折はあったものの、両家の繁栄をはかっている。

——ここに、家康の真骨頂があったように思われてならない。

家康の驚嘆すべき意志力——善人と悪人の二面性も含め——は、己れをついには一個の人格とは見なさず、一個の組織体として完結させたところに、その源があったのではあるまいか。三十八歳にしてわが嫡男に切腹を命じたこの男は、二十一年後に関ヶ原の戦いを断行する。そして、二十三歳の豊臣秀頼《ひでより》を自刃《じじん》に追い込んだのが七十四歳——己れの死の前年であった。

この間の消息を、家康自身の口を借りれば、おそらくこの男は、「わしは自らを、自由で気ままな状態に解放したことなど、生涯ただの一度もなかった」というかもしれない。

どうやら家康は、渾身の力を振り絞って考えつづけていたようだ。族党連合を率いるとはいかなることなのか、を。そして、どうにか一つの結論に到達したようである。

家康の肉声を借りると、次のようになった。

われ、素知らぬ体《てい》をし、能《よ》く使いしかば、みな股肱となり、勇功を顕《あら》わしたり。

（『故老諸談《ころうしょだん》』）

彼は〝素知らぬ体〟――すなわち、家臣の言動を見てみぬ振りをし、己れの感情や欲望を捨て、わが身が組織そのものと一体になることに思いいたった。

組織を守るためには、どのような苦汁であろうとも飲み下し、己れの中の私利私欲は棄て去る。こうする以外に、生き残る術《すべ》はなかった。

家康が同盟した織田家は、〝天下布武〟に邁進する過程で、蜃気楼《しんきろう》のごとくに消えてしまった。なぜ、かくも短時日のうちに消滅してしまったのか。

家康の答えは、信長という生身の人間がその力をもって組み立て、支えてきた組織であったからであり、彼の死によって政権も霧のようにかき消えてしまった、ということになる。豊臣政権とて同断であった。

家康にはもとから、信長・秀吉のような英雄的光輝さがない。

それでいて戦国乱世最後の覇者として、諸侯はわれ先にと家康を推戴《すいたい》した。

秀吉のように、利益のみで誘導したかといえば、それは的はずれもはなはだしい、といわねばならない。なぜならば、この時代、家康の吝嗇《けち》は天下に聞こえていた。

「太閤殿下に万が一のことがあれば、天下の衆望はどうなるであろうか」

秀吉全盛期の大坂城にあって、座談の中で蒲生氏郷《がもううじさと》（詳しくは後述）は、次代の天下人の候補に前田利家《としいえ》の名を即座に挙げ、これにつづけて次のようにいっている。

「――徳川どのは評判の吝嗇家《りんしょくか》であるから、諸侯は決して寄りつきはしまい」

芸術分野にしても、家康はいっこうに理解しようとした形跡がない。

商い、流通経済しかり。秀吉のような先取性が、この三河男には皆無であった。

結果、農本主義を遺言し、己れが心血注いだ幕府が、やがて商品流通経済に押し潰されるのも気がつかぬまま、その生涯を閉じている。

けれども、それでも家康は天下を取り、二百六十五年の泰平の礎を築いた。

「徳川どのは惨いことはしなさらぬ」

なぜ、家康なのか。この人物は己れの本性である激越さを抑制し、生身の人間としての自己を棄《す》て、感情や欲望を虚空に抽象化する訓練を生涯、自らに課しつづけた。その成果が、善人と悪人の二面性となったようだ。これだけが、格別に才気煥発でもなく、将来への先見《ビジョン》にも乏しい家康にとって、乱世を生き抜く智恵であったといえるかもしれない。

家康は父の代に離反した旧臣を許し、再び、自らが一向一揆の内乱に遭遇しても、内戦後、すべてを不問に付し、刃向った家臣を無条件で旧に復した。その〝素知らぬ体〟の努力こそが、ついには三河家臣団の枠を越えて、近隣の諸豪族にも伝播し、家康という個人としてはきわめてなつき難《にく》い男に、皆をしてなつかせたのではあるまいか。

そうした人々の心情を忖度《そんたく》すれば、

「徳川どのは、惨《むご》いことはしなさらぬ」

この安堵感につきたであろう。

乱世は〝力〟がすべてであり、人をも獣心に駆り立てる。

人々は無軌道に奔走し、背徳を重ねなければ生きてはいけない。それゆえに、巨大な力にたいしては、虎に生け捕られた狐のごとく、その虎の呼吸をうかがうしかなかった。

だが、どのようにおとなしくしていようとも、ときに虎は気まぐれに牙を剝《む》く。

――信長をみればいい。

この一代の風雲児は、中国大陸や欧米の諸国にみられる英雄の風貌を、わが国の中で最も色濃く備えもった人物であった。中世という時代の幕を引く、とてつもない大きな功績を残したが、その半面、日本史上稀にみる多大の惨禍もふりまいた。

鎧袖一触《がいしゅういっしょく》――比叡山延暦寺《ひえいざんえんりゃくじ》を焼き打ちし、根本中堂《こんぽんちゅうどう》をはじめ社寺堂塔五百余棟を一宇《う》残らず灰にして、僧俗男女三千人を斬り殺しても、なんら後ろめたさを感じない。

伊勢長島（現・三重県桑名市）の一向衆徒男女二万人を焼き殺したのも、同断である。

もとより、これらの行為にはそれなりの政治的理由づけはあった。

が、自己肥大した信長は、長年にわたって仕えてきた老臣たちを次々と追放。己れの外出中に羽目を外した行為が許せぬ、といっては城内の女中多数を殺《あや》め、謀叛を起こした者の端々までを殺戮し尽くして、いっこうに後悔することもなかった。

また、その後継を担った秀吉とても同様で、甥の関白秀次《ひでつぐ》を自害させ、その首の前で妻妾子女三十余名を処刑した。二度に及んだ朝鮮出兵も、明らかに日本最大の権力者が抱いた妄想、夢物語の実現に他ならず、まったくの無名の外戦であったことは否めない。

古来より、時代を切り拓いた〝英雄〟は一面において、弱い者、無力な者に災難をもたらしてきた。ところが、ひとり家康にはそうしたところがきわめて少なく、今日のわれわれが抱く英雄の概念からも、もっとも遠い風景の中にあった。

乱世を生き残るために、一心不乱に創り上げた空気のごとき、いわば〝流体〟の家康なればこそ、なし得た天下取りではあったが、これも見方をかえれば、それだけの男でしかなかったともいえる。

次の章から、時代が世に送り出したとしかいいようのない、隔絶した才覚、先見性をもった、当時としては最先端をいく頭脳の持ち主たちが登場する。

彼らは家康に対抗し、積極的に人心収攬《しゅうらん》術を駆使し、気前よく地位や名誉、領土などを諸大名にばらまき、有能の士を多く厚遇して勢威を誇示した。その勢いたるや一時期、家康を凌駕していた。

たとえば、関ヶ原の本戦――家康の率いる東軍の約七万五千にたいし、石田三成を主将とする西軍は約八万二千を集め得ていたのである。

三成がこの時代、いかに先取の頭脳をもっていたかは後述するが、その盟友である安国寺恵瓊も、その先見性では時代に隔絶していた。かの有名な、信長之《の》代、五年、三年は持たるべく候《そうろう》。明年辺《あたり》は、公家などになるべく候かと見及《みおよび》候。左《さ》候て後《のち》、高ころびに、あおのけにころばれ候ずると見え申《もうし》候。藤吉郎（秀吉）、さりとてはの者にて候。

という予言をしたことで、周知の人物である。

天正元年（一五七三）十二月十二日付、山県《やまがた》越前守ほか一名に宛てた書状において、恵瓊は信長の前途を危ぶみ、秀吉の人柄を讃美して、両者の行く末をみごとに的中させていた。本能寺の変が勃発したのは、その十年後である。

秀吉は信長の遺産を、鮮やかに相続した。

詳細については後章でみるが、恵瓊はこの時代、最も多くの日本人と会い、その本性を見極めることのできた、極めて稀な、優れた高僧であったといっていい。

と同時に、恵瓊は伊予（現・愛媛県）に六万石を領有する大名でもあったが、これも僧籍の人としては珍しい存在であった。

恵瓊は、信長に追われた室町幕府十五代将軍・足利義昭《よしあき》を保護し、

「あわよくば……」

と大いなる野望を抱きつつ、秀吉と知り合うやその将来性を読み取り、切り札ともして

いた将軍義昭を捨てる、といった芸当も難なくこなしている。

この稀代に聡明な頭脳は、豊臣家の次期政権が三成の主宰する官僚機構に移行する、とはじき出した。恵瓊のおよそ〝僧〟という枠にとらわれない大胆さは、己れの判断力に全幅の信頼をおいて、関ヶ原＝日本史上空前の大博奕に、中国地方七ヵ国に百五十万石を領する毛利家を、丸ごと賭けた史実でも明らかであったろう。

だが、この勝負は周知のごとく恵瓊の敗北となった。

家康と三成・恵瓊を比較してみると、実戦の経歴《キャリア》において家康が場数を踏んでいること、石高が高かったことのほかは、国の運営や将来への抱負《ビジョン》、個人としての才覚、財政面における手腕ですら、ことごとくが豊臣政権を背景につけていた三成・恵瓊側が優れていた。

江戸期の幕府御用学者の、曲学阿世《きょくがくあせい》の論ではなく、現存する史料はそのことを明確に語っている。それでいてなぜ、家康は勝利し得たのか。

繰り返しになるが、筆者は周囲が家康に抱いた、

「徳川どのは、惨いことはしなさらぬ」

との、わずかばかりの安堵感ではなかったか、と思われてならない。

――これは日本人を考えるうえでも、きわめて重大なキーワードであった。

家康が創り上げた日本人

日本の戦国時代、ヨーロッパではルネッサンスの花が咲き誇り、その豊羨《ほうせん》のエネルギーは奔放に大陸を駆け巡り、大航海時代の風波に乗ってアジアへ、日本にももたらされた。商業市場と、鉄砲とキリスト教の伝来という形で——。

イギリスの文学者J・A・シモンズの言葉によれば、ルネッサンスとは、

「全ヨーロッパの知性と意志との広汎《こうはん》な運動を意味し、その向かうところは自己解放、理性と感覚との自然的な権利の擁護、人間の占有すべき場所とその地上世界の獲得、国家ならびに個人にたいして、中世時代とは全く異なる調整的な理論の構成等をふくむもの」となる。分かりやすくいえば、中世から近代への変動の過程で、封建的世界を超える新しい「世界」と、新しい「人間」の発見にあった。

安土桃山時代、ルネッサンスは先方から日本にやってきた。

当初、日本は一方的に受け身であった。場合によっては、ヨーロッパの植民地となる危険すらはらんでいた。が、日本人も地球という同一の世界で呼吸をしており、好奇心旺盛なこの民族は、乱世に育まれた下剋上の荒々しいエネルギーとあいまって、受け身から能

動へと瞬く間に転身。ついには、サザンクロス輝く南洋の果てまで、海外雄飛する国際人を輩出するまでとなる。

もし、このまま――たとえば、豊臣政権がつづいていれば――日本人のルネッサンスはより進化したであろうし、今日の日本人とはまったく異質な民族ができあがっていたかもしれない。

ところが、豊臣政権は簒奪された。しかも、己れの才能を信じようとせず、否、信じることを怖れ、抑制した家康に。この人物はあろうことか世界の潮流である大航海時代に、あえて背を向けて日本を世界から隔離してしまった。

結果、世界の大勢にまったく理解を示せない、独特な民族性を創り出してしまったのである。しかもこの政権＝徳川の幕藩体制は、二百六十五年もつづいてしまった。

いうまでもないが、この歳月が日本人にもたらした功罪は計り知れない。

中世の、それも三河の片田舎に勃興した、名もなき土豪の村落で営まれた政《まつりごと》が、そのまま一国のシステムとなり、閉ざされた島国の中で強固に実施されたのである。

これで、人間が矮小《わいしょう》化しなければ嘘であろう。

無論、日本史上最長の十一年間つづいた内戦＝応仁の乱（一四六七～七七）以来の、乱世を終息させた家康の功績が、一方において多大であった事実も、十分に承知している。

そのうえで、徳川家康という人物の生涯をみていくと、いつしか筆者には、生身の家康と江戸期以降今日にいたる日本人の類型が、重なり合ってみえてきた。良きにつけ悪しきにせよ、家康こそが典型的な日本人であり、その意味で、まぎれもない日本史上最高の人物と評しても、あながち的はずれではないような気がした。

前置きがいささか長くなったが、本書の目的には、この徳川家康を改めて検証することによって、いわば、彼によって創り上げられた日本人を再考する意味合いもある。

もとより、家康の生き方を見れば、日本人社会の中で卓抜せる統制力《リーダーシップ》の条件、判断力・決断力・忠誠心といった「歴史組織学」のうえでの骨格も、明確となるはずだ。

さらにいえば、日本人の弱点・欠点をも探れるに違いない。

ただ、家康の七十五年の生涯は、いささか長過ぎる。

詳細な史料の分析、新史料の紹介をするためにも、本書では家康の人生がすべて凝縮されている〝天下分け目〟の関ヶ原の戦いに、一切を集中する形式で述べることにした。

家康のすべては、関ヶ原の戦いにいかんなく発揮されており、またこの世紀の一戦の過程《プロセス》こそは、日本人の生き方を求める最良の事例研究《ケーススタディー》になる、と筆者は考えたからだ。

まずは前提となる、史上稀な〝善人〟家康からみていきたい。

第一章

生き残りのみを考えて

「三河気質」

信長・秀吉・家康という〝三天下人〟の出現した地方を、今日、愛知県周辺と一括りにして述べるが、前二者の属した旧国でいう尾張国と、家康の生まれた三河国では、その気質はそれこそ水と油ほどに相違していた。

「三河気質《かたぎ》」

と、一般に称される極度に農民型の性癖が、後者の地にはあった。

律義で篤実、義理堅いといった中世の色彩を色濃く残し、労を惜しまず懸命に働く長所と、閉鎖的で陰湿であり、決して冒険を好まない、という短所を併せもっていた。

徳川家康がここから出たことは、日本史において重要事である。

序章でも少しみたが、より具体的に記せば、家康はその臨終に際して、遺言し、

「徳川の家政は、三河のころのままに踏襲してゆけ」

と付け加えた。

この瞬間、幕藩体制の骨格が定まった。

三河松平郷の土豪から、ついに天下にその規模を広げた徳川家にあって、三河時代の番

頭・手代《てだい》を指した、老中《ろうじゅう》・若年寄《わかどしより》の呼称が、そのまま日本の国政レベルに引き上げられたわけだ。当然のことながら、中核をなす三河出身の譜代大名や旗本・御家人＝直参《じきさん》は、精神上はまだ、三河の頃と何ほども変わっていない。実直で篤実の家風をもっていた。だが、彼らの子や子孫は、いつしか几帳面さが行き過ぎた管理社会を創り上げ、徳川二百六十五年の行政思想を積み上げていった。

家康の遺言が日本全体に及ぼした影響は、まさに下剋上の中で培《つちか》われた、民族の躍動を根こそぎ奪い去り、元の木阿弥にしてしまったほどに絶大であった。

「たァけたことを、やりよったものよ」

さぞや草葉の陰で、豊臣秀吉は眼をむいたことであろう。

秀吉が天下を取る過程で、厄介者として大写《クローズアップ》しされたのが徳川家康——三河守、浜松城主であった（永禄《えいろく》九年＝一五六六年十二月九日に従五位下《じゅごいのげ》叙位、三河守に任官している）。

実は秀吉は、信長の部将時代からその後継となって、天下取りの最中にいたるまで、家康という人物をほとんど眼中に置いていなかった。

「たかが、片田舎の土豪ではないか」

事実、秀吉の主君信長と同盟した家康は、唯々諾々とその指示に従い、織田家の東国の防波堤の役割を愚直に頑張りつづけた。浅井《あざい》・朝倉《あさくら》連合軍との一戦＝姉川《あねがわ》の戦いでは、最も困難な持ち場を担当しつつ、崩れる織田軍を側面から支えて勝因を創り出している。

それでいて織田家では、三河の将兵を智恵のまわらぬ愚鈍と決めつけ、蔑《さげす》み、いつしかそれが伝統化してしまっていた。

家康もあえて、善人の阿呆を演じつづけた。

彼の手堅い性格が分限をわきまえてそうさせたのであろうが、自身も〝天下〟など大それたものは爪の先ほども望まず、ただひたすら、信長の〝天下布武《てんかふぶ》〟に従った。

本能寺の変で信長が横死し、秀吉が「織田家」の遺産相続に軍馬を持ち出したときも、家康はこれを横目に見ながら、中央に背を向け、懸命に己れの勢力基盤である三河・遠江・駿河の三国防衛につとめていた。

この三国を越えて、欲望の翼を広げたことはない。彼は地方主義に徹している。三国のうち駿河は、同盟者——事実上の支配者——の信長から、生前に与えられた領土であった。

家康が払った代償、信長と同盟したがゆえに蒙《こうむ》った損失の大きさを考えれば、天下に王手をかけた信長が分配した、駿河一国はあまりにも少なかったが、家康は心底、嬉しそうに押しいただいて、これを拝領している。

考えてみればこの時、家康は最盛期の今川義元の水準《レベル》に、ようやく並んだにすぎない。

信長の生前において、秀吉と家康の上下関係はどうであっただろうか。

秀吉は信長の部将として、同盟国の家康には幾度か会っている。

けれども、この肉質の厚い、ほとんど表情を露わにしない人物は、常に辞を低くし、丁重に会釈をして、秀吉より下位にあるかのごとくにへりくだった。

織田家の方面軍司令官――柴田勝家、丹羽長秀、佐久間信盛、滝川一益、羽柴秀吉、明智光秀らは、そうした家康の態度に慣らされていたといっていい。家康は骨の髄から、「片田舎の土豪」を演じていたわけだ。これは必至の方便であったろう。なにしろ信長という、鋭敏すぎる触覚をもつ同盟者と組むにあたって、己れを韜晦《とうかい》し、自身で安全無害の善人＝相棒《パートナー》を演じ切る以外に、その保身は貫徹できない、と家康は考えていたようだ。

そのため、いつしか演技を超えて実の皮膚のごとき家康を、創ってしまったともいえる。

こうした家康が例外的に、信長の天下が本能寺の変で崩壊したおり、瞬間、己れの本性をわずかに閃《ひらめ》かせたことがあった。

変の直後、家康は少数の供まわりを連れて泉州《せんしゅう》堺（現・大阪府堺市）にいたが、生命《いのち》からがら国許《くにもと》・岡崎に引き返すと、合戦の支度をととのえて六月十四日に出陣している。

「同盟者・織田どのの仇を討つ」

ところが同十九日、尾張の鳴海《なるみ》（現・名古屋市緑区）に進出したところで、秀吉からの使者と出会う。京都郊外の山崎（現・京都府乙訓《おとくに》郡大山崎町）で、逆臣光秀を討ち取った、との知らせであった。

——家康は無言で、軍を返している。

心の中では、やれやれと一息ついたかもしれない。

彼は天下取り競争に、参加する姿勢を示したかっただけで、勝敗はおそらく二の次であったろう。なにしろ、この三河・遠江・駿河——三ヵ国の太守は、己れを時代が求める救世主、颯爽《さっそう》たる英雄とは思ったこともなかったはずだ。かりに京に出て光秀と戦い、勝利して徳川の旗を洛内に立てたとして、そのあとをどうする心算であったのだろうか。

まずは、織田家において決定される信長の相続者に、己れの軍功をそのまま譲って、国許に帰ったのではあるまいか。

天下を治めるには、無数ともいえる大名・小名たちを納得させ、ひれ伏させ得るだけの力量と実績がいる。それだけの才覚や根拠が己れに備わっていないことを、家康ほど冷静に、客観的に見ていた男もいなかったであろう。

上洛戦は、盟友信長の弔《とむら》い合戦であり、純然たる目的があった。

三ヵ国の太守となった家康も、これに参加したという事実さえ、世間と部下の将士が知ればそれでよかったのである。

なぜ、そのような演技が必要であったのか。これもこの人物らしい現実問題——つまりは、三ヵ国の統治上、配下の将士に己れを知らしめておくためであった。

秀吉が信長の仇を報じようが、家康にとってはどうでもよく、むしろ、実戦で軍費を費やさなかったことに、正直なところ、彼はほくそ笑んでいたのではあるまいか。

そういう男であった、家康は——。

家康の〝桶狭間〟

この人物の行動様式《パターン》は、今川家での人質時代から、まったくといっていいほど抜け出ていない。秀吉と柴田勝家の間で、織田家の内戦がはじまるや、家康はこれを己れの埒外《らちがい》のこととみなし、徳川家の知ったことではない、と自己規制した。

そして自身の目と耳と口を、甲斐《かい》（現・山梨県）と信濃《しなの》（現・長野県）の二国に向ける。

かつて東海道を震撼させた大事件——三国の太守・今川義元が信長に討たれた桶狭間《おけはざま》の戦いのおり、

「三河の小倅《こせがれ》」

と侮蔑の目をもって今川家からみられていた家康は、断固として今川氏を見限ることも、さりとて、すぐさま織田家に駆け込むこともしていない。

いわば両勢力のまっただ中、三河の最前線に居座った。しかも当初は、自分の城・岡崎城にも入城していなかった。

三河・岡崎城は祖父清康以来の、松平党の本拠地であったが、桶狭間の戦いのおりは、今川家の占領政策によって、今川家の山田景隆《かげたか》らが「城代」として駐留していた。

家康は彼らを追い出しもせず、岡崎の北方一里の鴨田《かもだ》村（現・岡崎市鴨田地区）にある松平家の菩提寺＝大樹寺《だいじゅじ》に入り、そのまま沈黙している。今川方の城代は、当惑した。すでに主君の義元は討たれ、国境《くにざかい》に取り残されたに等しい彼らにとっては、家康の行動はうかがい知れない。

普通なら岡崎城に入城して、ともに最前線を守備するか、さもなくば、こうした火事場をもっけの幸いと、武力をもって岡崎城奪還を謀るか、二つに一つであったろう。

城代はしきりと家康のもとに、岡崎入城を求める使者をおくっている。が、家康はその都度、同じ言葉を繰り返した。

「今川どのの、ご承認をいただいておりませぬので……」

——時は空しく、過ぎていく。

国許駿府《すんぷ》（現・静岡県静岡市）の混乱を聞いた城代や今川の将兵は、ついにたまりかねて岡崎城を捨て、駿府へ逃げ帰る。家康は空家となった岡崎城に、粛々と入城した。

「岡崎は棄て城となり、それゆえ、拾ったとて差し支えあるまじ」

これが家康の、賢愚定かでないとぼけた口上であった。

家康はさらに、念には念を入れた。ことのあらましを今川家に伝え、己れの律義ぶりを宣伝し、併せて、今川家の行く末に関する情報を収集している。

義元の嗣子・今川氏真《うじざね》は、蹴鞠《けまり》だけが取り柄の暗愚だといわれてきた。

あまりに蹴鞠に熱中するので、家臣の一人が揶揄《やゆ》半分に、天下一の蹴鞠の名人にでもおなり遊ばしまするのか、と苦言を呈したことがあった。

すると氏真は、傲然《ごうぜん》と（おごり高ぶって人を見下げたように）胸をそらして、

「なにをたわけたことを申すか、わしは今川家を継ぎ、天下に号令するのじゃ」

といった。家臣は、なにをこの阿呆が、と思いつつも、

「はて、天下に号令遊ばして、何と為《な》されるお積もりでございましょうや」

重ねて意地の悪い質問を発したところ、氏真は二、三度肩を上下させて、そうよな、京の公卿《くぎょう》衆に蹴鞠でも教えてやろうか、といったという。このやりとりは駿府城内から洩れ、東海道を西上して京の公家たちの耳にも入り、大いに物笑いの種になったとか。

家康もこの話は聞いていた。だが、この人質時代に用心深く、思慮深く己れを鍛練した男は、万に一つを怖れた。世評にもかかわらず、氏真が天性の軍才を潜《ひそ》ませていたとすれ

ば、今川家の混乱は短期間に終息し、再び父・義元の弔い合戦を標榜して、氏真が上洛戦を敢行せぬとも限らない。

大国・今川家には、歴戦の将や兵《つわもの》も多い。若殿を盛り立てて家を再興することは、小心者の家康の頭脳では、百パーセントあり得ぬものではなかったのだ。家康は今川家の様子をうかがいつつ、同時に、馬鹿がつくほどの正直者＝善人ぶりを発揮して、一方では律義者といわれる己れの評判が、織田方に流れるのも計算していた。

これは戦国時代、弱小勢力が生きていくうえで、最も効果的な外交戦術、あるいは方針であったといえよう。勢力は微弱だが、主将の人柄が真面目で忠実、善良とあれば、大勢力の庇護が期待できた。

家康は連日のように、尾張の国境を駆け巡り、小城や砦を陥していった。

「お屋形（氏真）さまには一日もはやく、亡き父君の仇をお討ち下さい。それがしも先手となって、尾張へ攻め入り申す」

今川家への宣伝であるとともに、織田家への示威運動《デモンストレーション》も兼ねて、家康は吠えつづけた。

そして、ほぼ一年――。

「やはり氏真は、ただの阿呆であったか」

家康はようやく見切りをつけると、水面下で接触のあった織田家の水野信元《みずののぶもと》からの和睦申し入れを、受諾する。この信元は家康の生母・於大《おだい》の方の異母兄であり、家康には母方の伯父にあたった。和睦のおりも、家康はしたたかな演出を試みている。

永禄四年（一五六一）三月、彼は矛《ほこ》を転じて今川方の部将・板倉重定《いたくらしげさだ》を攻め、八月には三河長沢城《ながさわ》（現・愛知県豊川市）の糟屋善兵衛《かすや》を、九月には三河東条城（現・同県西尾市）の吉良義昭《よしあき》を降し、わずか一ヵ年で、西三河をあらまし制圧。信長にその勇壮ぶりを強調するとともに、今川家を裏切った代償として、自分の重臣たちの妻子が串刺しの刑に処せられたこと（『朝野旧聞裒藁《ちょうやきゅうぶんほうこう》』）も、当然、織田方の耳に入れていたに違いない。

「三河は織田どののために、かくのごとく血を流しております――」

家康は手をかえ品をかえ、形をかえて信長に訴えかけた。

なにぶんにもこの時期、家康の正室・築山殿と長男の信康、長女・亀姫《かめひめ》は氏真の許に人質としてあり、織田・徳川の同盟が一方において、大きな犠牲を強いるのも承知で、当方（家康）は受ける決意を固めております、との意思表明をしたわけである。

家康にすれば、入念にならざるを得ない。

万一、中途で織田・徳川の同盟がご破算となれば、三河は二大国の狭間にあって、瞬時に消滅するしかなかった。信長からの確かな手応えを得て、両者は永禄五年正月十五日、清洲城《きよす》（現・愛知県清須市）に会盟した。

そうしておいて同年二月四日、家康は久松俊勝《ひさまつとしかつ》、松井忠次《まついただつぐ》（のち松平康親《やすちか》）らに命じて、三河西郡《にしごおり》（上ノ郷《かみごう》）城主・鵜殿長照《うどのながてる》を攻めさせ、その子・氏長《うじなが》と氏次《うじつぐ》の二人を生け捕る。長照の妻は義元の妹といわれ、兄弟は氏真にとっては従兄弟にあたった。それを承知していた家康は、家臣の石川数正《かずまさ》（酒井忠次の次席）に命じ、駿府に捕らえられていた己れの妻子と人質交換させ、無事に家族を取り返したのである。

家康流・信州奪取の法

秀吉と柴田勝家が信長の後継を争い、対峙したときも、家康はいずれにも荷担しなかった。ただ、陰影《ニュアンス》としては、勝家支持であった形跡がなくもない。

家康のことだ。己れの性格に多少は似かよったところのある勝家を、「危なげない人物」とみていたのであろう。勝家も家康に似て論理に飛躍がなく、攻撃よりも守備につよく、手堅いところが身上であった。

加えて、織田家譜代の臣であり、筆頭家老の位置にもあった。その宰領する越前（現・福井県北部）はのちの石高で百万石を超え、また、主君信長の妹・お市《いち》を、本能寺の変後に娶《めと》っていた。

「勝家は筆頭家老じゃ、成り上がり者の秀吉に勝つであろうが、時日を費やすであろう」

家康らしいところは、そう想定しながらも万一、中央に新たな勢力が勃興しても、それに対処する手段を講じることを忘れなかった歴史的事実であろう。

彼はいかなる勢力が中央に台頭しようとも、十分に対処し得る体力をつけるため、己れの基盤をこの際に、可能なかぎり強大化するべく努力を傾注する。これまでにも増して東の同盟者・北条氏とのきずなを深め、急遽《きゅうきょ》、中央に巨大勢力が出現しようとも、北条氏との連合によって凌《しの》ぐ計算まで立てていた。

家康の思考法には、希望的観測のかけらもなかった。あるのは徹底した現実主義《リアリズム》、実際的思考だけであったといってよい。

しかしながら、この煮ても焼いても食えぬ男は、間違っても、

「いまのうちに、いそぎ、甲信二国を攻め取れ」

などとは、家臣団にいわない。

かつての岡崎城奪還のときのように、周辺の顔色をうかがいつつ、用心に用心を重ねた。

甲州と信州はもともと武田信玄の領地であり、後継者の勝頼――正式後継者は勝頼の子・信勝であり、勝頼はその後見人――が相続したものの、武田家が滅亡してからは、討滅した信長の領国となっていた。が、その信長が急死してからというもの、あたかも路傍

に忘れ去られたもののように、放置されたままになっていた。

こうした場合、素早く拾った者の勝ち、といえなくもなかった。

なにしろ、時代は乱世である。このとき、家康がいかにして甲信二国を拾ったか。その方法論は、後述する関ヶ原の戦いを考えるうえで、多くの示唆を含んでいた。

まず、家康は甲州一円を信長に代わって治めていた織田家の家臣・河尻《かわじり》肥前守秀隆《ひでたか》と直接には事を構えず、甲州の中で一角だけ、織田家の領土とはいえなくなっていた巨摩《こま》郡(現・山梨県西部)に着目。これを速やかに横領した。

巨摩郡は旧武田家の重臣で、信玄の姉の子にあたる穴山《あなやま》陸奥守信君《のぶきみ》の領土であった。信君は剃髪して「梅雪《ばいせつ》」と称した人物だが、従兄弟になる武田勝頼とはうまくいかず、信玄の死後、武田家の家運が傾くにしたがってその溝は深まっていた。

そうした武田家の内情を知った家康は、梅雪を調略して寝返らせることに成功する。

そのため武田家は滅亡したものの、梅雪自身の領土は論功行賞によって保全された。

ところが、乱世における運命の皮肉は、せっかく生き残った穴山梅雪を、本能寺の変の直後、農民たちによる落武者狩りで、この世から消滅させてしまったところにある。

つまり、穴山領は主を失い、空家となっていたわけだ。

家康は武田家の滅亡直前、鞍替えして傘下に入った駿河の土豪で岡部《おかべ》党の党首・岡部正《まさ》綱《つな》を呼び寄せて、巨摩郡に行き鎮撫しておくように、と命じた。岡部党は小豪族ではあったが、姻戚に甲州人が多い。正綱は知る辺を頼って、巨摩郡に潜行した。

この段階で家康には、巨摩郡内の情勢がほぼ完璧に掌握されている。

主人を失った地侍たちの、当惑と自家保全のための苦慮――したがって、彼らの多くは生き残りを懸けて、周囲の大国に属さねばならなかった。が、甲州を束ねる織田家の代官ともいうべき河尻秀隆には信が置けず、敏感にその行く末を危惧しており、さりとて、大国北条《ほうじょう》氏を恃むには、信玄時代からの対立の経緯《いきさつ》もあって、いささか敷居が高かった。

そうした意味では、家康は彼らの旧主信玄を心から尊敬しており、信玄を憎み切っていた信長の目をかすめては、その家臣団をかくまい、ほとぼりが冷めてからは少しずつ召し抱え、いまでは配下の〝徳川四天王〟の一人、井伊直政《いいなおまさ》の許に甲州武士を集めて、一団を新設するまでになっていた。

「やはり頼れるのは、徳川どの――」

岡部正綱の説得工作もあって、家康は労せずして甲州へまず杭《くい》を打ち込んだ。

よしんば――万が一にもあり得ることではなかったが――織田家の相続争いが急速に休止し、家康の行為が糾弾される事態となっても、このやり口であれば、家康としては織田家にたいして、十二分な申し開きが可能であった。

「それがしには、領土への欲などはござらなんだ。巨摩の者どもが棟梁《とうりょう》（かしら）を失った不安から、一時的に、それがしを頼ってきたまでのこと。他意はござらぬ」

こうした謀略外交は、長い人質生活を体験し、その後も小国の主として、乱世を漂った者でなければ、よくせぬところであったともいえる。

城壁を武力によって打ち砕くのではなく、その中にいる者の心を操作する――利で誘い、情でからめて、味方に引き入れる――この家康の手腕を集大成したものこそが、のちの関ヶ原の戦いであった。

詳しくは後章に譲り、この章では甲州と信州の併合のみをみておきたい。

家康は、織田家の河尻秀隆の言動に注目しつづけた。秀隆が信長麾下《きか》の黒母衣《くろほろ》衆の筆頭をつとめた武人で、武田勝頼に痛撃を与えた長篠《ながしの》・設楽原《したらがはら》の戦いを事実上、采配した人物であることも、無論、承知していた。そして、まともに戦えば手強いことも。

併せて、この秀隆が甲斐国府中城主となってから、信長の命によって、織田家の軍費調達のため領民を酷使し、税収を増大したために、領内は疲弊し、すでに人心は新城主から離反していることも突き止めていた。領民は幾度か、一揆を企てている。しかしながら、河尻秀隆が歴戦の勇者であることに躊躇し、織田家という巨大で情け容赦のない力が、その背景にある事実が駄目押しとなって、容易に決起し得ないでいた。だが、そうした恐怖も絶対権力者・信長の死で稀薄となっていた。残るは現地の秀隆だけである。

家康は、巨摩郡を震源地として、岡部正綱を広く甲斐一国一円に派遣すると、徳川家が後ろ楯となる旨をいわしめた。仮に、織田家の河尻秀隆が予想にも増して出来者であり、家康のこうした姑息な手段に対して真正面から挑んできたときは、家康は正綱との関係を断ち、口を拭って、素知らぬ体を装う心算でいたに違いない。

河尻秀隆との駆け引き

小心でありながら大胆、野望を逞《たくま》しくしつつも、実際は姑息で細々《こまごま》と取り込む、これが家康のやり口であった。こうしたやり口は、徳川家の家臣たちにも向けられた。

家康の命令はいつも、要領を得ない。甲州を奪うにしても、彼は家臣の本多信俊《のぶとし》を呼ぶと、ただ一言、

「河尻どののもとに行き、相談にあずかるように」

とだけ命じた。

河尻秀隆が甲斐を与えられたおり、主君信長は盟友家康にその力添えをたのむ、と依頼していたと『岩淵夜話《いわぶちやわ》』は述べている。だが、信俊に家康の命じた「相談にあずかるよう

に」をいかに理解し、解釈するかは、信俊本人の思慮に任されていた雰囲気がある。

任された側は、たまったものではない。

主命を誤って実行すれば、責めを負って、場合によっては死なねばならない。当然のことながら信俊は、出発に先がけて親類縁者などにも相談し、己れの身勝手な推量や独断で得た結論でない旨を、内外に表示せねばならなかった。

信俊は自身が属する族党・本多党の面々と会合を催し、一族の智恵を借りて、家康のいわんとするところを忖度しようとした。こうした内輪の合議制＝徳川家独特の談合は、江戸期にそのまま受け継がれ、幕藩体制の中で幕閣を形成することになる。

否、今日の日本の企業や役所にまで受け継がれ、浸透し、責任の所在が曖昧な日本式会議、〝根回し〟に代表される事前調整機能の役目を果たすことにもつながっていた。

信俊は、信長の旧恩に報いるため河尻秀隆にアドバイスをすればよい、という親類の意見から、場合によっては府中城を乗っ取れとの意である、という一族の言。さらには、「お前が死ぬのが最良だ」とする異説まで、十人十色の説を十二分に聴取。幾つもの答案を準備して、秀隆との面談に臨んだ。

この方法には、長所もある。

相手の顔色、出方、口の利きようで、相応した模範回答が示せる点であった。

一方の河尻秀隆は、すでに家康の不穏な動向について、幾つかの確証を握っていた。

このあたりは、さすがに信長の眼鏡にかなった国持ちの家臣だけのことはある。

けれども、秀隆はその情報の使い方を誤った。織田家の本拠地は尾張・美濃《みの》（現・岐阜県南部）である。その勢力の中心はなんといっても畿内であり、甲州はあまりに遠すぎた。しかも、信長と嗣子の信忠《のぶただ》が揃って横死したため、その跡目は重臣たちの思惑から容易に決し得ないでいる。名目上は信長の直孫・三法師《さんぼうし》（のちの秀信《ひでのぶ》）が相続者となったが、戦国の世は幼児を天下人として認めるほど甘くはなかった。

秀隆にも当然ながら、そうした判断はあったであろうが、彼の場合、すべて悲観的忠義心から結論を導き出すことに繋《つな》がってしまった。

「織田家の行く末が定まるまで、わしが独力で甲州を治め、守らねばならぬ」

秀隆はそう決意し、かつての同盟者家康をも甲州を狙う敵とみた。

家康はこうしたあたり、割を食い、損をしている。あまりにも不透明な外見と謀略外交を多用したため、その善人ぶりもうさん臭さ、どさくさに紛れて何を仕出かすか知れぬ危うさ、と受け取られ、とくに智謀のある者には必要以上の警戒心を感じさせた。

先の穴山梅雪が非業の死を遂げたのも、本能寺の変の直後、途中まで同道していた家康から、ともに脱出しようと持ちかけられながら、その真意を疑って、道を分かったのが原因に他ならなかった。

――そしていままた、河尻秀隆も前車《ぜんしゃ》の轍《てつ》を踏もうとしていた。

しかし、家康のためにあえて弁明するならば、この疑われやすい男は生涯を通じて、たとえば他人を毒殺するような、直截《ちょくせつ》な手口は構えたことがなかった。すでにふれたように、己れの嗣子信康を死にいたらしめた酒井忠次をすら殺さず、その家を他家とももども徳川幕府の柱石としたほどである。

蛇足ながら、天下人になろうとする場合、この、人を謀殺していない、というのはきわめて重要な条件となるのではあるまいか。信長は弟や叔父を騙し討ちにして、成り上がった。あるいはこの所業が、今一歩まで〝天下布武〟に近づきながら、全国を制覇し得なかった要因であったかもしれない。秀吉も、人を欺いて殺害することは決してしなかった。

さて、秀隆であるが、この名将は智謀ゆえに家康を見誤ってしまう。

もたらされる情報が、いずれも灰色であったのも災いとなったようだ。突然に現れた本多信俊を信用できず、己れを謀殺せんとして家康がおくり込んだ刺客と判断した。殺《や》られるまえに殺る――これは戦国の定法でもあった。信俊は秀隆に謀殺される。

この事件が、甲州人の意識をかえた。

武田信玄の存命中から、織田家の同盟国は三河の徳川家であった。それを知らぬ甲州人はいない。が、いま織田家の家臣（秀隆）が徳川家の使者（信俊）を謀殺したとなれば、両者は事実上の手切れとみえてもしかたがなかった。甲州人にたいする岡部正綱の調略が、それをより鮮明にした。大規模な一揆が勃発したのは、それから間もなくであった。

秀隆は鎮圧にあたったものの、勢いはいっこうに衰えず、ついには城主自らが甲州からの脱出を余儀なくされるが、秀隆は織田氏の安全圏に到達することなく、途中、甲州の地侍たちによって攻め立てられ、自刃にいたる。

家康は直ちに兵力を甲州に投入、治安回復にあたるとともに、信州に散在する小豪族の受け入れ態勢をととのえた。信州に割拠する豪族たち——とくに、北条氏の息のかからない南部——は、先を争うように家康の傘下に集まった。

天正十年（一五八二）八月二十一日から十二月十一日にかけて、家康は幾度かに分けて武田の遺臣八百余名の起請文をとり、臣従を誓わせた。こうして徳川家の勢力は、三河・遠江・駿河に加え、甲斐・信濃に及んだ。

なお、この間、四十一歳の家康は遠州浜松をほとんど動いていない。

大国北条の致命的欠点

もっとも、家康はすんなりと五ヵ国の太守となったのではなかった。関東には、大国北条氏が五代・約百年の歴史をもって君臨していた。あの天才戦術家・上杉謙信も、常勝軍団を率いた武田信玄も、ついには北条氏を討滅することはできなかった。

甲信二国――とりわけ隣接する信州を家康が奪おうとして、それを北条氏が黙視するはずもない。世は、戦国乱世である。

天正十年八月、家康は大国北条氏を相手に戦っていた。

信長の横死によって混乱する織田家を別にすると、北条氏は始祖・長氏《ながうじ》（早雲・伊勢宗《そう》瑞《ずい》）にはじまって五代、その所領は日本最大規模であったといえる。

相模・伊豆・武蔵・上総《かずさ》・安房《あわ》・上野《こうずけ》の六ヵ国を完全に支配下におき、常陸《ひたち》・下野《しもつけ》・駿河の一部にもその勢威は及んでいた。のちの石高制に換算すれば、優に二百五十から二百八十万石は超えていたであろう。かたや家康の身代は五ヵ国（実質は四ヵ国半）で、百から百二十万石程度。とても、太刀打ちなどできる状態ではなかった。

北条氏は甲信二国に武田家が存続している間は、織田・徳川連合軍の同盟者であった。だが、武田氏が滅亡するや信長の態度は露骨に豹変。織田家の関東方面軍司令官として、滝川一益を厩橋《まやばし》（現・群馬県前橋市）まで進出せしめ、北条氏方の切り崩しを開始する。

当時の信長とすれば、天下平定後の構想もあって、織田家の直轄領をできるだけ拾い集めておきたかったのであろう。関東と中国地方、四国の大半は直轄領にする予定であったように思われる。

滝川一益も出自の不明な部将であったが、土塊《つちくれ》の中から信長に拾われ、方面軍司令官の一人に数えられるまでに栄進した。合戦は強い。だが、その裁量はあくまでも信長あってのものだったようだ。本能寺の変の直後、関東から織田家に馳参《はせさん》じた地侍たちの、まさかの離反によって、わずかな人数を率いての関東脱出を余儀なくされる。

受けて立つ側の北条氏は、信長の死を関東における自領再建の好機ととらえた。当然のことのように、甲州と信州を狙ったものの、家康に一歩先んじられてしまった。

——遅れたのには、理由《わけ》がある。

一言でいえば、北条家の当主・氏直《うじなお》（五代）が凡庸であったことに尽きよう。

この家は五代のうち長氏（早雲）―氏綱《うじつな》―氏康《うじやす》と三代つづいて名将を出した。

とくに三代目の氏康は、性格が地味ではあったものの、今川義元・武田信玄と軍事同盟を結び、上杉謙信の猛攻をも凌《しの》ぎ、巧みに外交と軍事のバランスをとって、俗に〝北条氏の関八州〟といわれた支配圏を築き、守り抜いた。一般に、武田信玄の上洛戦が遅れたのは、天才的戦術家で好敵手の上杉謙信が背後にあったからだといわれているが、実のところ信玄最大の難敵は謙信ではなく、むしろ同盟破綻後の氏康であったかもしれない。

その証左に、信玄が上洛戦を決意したのは元亀《げんき》二年（一五七一）十月三日、氏康が五十七歳の生涯を閉じた翌年に入ってからであった。氏康は死の直前、嫡子の氏政に遺言している。

「これからは謙信との同盟を破棄し、今一度、信玄と同盟せよ。そして汝は天下を望まず、関東の平和にのみ専念するように」

この父子には、有名な挿話《エピソード》が伝えられていた。

氏康が氏政と朝の食事をともにしたおりのこと、氏政は飯に味噌汁をかけてかきこんだ。それ自体は別段、下品でもなんでもない。戦国時代の武士の、一般的な食事の形態の一つであった。

ところが、二口三口食べた氏政は、改めてもう一度、汁をかけ足してつづきを食った。

この様子が氏康の目に留まる。彼は悲しそうにつぶやいたという。

「北条の家も、私の代で終わるか……」

すなわち、食事は毎日しているにもかかわらず、一飯にかける汁の見積もりすらわからぬようでは、自分の跡を継いでも、先の見とおしが立てられるわけがない。北条氏の命運は尽きるだろう、との論法であった。

これは当時同盟関係にあった謙信の、縦横無礙《むげ》な発想、行動力と息子を比較して述べたもの、と筆者は考えてきた。氏政は決して暗愚ではなかったが、氏康にすればいささか物足りなかったかもしれない。

それでもこの氏政（家康より三歳ばかり年長）は、先代以来の老臣たちに補佐され、北条氏の版図を最大のものとしている。

やがて氏政は隠居し、若い当主氏直を後見することに――。

巨国の北条家は見た目、大過なく治まっているように思われた。

しかしこの大国はすでに老い、戦国を生き抜く活力に欠けていたようだ。今日風にいえば、大企業病にかかっていたといえようか。

日本国がなくなっても、北条家は不滅だ、と主君から一兵卒の足軽までが信じて疑わなかった。大国の病は己れの力に、胡座《あぐら》をかくところからはじまる。そして安定政権は、潑《はつ》剌《らつ》とした冒険心ではなく、事なかれ主義の〝調和〟を求めた。

家康が背後にあって、抵抗を扇動した甲斐では河尻秀隆は討たれたが、北条氏の絶大な影響下にあった関東では、滝川一益は逃げおおせている。

この織田家の重臣二人の命運は、相対した〝敵〟の初動作の速さと鈍さ、小国の必死さと大国ならではのおおらかさにその差があった。

一方その鈍感な老大国の北条も、さすがに自国の影響下にある信州に、家康が触手を伸ばしたことには、めずらしく機敏な反応を示した。

「信州を、北条家によこせ」

というのである。北条家の家臣の中にも、

「いまにして家康を屈服させておかねば、将来のお家のためになりませぬぞ」

と、主君氏直に注進する者もいた。

家康、大国北条に勝利す

北条家の諸将は軍議を催し、ついに五万の大軍を上州《じょうしゅう》（現・群馬県）経由で信州へ向ける。家康の現有兵力は、一万にも満たない。

正面から戦えば、北条勢の勝利は動かなかったであろう。にもかかわらずこの時、北条氏は合戦を決断しなかった。信じられない別の、思惑を採用している。

「合戦はいつでも勝てる。それより、家康は和議を請うてくるであろう」

との憶測であった。

五万に対するに一万では勝負にもなるまい、だから徳川方は実戦には及ぶまい、と北条家の面々は高を括《くく》ったわけだ。

ところが案に反して、小心者で、ときに臆病者ですらあるはずの家康が、北条の大軍に対して真正面から受けて立った。この家康の心情が解析できねば、この人物は真に理解できない。序章で、徳川家代々の〝血〟について述べた。

己れの欲望や感情を抑制し、抽象化するという訓練を、人質時代、織田家との同盟時代をとおして徹底してきた家康だが、その生涯をつぶさにみると、わずかながら例外的な動き＝爆発したときがあった。対北条戦がそうである。このあと戦われた、小牧・長久手の合戦もまた、同じであったといってよい。

もちろん、家康なりの細やかな計算はできていた。対北条戦に関しては、敵の主将（隠居も含め）が信長・秀吉のような英傑ではないこと、士卒の軟弱さ、小回りの利かない大軍団の編制、正攻法一本槍の戦術——云々。

しかし、そうした要素があったとしても、五対一という敵兵力との差、絶対性は動くものではない。それを承知で、家康は兵を動かした。

このような場合、家康は可能なかぎり自軍の負担を軽減する作業を、まず、おこなっている。一言でいえば、合戦をやらなくてすむ算段である。

決戦をおこなうから敗北もするのであって、対峙しているだけでは勝利もないが、損傷もない。それでいて五対一である、外聞もいい。この算段のために、準備も遺漏なくおこなっている。策を弄《ろう》して、自軍の実数を大軍に見せかけた。少数部隊によるゲリラ戦を展開し、意気盛んなところを相手陣営に印象づけたりもしている。

わけても家康の面白さは、そうした過程で先述の「三河気質」が首をもたげてくるところにあった。相手が強ければ引き分けに、相手が少しでも弱味をみせると、そこをえぐり、傷口を広げ、意地悪く執拗に喰らいついた。

まさしく、意地の悪い片田舎の土豪水準《レベル》の、陰湿な発想・行動力であった。

北条氏との戦いのおりも、布陣した北条の大軍とせり合うように、家康は北上して目と鼻の位置にある府中城に入っている。府中城は守るに容易で、逃げるにもきわめて好都合な場所にあったからだが、北条軍は家康の意外な前進を、よほど自軍に自信のあるための行動と錯覚した。大国は往々にして思慮深く、用心第一をとる。

それに加えて、大将の氏直は戦《いくさ》を億劫《おっくう》がった。勝利してもさほど名誉にもならず、万に一つでも敗れれば、父祖五代にわたる栄光に傷がつく。

なろうことなら、矛を交えたくなかったのが、彼の本音であったろう。

ときに氏直の叔父・伊豆韮山《にらやま》城主の北条氏規《うじのり》は、かつて今川家において、家康と人質生活をともにした北条一族の連枝であった。氏直は氏規に、家康との講和の準備をさせる。

これがもし、氏直の祖父・氏康であれば、講和を進めるにしても、まずは一戦して、相手の強弱や意思を推し量り、余裕をもって和議に臨んだであろうが、今の北条家にはそうした段取りを踏もうとする重臣がいなかった。

それでいて態度だけは尊大で、講和を自分の方から申し入れておきながら、相手方へ足を運ぶことすらしようとしない。そのため家康は再び、戦書を北条方へ叩きつけた。

北条氏の迂闊《うかつ》さは、方針を講和と定め、すでに肩の力を抜き、全身で帰国準備をしていたところにも明らかであった。家康の厳しい口調に北条方は閉口し、あわてて詫びを入れ、この時機《タイミング》で両国の軍事同盟を締結してしまう。家康の娘・督姫《とくひめ》が氏直の妻となることが約《やく》定《じょう》され、結局、信濃は家康が領知することになった。

この一戦で家康は、武将としての名声を高めたが、北条氏は逆に面目丸潰れとなってしまう。なぜ、かくも北条氏は醜態を演じてしまったのか。一《いっ》にかかって、基本的戦略の不在にあったといえる。

それはこれからみる小牧・長久手の戦いにおける、敵の総大将秀吉にもいえ、後年の関ヶ原の戦いにおける、西軍の総大将・毛利輝元にもいえた。北条氏にせよ、秀吉、輝元にしても、大国にはその規模《スケール》における致命的欠陥があったようだ。

中国の古典『韓非子《かんぴし》』に、次のようにある。

国には常強《じょうきょう》なく、常弱《じょうじゃく》なし（国家には永久に強い国もなければ、永久に弱い国もない。国の強弱は、その治め方いかんによる）。

では、強い国はなぜ弱くなるのか。強さの中に、隙が生じるからだ。小国は生き残りに必死だが、大国になると途端に緊張が解けてしまう。隙ができれば、自壊は時間の問題となる。

秀吉と戦うべきか

それにしても天正十年（一五八二）という年は、家康にとって、さぞかし目が回る一年であったろう。

なにしろこの年の三月、織田・徳川連合軍は武田勝頼を滅ぼし、戦勝者の信長は富士山を見つつ、四月二十一日に安土へ凱旋。家康がその信長を追うようにして、穴山梅雪と安土に到着したのが、五月十五日のことであった。同月二十一日に家康は、信長の嗣子・信忠、梅雪とともに入京。二十九日には信長も、京の六角宮に入って本能寺を宿舎とした。

そして、六月二日未明が本能寺の変であった。

堺の見物を終えて京都に戻ろうとした家康は、一転して懸命の伊賀越えを敢行。伊勢の白子《しろこ》（現・鈴鹿市）から船で三河の大濱《おおはま》（現・愛知県碧南市《へきなん》）に上陸し、岡崎に到着したのが四日のこと。六月十四日、岡崎を進発した家康軍は鳴海に到着。

すでにみたように、ここで秀吉の使者から山崎の合戦に勝利したとの報を聞き、七月三日、軍勢を甲斐に向けたかと思うと、八月には前述の如く北条の大軍と対峙。十月二十九日に講和を締結し、つづいて信州へも鎮撫の軍兵を送っている。

家康の甲信二国の経営は、翌年五月までつづけられ、席のあたたまる間もない南船北馬（あちこちを旅すること）であった。この身辺の多忙さは一面、西に予想もしなかった大勢力が誕生したことにより、それに備える必要が生じたためであった。

少し前までは、織田家の一将校でしかなく、貧相この上ない小男の心象《イメージ》から出なかった羽柴秀吉が、わずかな期間に織田家の方面軍司令官に抜擢され、花形の山陽道攻略を任され驀進《ばくしん》したかと思うと、本能寺の変を経て、あろうことか織田家の遺産をことごとく継承し、それを元手に、瞬く間に二十四ヵ国を平定してしまった。

「秀吉めは、どこまで大きくなるのか」

家康の恐怖は、長年つき従った信長にたいするものと、同じであった。

家康は終生、学ぶことの上手な男で、今川義元、武田信玄、北条氏康らに、その軍略・兵法《へいほう》から大将の必須条件まで、実に多くのものを学んでいる。が、反面、上杉謙信、織田信長からは、ついぞ何一つとして戦略・戦術を学び取ろうとはしなかった。

「人種が違いすぎるのだ」

とすら、家康は思っていたふしがある。

秀吉には信長と似かよった体臭があり、謙信と等しい百戦不敗の戦歴があった。

しかも、この小男の恐るべきは、これまで家康が戦ってきた今川氏真や北条氏直といった凡将が相手ではなく、いずれも天下にその名を轟かせた智将・猛将たち——西国の雄・毛利氏を追いつめ、有利に結んだ講和にはじまり、中国地方を〝大返し〟した揚げ句、〝天下布武〟を推進した織田家にあって、最も卓越せる戦略家といわれた明智光秀を一蹴し、組織の秩序・常識からは適《かな》う筈《はず》もなかった筆頭家老の柴田勝家をも打ち破っていた。

「勢いに乗じている、としか言いようがあるまい」

家康は茫然自失の態《てい》で、側近に語った。

しかし、秀吉の凄味――織田家の部将時代から今日にいたるまで、一度も大敗を喫したことのない実績――は、さしもの家康をしても内心、震え上がるに十分なものがあった。

家康は決断を迫られていた、といえる。

膝を折り、身を屈め、秀吉に忠誠を誓ってその傘下に入るか。さもなくば、戦国の習いで一戦におよび、雌雄を決するか。前者を選択すれば、これまで築いてきた領土は安堵されよう。あるいは、一部は削封されるかもしれないが、ともかく生き残り得る。後者を採れば、万一、敗北でもしようものならすべてを失うことになる。

まさに、運命の二者択一であった。

通史によれば、家康は潔く後者を選んで、小牧・長久手の戦いを企てたことになっている。けれども、これまで見てきたような家康に、そうした堂々の芸当が果たして、できたであろうか。賭博ほど、この多分に田舎の百姓の匂いをもつ武将に、似つかわしくないものはあるまい。

また、家康という人は好んで自分から、戦いを挑んだ経緯はかつてなかった。少なくとも、関ヶ原の戦いを決断するまでは――。

彼が常に全身にみなぎらせていたのは、自己防衛のための意志力だけであったともいえる。一種の、被害者意識といい替えてもいい。家康が善人面《づら》の人生をおくっている間、培い、〝皮膚〟としてきたものである。

その〝皮膚〟がこの時、秀吉に関して疑念を懐《いだ》かせ、悲観的な想像を膨らませていた。

「もはや、遅きに失したのではあるまいか――」

家康の思考は自身が想像し、創り上げたところの絶体絶命の窮地「死地」に、自らを追い込んでいったといえなくもない。

秀吉にとって最も重大であった二度の合戦――明智光秀との山崎の合戦、柴田勝家を相手としての賤《しず》ヶ岳《たけ》の戦い――この二大会戦に、味方として馳参じなかったからには、その勝者が己れを厚遇するはずがない、と家康は考えた。

「なまじ出向けば、殿中で刺殺されるかもしれぬ」

家康の脳裏には、己れの殺される態《さま》が見え、その死後、自領を重臣の酒井忠次や石川数正に分け与え、鎮撫するであろう秀吉の姿が、ありありと浮かんでは消えた。

狼狽し、心底、泣き出したいような恐怖に囚《とら》われ、それでいながらこの男の面白さは、いよいよ追い詰められると、例によって例のごとくに開き直るふてぶてしさにあった。

「戦うより、道はあるまい……」

では、どのように戦えばいいのか。

一戦を交えるならば、ぜひとも勝ちたい。敗けたくはない。

だが、あらゆる意味において実直、かつ冷静沈着な家康は、飛躍のない堅実なその頭脳で、万に一つも自軍が最終的勝利をものにするのは不可能だ、との結末を弾き出していた。勝利できぬとあれば、敗北せぬ工夫をするより致し方あるまい。対北条戦のときと、同じように。家康の考えは一足す一が二であるように、きわめて常識的であった。

まずは対峙して、持久戦に持ち込む。そして秀吉軍の、諸大名の箍《たが》が緩《ゆる》むのを気長に待つ。幸いにして家康は、これまで戦ったことのない秀吉の軍勢を、まやかし（にせもの）としてしか見ていなかった。幾つもの偶然が生み出した幻のようなもので、時を経れば消え去る虹のようなものだ、と理解していた。勢い、と表現してもよい。

家康の発想は、繰り返すようだが、百姓生活の日々となんら変わるところがない。汗水を流して懸命に田畑を耕作し、道楽にうつつを抜かすこともなく、吝嗇に徹してわずかでも財を蓄える。そして少しずつ、少しずつ田畑を買い増しして、より一層の財を積む。三河から発して五ヵ国を領有したのは、まさしくそうした手法によるものであった。

ところが、秀吉は違っていた。まるで南蛮手ずま（手品）のように、あれよあれよといううまに、持ち前の口も八丁、手も八丁で、人々をたぶらかし、武将や土豪を語らい、半ばぺてん（いかさま）にかけ、騙《だま》して傘下に加えていく。

しかも秀吉は、家康のように貯蓄の〝実〟をもって他領を併合したりはしない。見せかけの信用、つまりは〃虚〃を用いて〃実〃と思わせる手法を用いた。

少なくとも、家康の目にはそのように映っていたようだ。

織田信雄という人

「やがて、諸侯も目が醒《さ》めよう」

そのためにも、と家康は長期戦によって、しばらくは秀吉と互角に戦ってみせねばならなかった。そこで北条氏以外の同盟者を物色し、信長の次男・織田信雄《のぶかつ》に目をつけた。

信長が横死した天正十年（一五八二）の時点で、二十五歳のこの若者は、器量は十人並み以下、それでいて虚栄心と権力欲は人一倍旺盛であった（信長の三男・信孝《のぶたか》は、異母兄の信雄よりは多少優れていたが、柴田勝家と組んで賤ヶ岳の戦いに参画。敗戦後、秀吉に与した信雄によって、切腹へと追い込まれた）。

家康にとって信雄の魅力は、その采配するところの清洲城とともに、尾張・伊賀（現・三重県西部）・南伊勢に領有する約百万石の実力であったといえる。そしてこれらの領地が、己れの隣接する地勢にあった。

中央に背を向けつつも家康は、折にふれ、この信長の遺子と接触をつづけていた。多分、家康らしい用心深さから、後ろ楯にしてもよく、なってやってもいい、といった感覚での交際であったかと思われる。

家康は亡き同盟者・信長の正統な後継者として、この若者を敬い、立て、そうすることによって、秀吉に奪われた織田家の遺産についても、暗に信雄が継ぐべきものであった旨を、繰り返し信雄の耳元で囁いたに違いない。

信雄と組めば、双方合わせて約二百万石の実力となる。さらに、同盟国の北条（約二百八十万石）を加えれば、五百万石弱となった。無論、畿内を中心に北陸、中国など二十四ヵ国に覇を唱え、六百二十余万石を領する秀吉とは、真の決着をつける勝負こそできないものの、しばらく戦えるだけの目処はついた。

秀吉はこの時期、まだ家康が決死の覚悟で刃向かってくるなどとは、思ってもいなかったであろう。巨大国ゆえの迂闊さ、油断といえなくもない。

四国進攻や九州征伐の準備に多忙を極める秀吉は、なろうことなら家康を懐柔し、幕下に加えたい、と渾身の智恵を絞っていた。頼まれてもいないのに、家康の官位をすすめて「正四位下《しょうしいのげ》　左近衛権中将《さこのえごんのちゅうじょう》」とし、数ヵ月の後には「従三位《じゅさんみ》参議」にまで昇進させている。

このときの秀吉は、参議とはいえ従四位下《じゅしいのげ》にすぎない。家康が官位をすすめられて喜悦するさまを、秀吉は密かに期待したようだ。この苦労人は、四国や九州でこれから展開しようとする大動員――とはいっても、その規模の巨大さを見せつけ、戦う前に相手方の士気を萎《な》えさせる――空前の大作戦が、そのまま家康にはあてはまらないことを、十二分に悟っていた。

なにぶんにも対する家康は、史上に類のない記録保持者であった。

二十年に近い歳月を、今川、武田といった大勢力と国境を接し、その強力な圧力下にありながら、ときには滅亡の淵に立たされつつも、ついにそれらに屈しなかったという記録である。

なかでも、上洛戦の途上にあった武田軍団を、戦えば敗滅するとの計算をしていながら、かっとなって見境なく突っ込んで惨敗を喫した三方ヶ原の戦い。その滅亡の淵から立ち直った経歴は、秀吉に大きな苦手意識を抱かせた。

「やはり、懐柔するしかない」

あの手この手を思案した秀吉であったが、家康はいっこうに乗ってこない。

そればかりか、よもやと思われた織田信雄と軍事同盟を結び、己れに挑んでこようとは、露ほども思いいたらなかった。両者対決の第一幕は、信雄が単独で秀吉に仕掛けた。あるいは、仕掛けさせられたというべきか――。

正月の年賀で、織田家の正統相続人と決した三法師（のちの秀信《ひでのぶ》）ともども、諸侯の挨拶をうけた秀吉は、信雄の許には出向かなかった。形式の上とはいえ、信雄は秀吉の主筋である。それを承知で挨拶に行かなかった秀吉に、信雄が激怒した。

秀吉はこの怒りを巧みに利用し、信雄が秀吉を暗殺によって葬ろうとしている、との虚報《デマ》を流して挑発。暴発して打って出てくればしめたもの、と手ぐすねひいて待ち構えていると、案に違えて信雄は家康のもとへ泣きついた。

「いささか、まずいことになったものよ」

そうは思ったものの、秀吉は家康が向かってくるなどとは思ってもみなかった。

なぜならこの時点で秀吉は、信雄配下の四家老のうちの、三人までをすでに手懐け、内応を約束させていたのである。秀吉ならではの犀利《さいり》、素早さがうかがえる。

そのうえ秀吉は、この内通をあえて信雄に知らしめ、あろうことか三人の家老を信雄の手によって、成敗させるという高等謀略ももちいていた。

この事実を知った家康は真っ青になり、驚愕している。

「なんと、三介《さんすけ》（信雄）は愚かなことを……」

開いた口がふさがらなかったが、信雄のほうは己れのおこなった愚かさに、まったく気付いていなかった。

秀吉対家康の外交戦

信雄の擁する兵力は、ざっと二万四千余である。総大将の信雄には、これらの軍勢を切り盛りするだけの将才がない。当然のことながら、四人の家老が各々六千余を下知し、戦場で指揮をとるわけだが、四人のうち三人がいなくなれば、それら家老の率いるはずであった一万八千余は、指揮官を失った烏合《うごう》の衆と化してしまいかねなかった。

三家老を説得し、秀吉との取り引きを今一度、ご破算にさせるべく語りかけるなり、騙されたふりをして彼ら三人を使うなり、やり方はいくらでもあったはずだ。

まだある。秀吉は残る一人の家老・滝川雄利《かつとし》を、言葉巧みに伊勢の松ヶ島城（現・三重県松阪市）に入れると、尾張・清洲城の信雄との間を見事に分断してみせた（のちに雄利は秀吉に仕え、その死後の関ヶ原の戦いでは西軍に属している）。

「家康は果たして、出てくるであろうか」

固唾《かたず》を呑《の》んで秀吉が見守るなか、天正十二年（一五八四）三月七日、家康の馬標は浜松城を発して矢作川《やはぎ》を伝い、同十三日に清洲城に入った。

この出陣までの間に、家康は娘の督姫を北条氏直の許に嫁がせ、北条氏との姻戚関係を実行し、東の守りを固めている。加えて、四国の長宗我部元親、紀州（現・和歌山県の大半）の根来《ねごろ》・雑賀《さいか》党にも働きかけ、また、秀吉に反感を抱きつづけてきた、かつての織田家の重臣で越中富山城主・佐々成政《さっさなりまさ》へも使者を派遣して、西・南・北の備えを強固にした。

家康にすれば、会心の外交戦であったろう。おそらく、この物真似《ものまね》の達者な男は、かつて室町幕府十五代将軍・足利義昭が考案したところの、反織田包囲網（第一次）を信長の傍らで目撃し、自らも苦しめられつつ、それを真似《まね》び（学び）、模倣したに違いなかった。

将軍義昭が反織田包囲網を構築したおり、主力を担って信長に向かい進軍したのは武田信玄とその甲州軍団であり、北には浅井・朝倉氏がいて、比叡山延暦寺も健在だった。

あのときの信玄に、家康はなりきろうとしていた。しかし、模倣はしょせん模倣でしかない。本来、外交手腕がとりわけ得意ではない家康である。また、相手にしたのが、空前絶後の調略の天才としかいいようのない、〝外交通〟の秀吉であったのも災いした。

秀吉は家康側の包囲陣をさらに、壮大な包囲網であっさりと覆ってしまった。

越中の佐々成政を、越後（現・新潟県）の上杉景勝と同盟して牽制し、西の備えは四国・阿波（現・徳島県）の三好氏と中国筋の毛利氏を動員。東の端は伊達氏に受け持たせて紐帯《じゅうたい》を強めた。家康は小牧・長久手の戦いが止んでのち、これらを知って愕然となる。

と同時に、この外交戦略を暗記でもするかのように懸命になって覚えた。それの活用が、のちの関ヶ原の合戦となったわけだ。

それはさて置き、家康は信雄を清洲城に入れ、この城を後方要塞として、三月十七日、羽黒《はぐろ》（現・愛知県犬山市）に滞陣中の秀吉方の将・池田恒興《つねおき》（信輝《のぶてる》）、その娘婿の森長可《ながよし》らの部隊と激突した。

家康・信雄連合軍は秀吉軍を撃破して、清洲城前面＝濃尾平野の戦略拠点・小牧山に布陣する。ここに構築された野戦陣地は、多分、亡き信長が長篠・設楽原の合戦のおりに考案した、広大で頑強な陣城が原型《モデル》であったかと思われる。

一方の秀吉は、麾下の諸軍勢を美濃大垣城（現・岐阜県大垣市）の辺りまで進出させた。ここは池田恒興の居城で、もとは神戸信孝《のぶたか》（信長の三男）の旧領。恒興はこの地で十三万石を領有していた。この年、彼は四十九歳。つい最近までは、信長と乳兄弟であったため、織田家では格別な地位を占めていた。それだけにまた、秀吉の恒興にたいする懐柔策は、微に入り細にわたっていたが、このたびも戦勝の暁には、美濃・尾張・三河の三国を与える、とまで約束している。

なお秀吉は、彼の三男・長吉《ながよし》を己れの養子にしたいといい、恒興を狂喜させんばかりに喜ばせた。が、そうした好餌がかえって裏目に出たようだ。

秀吉本人は対峙の当初、まだ大坂にあり、

「自分が着陣するまでは、構えて手出しはご無用――」

と厳命していたが、なにぶんにも秀吉軍は混成軍である。

そのうえ池田恒興のように、秀吉がなだめすかさねば、勝手な行動をとる老練の武将も少なくなかった。恒興は秀吉の厚遇によって、功名心を刺激されていた。独力でもって犬山城を攻略し、それに気をよくして森長可ともども、秀吉の軍令を無視して、家康が全軍を展開すべく予定していた小牧山（現・愛知県小牧市）の奪取を思い立った。

「なあに、攻め取れば筑前《ちくぜん》（秀吉）とて、よもや怒ることもあるまいよ」

と、恒興らは気負い立った。

これが当時の、武将たちの姿であったともいえる。彼らには、江戸期の侍に求められた忠誠心もなければ、主君に対する律義な精神などは、およそもちあわせていなかった。あるのは旺盛な功名心と、それによってもたらされる自家繁栄＝御利益《ごりやく》だけ。

恒興は小牧山をめざしたが、わずかに出遅れ、すでに山や峰には徳川方の旌旗《せいき》が翩《ひるがえ》っており、自らの軍勢は叩き返されてしまう。

秀吉は、緒戦での敗北を京都で聞いた。家康と連絡をとって蜂起した紀州の根来・雑賀の一揆が、和泉《いずみ》岸和田城を襲ったりしたため、畿内を動けずにいたのである。

小牧・長久手の戦い

「しまった！」

心中密かに舌打ちした秀吉は、それでも外面は普段と少しも変わらぬ風を装い、公称十二万騎の軍勢（実数三万余）を率いて、東進を開始した。家康・信雄連合軍は、一万七千ほどであったろうか。

犬山城に秀吉が入ったのが、三月二十七日正午のことであった。

すぐさま家康側の野戦陣地を偵察に出た秀吉は、羽黒村を経て羽黒川の流れに沿い、二宮山東麓（現・愛知県犬山市）から山頂へと登っている。

「家康どのは、右府《うふ》（信長）さまの手を真似ておるようじゃな」

秀吉は一望して、わずかに顔面を歪めた。

口許が、かすかにほころびている。

家康の野戦陣地が、信長がかつて武田の騎馬軍団に対抗すべく考案したところの、陣形そのままであったからだ。長大な馬防柵、その後方に布陣する火力部隊——家康はそっくりそのまま、信長を真似て、いっこうに羞恥を感じない質《たち》らしい。

「武田勝頼の二の舞いは、ご免だぎゃア」

秀吉の、頭の回転は速い。

小牧山の陣地に対抗して、直ちに二重堀《ふたえぼり》、田中、小松寺山《こまつじやま》、外久保山《そとのくぼやま》、内久保山《うちのくぼやま》、岩崎山、青塚《あおつか》、小口《おぐち》、飛保《ひぼ》といった要所を連環して、空前の大野戦陣形を構築した。

家康はこれを望見して、身震いし、卒倒しそうになったに違いない。

しかし、こうした緊張感のみなぎる戦場で、主将が顔色をかえては、全体の自軍の士気にかかわる。負けてなるものか、と家康も野戦陣地の延長・拡大策をとり、あくまで持久戦の態勢をとった。

秀吉もこの戦いは、さきに仕掛けたほうが負けるとみていた。

柴田勝家を葬った賤ヶ岳の一戦でも、勝家の甥・佐久間盛政《さくまもりまさ》が功をあせり、秀吉軍への〝中入れ〟を進言し、勝家に反対されたにもかかわらず、強引にそれを実施したために敗れ去っている。

ついでに記すと、この〝中入れ〟とは、敵の縦深陣地の最前線を避け、迂回して後方の中程《なかほど》――多分に薄弱部――を奇襲して破り、敵の全軍を潰滅に導く戦法を指した。

上杉謙信や織田信長が度々用いて、華々しい戦果を上げたことから、この時期の武将の間では、ずいぶんもてはやされた戦法となっていたようだ。

だが、この戦法はよほど老練な戦闘指揮者と実戦を熟知する将兵をもってしてなお、敵将が凡庸であって、はじめて可能となる至難のものであった。なまじにこの戦法を採用すると、賤ヶ岳の勝家軍のように、敵に打撃を与えるよりも敵に乗ぜられ、貫穿《かんせん》(一ヵ所を貫きとおす)攻撃にあって、惨憺たる敗北を喫しやすいとの致命的な欠陥があった。

とはいえ、増派して十万に達した秀吉軍である。

敵を一万六、七千と割り切り、このまま正攻法で攻撃したとしても、後方四里の地に清洲城があった。小牧と連携されては、秀吉側の損傷もはかり知れない。

「家康どのは、野戦を得手としているというからのォ……」

城攻めを得意とする秀吉とすれば、この際は相手に仕掛けさせ、その動きの中で、最も手薄な箇所を突き、一挙に突き崩して、家康に痛打を与える——これしか戦術上の選択肢はなかったろう。そのためにこそ、敵前で大掛かりな土木工事を実施し、これ見よがしに挑発したのだが、さすがに家康もこれには乗ってこない。

あたかも名人同士の碁の対局を見るような、秀吉と家康の人間力、忍耐力が問われるような対峙がつづいた。こうなると局面は、秀吉にとって不利となっていく。

なぜならば、秀吉は中央の政局を掌握する立場にあり、西方の征伐やそのための朝廷工作、そのほかにも国政上の懸案が山積となっていた。九州からは、島津勢に侵略されつつある大友家が、連日のごとく援軍の派遣を求めてきており、四国も紀州も不穏な動きを示しつづけている。

対陣が長引けば、どこかで戦火が上がったおり、主力軍を旋回させることが難しくなる。政局の中心＝畿内へ秀吉が戻れず、時を費ればその分、諸事政務も滞る懸念があった。

ところが、片方の家康は五ヵ国を擁しているとはいえ、中央を遠く離れた地方の覇者でしかない。濃尾《のうび》平野の東北で睨み合いが長引こうとも、彼はなんら痛痒も感じなかったであろう。つまり、この東海地方での戦線が膠着すれば、秀吉が短期間に築き上げた天下の威望が失墜しかねなかったわけだ。

まさしく家康の、幻想を払って秀吉を現実に失脚させる作戦に、狙いどおりはまったことになる。秀吉は頻繁に、家康を挑発した。

増田長盛《ましたながもり》（のちの五奉行の一人）に「戦書《せんしょ》」を認《したた》めさせ、家康の陣営に送るなどしたが、家康は持ち前の粘着質から、いささかの軽佻《けいちょう》さも見せず、逆に、家康からの返書を受け取った秀吉が、顔を朱にして激怒するありさまであった。

味方の諸将は秀吉の意図するところを、全身で見極めようとしていた。

かといって、皆が望む総攻撃の命令はおいそれとは下せない。平然を装っていても秀吉は、自軍の士気が低下する懸念に苦しんでいた。

秀吉と家康の差異

「馬を曳けーっ」

突如、秀吉は破天荒な行為をやってのけた。

「よいか、しずまっておれよ」

一言、厳命すると素早く馬上の人となって、鞭を当てて馬を駆けさせると、驚くなかれ秀吉は単騎で、家康の陣営に向かったのであった。きらびやかな秀吉の軍装は、敵味方ともに熟知している――両陣営の中ほどまで進むと秀吉は、特徴のある大声で、

「各々方、見よや！」

と叫ぶなり、陣羽織の尻を家康の陣営に向けて、

「これでもくらえ」

とやった。家康側は完全に、虚を衝かれたといってよい。

目前に敵の総大将が突然現れたのに驚愕し、かつ尻をまくった行儀の悪さ、品性のなさ、まるで子供の合戦遊びそのままの野放図なさまを見せられ、彼らは呆然としてしまった。

家康陣営の将士が、悪夢から醒めたように各々、我に返って、

「あれなるは、敵の総大将……」

と口々に叫び、鉄砲を撃ち掛けたのは一呼吸もおいてからであった。

前衛の鉄砲隊から、一斉に火ぶたが切られた。が、秀吉はここが正念場とばかりに踏みとどまり、再び口を大きく開く。この一言を聞かせたいがために、このような無謀を押して前線に出てきたのであった。歌舞伎の、見得を切るのに似ている。

当時の諸記録は、このおりの秀吉の言葉を一斉に、かつ正確に伝えている。

よほど、印象的であったのだろう。

「天下ノ将軍タルモノニ、矢弾《やだま》ノアタルモノカハ」

秀吉は悠然と後方へ退り、ひとしきり弾雨が激しくなると、急いで馬を駆け戻して、味方陣営に戻った。

秀吉方の士気はにわかに上がり、家康陣営では士気がいくぶん萎えた。というより家康には、こうした行為をする秀吉という男が理解できなかった。成り上がり者特有の軽忽《けいこつ》さ、野卑、挙措動作の軽々しさは、どのように類型を探そうとも、三河には見当たらなかった。

かろうじて家康が類推し得たのは、若き日、傍若無人の振る舞いが多かった信長の、行動と発想に、あるいは似ているかもしれない、ということだけであった。

「いや……輪をかけて、かぶいている」

〝かぶく〟とは、前衛的意識、行動所作をする者といってよかったろう。

家康は貝のように、自らの口を閉ざしてしまった。

勢いづいた秀吉側が、ときおり挑発のための小部隊を前進させたが、家康軍は決して馬防柵より前には出ない。そして諸将には警戒を怠らぬよう、油断せぬようにと繰り返し下知し、兵士の気持ちが弛緩せぬよう注意を払った。

こうして対峙している間、家康陣営でも、攻撃を献策する将士は少なからずいた。

だが、家康はそれを許さない。徳川の将士は主君に従順であった。このあたりは三河人気質が、我慢強さに優れていたこともあってか、独断専行する者もなく、大勢としては一枚岩の結束が守られていたといっていい。

それにしても家康には、なんとしてももう一戦、秀吉軍に痛撃を与えたい気持ちが強かった。緒戦で勝利したとはいえ、その陣営内に秀吉はいなかったからだ。

それだけに、「ワレ、秀吉ニ勝利セリ」とは、家康も天下に誇り難かった。

もう一度だけ、秀吉軍を撃ち負かしたい、それが家康の本音であった。

では、秀吉勢を破り、それを足掛かりに天下を狙う野心があったかといえば、それは否であったろう。彼の発想には、輝くような飛躍がない。一見して鈍いとしか思えない重々しさや用心深さは、結果の蓄積をもってすべてとする彼の心情と、一対《いっつい》のものであった。

五ヵ国の主である家康の頭脳は、五カ国を固守することを大前提に、周到な計画を慎重に実行することで、次に一国、二国と領土を確保しながら、ついには秀吉に拮抗し得る領土、実力を保持して、はじめて〝天下〟を考えるという図式にできていた。

信長や秀吉のように、〝勢い〟を創り出し、それに乗じて一挙に事を達成してしまうなどの、およそ魔法めいたやり方は、露ほども考えられず、また、成し得なかった。

家康は己れ以外のいかなる者も、心底では信じていない。

それだけに、勢いに乗って手軽く勝利できるうまい話にも応じなかったが、逆に、失速してすべての計画が狂い、奈落の底に落ちる危険も皆無であったろう。彼は秀吉軍が、我慢比べに業を煮やし、立ち上がるのをひたすら待った。

そうするうちにも、一方の秀吉陣営では小さな波風が立ち始めていた。

震源地は、先の羽黒で独断専行し、一敗地にまみれた池田恒興だった。この老将は己れの名誉挽回に血眼《ちまなこ》となり、全体の戦局も見ずに突飛で無謀極まる作戦を立案した。

自身を総大将とする別働隊を編成し、密かに陣地を脱け出て、小牧山を大きく迂回して進み、驚くことに敵将・家康の本拠地である三河の、岡崎城に乱入するというのだ。家康が動揺して兵を返せば、秀吉の主力軍がこれを追撃して殲滅《せんめつ》するという戦法であった。

「これは……、〝中入れ〟そのものではないか」

秀吉は怖気をふるいつつ、恒興の作戦計画を聞いた。

小牧・長久手の後半戦

〝中入れ〟の困難さは、誰よりも秀吉自身がよく知るところであった。賤ヶ岳における柴田勝家の二の舞いなど、真っ平である。しかしながら秀吉は、執拗に〝中入れ〟を提案する恒興を、どうにも沈黙させることができなかった。

なにぶんにも恒興は、秀吉の家来ではない。友軍の立場にあって、織田家の門地や実績からいえば、秀吉の上席にあった人物である。

もし、言下にこの愚策を否定しようものなら、恒興の機嫌を損なうばかりか、すでに一度敗北しており、尾張・美濃・三河を与える、との秀吉の恩賞も難しくなっている時だけに、恒興は不意に家康方へ寝返らぬともかぎらなかった。

己れの作戦に執着し、恒興は秀吉に食い下がる。

このおりの秀吉の無念さ――政治的、絶対的権力のなさ――は、関ヶ原の戦い前夜における主将・石田三成の、薩摩（現・鹿児島県西部）島津《しまづ》軍にたいする立場と対照的な結論となった。総大将の秀吉は不覚にも折れ、恒興の策を採用した。三成は夜襲を主張した島津惟新《いしん》（義弘《よしひろ》）の献策を、あくまでも拒絶している。

——結果は、いずれも失敗であった。

後者については後章に譲るとして、ここでは関ヶ原の戦いの手本《モデル》となる小牧・長久手の戦いを追ってみたい。恒興は進言が容れられて狂喜した。が、秀吉は不安でならない。

当初、恒興の兵力六千、森長可の三千、それに堀秀政《ほりひでまさ》の三千をもって、この作戦にあてる予定であったが、秀吉はこれらに加えて、さらに甥の羽柴秀次《ひでつぐ》の八千を追加した。

総勢二万に及ぶ奇襲部隊——そのようなものは、日本史上に例をみないであろう。

考えてみれば、数の上では家康・信雄連合軍の総数一万六、七千をすら上回っていた。

「首尾よくいけばよいが……」

秀吉はなおも不安を拭いきれなかったが、恒興とその娘婿の長可は勇躍して出発した。

大奇襲兵団が味方陣地を後にしたのは、丸一日を経た四月八日の夜半である。

ところで、家康の放っていたおびただしい忍びは、この巨大な軍団を見逃さなかった。

すでに七日、その動静を通報している。だが、報に接した家康は、この人らしく容易にこの一報を信じようとはしなかった。

「そんな……、馬鹿なことはあり得ない」

秀吉の戦略眼は、そのように愚かではない、とみる家康は、この別働隊を己れへの擬兵と見誤ったのである。それでも、万一ということがないとはいえない。そこは用心深い家康である。改めて間諜《かんちょう》をその方面へ放った。すると、まぎれもなく、敵の別働隊は長久手を経由して、三河に侵攻しようとしていることがしれた。

八日早朝、家康はまず先発軍四千五百を、敵別働隊の進路途中にある小幡城《おばた》(現・名古屋市守山区)に入れ、自身は信雄を語らって、小牧山本陣をほとんど空《から》同然にして密かに出撃した。

家康・信雄の連合軍も小幡に入城し、秀吉の大奇襲兵団を待ち伏せる態勢をとった。やがてそこに、先鋒・池田恒興、次鋒・森長可、中堅・堀秀政、四隊・羽柴秀次の順で、別働の大兵団が長久手(現・愛知県長久手市)に進軍して来る。

天正十二年(一五八四)四月九日、奇襲すべき別働隊が逆に、不意を衝かれ搏撃《はくげき》(ひどくうちこらす)され、恒興とその長子・元助《もとすけ》は戦死。長可も討たれ、辛くも態勢を立て直した歴戦の将・堀秀政も、後方の秀次勢が慌てふためいて崩壊したのに足を引っ張られ、戦線を離脱するのがやっとのありさまとなった。

秀吉の生涯で、拭うことのできない唯一の敗戦は、このようにして後世に記憶された。信じられないことだが、池田恒興ら別働隊はほとんど斥候《せっこう》を放った形跡がなく、家康軍の夜間行軍をまったく諜報していなかった。と同時に、秀吉最大の迂闊は、家康が自陣を空にして掻き消えたのを察知できずにいた点である。

もっとも、家康のこの迅速果敢な出撃は、亡き信長との共同作戦で、彼が糸車のように絶え間なく働かされてきた実績に機縁があった。秀吉の迂闊さよりも、家康の芸術的ともいえる素早さを評価すべきかもしれない。

余談ではあるが、天下統一に王手をかけた信長はその最多忙期、四方八方に敵を迎え、満身創痍で戦っていた。ところで、これは一般にはあまり注目されてこなかったことだが、信長が同時に多方面の敵と戦い得たのは、彼の独創による新戦法が大きな効力を発揮していたからであった。

織田家ではこの新戦法を、

「付城《つけじろ》ノ事」

と称した。

織田家では各方面軍司令官が、信長の命令によって担当戦線を振り分けられる。それに従って、各々は懸命に戦いを遂行したのだが、織田軍の特徴は家康の軍勢も呼び寄せて、大規模な合戦をおこない、敵に痛撃を与え、敵勢を城砦に籠らせる点にあった。

そうしておいて、敵の城砦を取り囲むように「付城」を幾つも築き、敵勢力をすっぽりと包囲してしまうのである。極力、自軍兵力の消耗を少なくし、短兵急な攻撃は控えて、ただひたすらに敵戦力の低下、内訌《ないこう》、場合によっては飢えるのを待つ。

——信長の凄さは、ここからであった。

各々の方面軍は、こうして担当戦域を維持していたのだが、信長は別の戦域において決戦が必要と判断すると、各方面軍から形ばかりの留守部隊を「付城」に残し、その裏側から守備兵力をそっと抜き出して、決戦場へ兵力を投入、再編成の軍をあてたのである。

いいかえれば、織田家の将士は四六時中、どこかの戦場で戦っていたことになる。

これが、かぎられた兵力による信長創案の、常時多方面同時攻略法であった。

信長はこの新戦法によって、最も苦しい時期を凌《しの》いだのだが、この厳しい用兵はまた、諸将の疲労を蓄積させ、荒木村重の謀叛、明智光秀の本能寺の変の導火線ともなった。

この信長に家臣同様に扱われ、戦場で酷使された徳川家においても、こうした信長の戦法はいつしか身についていたようだ。この「付城」を成功させ得るか否かの鍵は、一にかかって「付城」からの迅速、秘密裡の出撃にあった。

敵前をいかにうまく脱出するか。信長軍団中の優等生であった秀吉は、〝中国大返し〟という離れ業《わざ》に、見事にこの戦法を応用・実施して大成功をおさめ、いま一人の信長の愛弟子ともいうべき家康は、小牧・長久手で同門の秀吉を出し抜いた。

それにしても長久手での勝利ほど、家康の声望の基礎を成したものはなかったろう。

秀吉の胸中

常勝将軍の秀吉は、池田恒興ら別働隊＝大奇襲兵団の潰滅を、その日の昼頃に耳にした。急遽《きゅうきょ》、家康・信雄連合軍の主力を捕捉・殲滅すべく、秀吉は全軍を投入。自らも迅速に、二万の兵を率いて出撃した。途中で帰陣する家康勢を発見すれば、決戦を挑んでこれを撃滅するのはいとたやすい、と考えたようだ。

一方の家康は夕刻、小幡城に入っていた。ここで敵の動向を見極め、攻め寄せてくればこの城で防戦しようと、どこまでも手堅く計算していたようだ。

ところが、秀吉軍は総力を挙げて打ち寄せて来るとの報が間諜から伝えられた。

そうなれば、小幡城では防ぎきれない、と判断した家康は、夜半、いそぎ小牧山に帰陣する。

秀吉軍が翌朝、小幡城へ殺到したときには、城内には人一人としていなかった。

秀吉は二度までも家康に、小僧のようにあしらわれたことになる。

大久保彦左衛門が、

「わが君は武辺第一の名大将なれば――」（『三河物語』）

と誇ったのも無理はない。

天下人たらんとする秀吉にとっては、これに勝る恥辱はなかったろう。

「嘲弄《ちょうろう》されたか、このわしが……」

さしもの秀吉も、無駄口をきく気力もなく、蕭然《しょうぜん》と楽田《がくでん》（現・犬山市）の本営に戻った。

常識的感覚からは、大軍を擁する秀吉である。一気に、小牧山へ殺到してもおかしくはない局面であった。一度ならず二度までも、その威信は傷つけられたのである。

周囲の諸将の手前もあり、本人の無念も極まりない。

――ここが、秀吉にとっての正念場であった。

総攻撃に踏みきれば、一時的な勝利は得られるかもしれない。

が、決定的段階を迎えるまでには、なおさらなる歳月を要することになろう。天下にはいまだ、群雄が割拠していた。秀吉と家康の対決は、一方で漁夫の利を狙う地方の大名たちの決起を促し、気付いたときには、秀吉の輝かしい〝勢い〟は消滅していた、ということにもなりかねなかった。

己れの感情や体面を押し殺すのは、難しい。

地位や名誉があればあるほど、なおさらである。

だが、苦労に苦労を重ねながら、ここまで這いあがってきた秀吉には、一時の激情がどれほど厄介な連鎖反応を引き起こすものか、身に沁《し》みてわかっていたようだ。

「見たか者ども、徳川どのの武勇、花も実もある。これほどの秀吉が追うにも足およばず、なかなかもって古今に稀なる名将よ。それほどの人にこののち、長袴で臣下の礼をとらせ、上洛せしめんこと、その秘策はこの胸中にぞある」

そうした意味の言葉を、秀吉は陽気に長々と述べた。

秀吉がこの敗戦の屈辱から、兵力を駆使することなく立ち直るには、相手の家康をほめたたえ、己れをそれに勝る〝大気者〟と見せるより術《すべ》はなかった。

五月一日、秀吉は堀秀政に楽田城を、加藤光泰《みつやす》（のち甲府城主となり二十四万石を領するも、朝鮮出兵の帰国の途次、病没）に犬山城を守らせると、自身は尾張二重堀（現・小牧市）の陣を撤収。いったん美濃に引き退くと六月十三日に大垣城へ、そして同月二十一日には大坂へ舞い戻った。

いつの間にか家康は、面前に敵将を失ってしまう。

この時期の秀吉の行動をみていると、彼が日本ではめずらしく、大規模な政略をたて得る人物であったことが知れる。言葉を換えれば、戦争を政治の一手段と見なす感覚に富み、加えて堅実でもあり、こうした感覚の政略家は日本には稀有で、秀吉の右に出る者はいなかったのではあるまいか。無論、その師である信長は例外として、の話だが。

尾張戦線において、家康の主題は戦闘での優位、持久戦による敵の崩れを待っての痛撃、といった純軍事的成果を求めるものであったが、秀吉のそれは、そうした低い次元のものではなかった。

視野はすでに天下統一をとらえ、諸国での検地も進み、一方でこれまでの自給自足的な経済の仕組みを根底から改め、貨幣の流通による新経済の骨組みを確立すべく、秀吉の大事業は着手されていた。室町末期に途切れてしまった全国の輸送体系《システム》、預金制度や新式の記帳方法の研究、諸国特産品の選定、流通——等々である。

こうした大事業を担当・総括していたのが、子飼いの石田三成であった。

三成は京都と諸国を結んでいた数多くのルートを、そっくりそのまま中心を京都から大坂に移し、大坂を全国の物流の拠点《ターミナル》として、地方のあらゆる物産を集積し、現金化すべき体系を創出しようとしていた。

日本の中心部・畿内から中国地方にかけて、さらには東海地方の一部まで、三成のこうした計画は施行されている。が、秀吉の未征服地の四国、九州、家康の東海、北条氏の拠点である関東、本州奥地の奥州はこの経済圏の外にあった。

わけても東海地方は、列島を断裁するかのように、家康・信雄連合軍の、いわば当面の敵で固められており、その弊害は豊臣政権にとって計り知れない。

天下統一を、全国経済の掌握と改革におく秀吉は、己れの面子《メンツ》にばかりこだわってもいられなかったのである。七月に入って、家康・信雄連合軍と単発的な小競り合いはあったものの、八月、有馬の温泉に浸って疲れを癒《いや》した秀吉は、小牧・長久手での敗戦後、ようやくにして戦術の次なる転換に踏み切った。

蒲生氏郷という人物

「三河（家康）どのを無視する」

と秀吉はいうのである。

彼は軍事の矛先を、家康から信雄に転換し、集中的にこちらを攻撃することにした。

信雄には尾張五十二万石の根拠地のほかに、伊勢湾を隔てた伊勢、伊賀にも五十五万石の飛び領地があった。

清洲の前衛に、家康の小牧山がある。秀吉は手はじめに、尾張と伊勢を繋《つな》ぐ役割の加賀井《かがのい》城と竹ヶ鼻《たけがはな》城（ともに現・岐阜県羽島市）を、三日、四日の日程で陥落させた。

これは信雄にとっては、連絡路を遮断されただけでなく、往来の自由をも奪われることになった。小牧山の家康は、手をこまねいて傍観するより術《すべ》（方法）がない。彼我の兵力は隔絶していた。なまじ救援に飛び出せば、秀吉軍が大挙して襲いかかって来るのは必定であった。

しかもこのたびは、正面の敵となる秀吉方守将に、二重堀を持ち場とする蒲生氏郷《がもううじさと》が配されていた。

「あの男は……、よく分からぬ」

家康は心底、洗礼名をレオンと称するこの二十九歳の青年武将を、信長や秀吉と同系列の不可解な人間として、畏怖していた形跡がある。

亡き信長が見い出した〝人材〟の中でも、英雄を智・弁・勇の三徳を備えた者と定義するならば、おそらく氏郷は、そのいずれにおいても最高の武将ではなかったろうか。

弘治《こうじ》二年（一五五六）、近江国日野《ひの》城主・蒲生賢秀《かたひで》の長子に生まれ、永禄十一年（一五六八）、人質として信長の許へ遣わされた。信長は、その戦場における勇猛果敢さ、人に倍する聡明さと弁舌のさわやかさ、わけても鋭敏な美的感覚《センス》に、己れに等しい価値をこの少年の中に見い出す。それゆえ愛《め》でるように氏郷を教導し、引きたて、一人前の武将に育てあげた。

戦国時代の人質については、家康の耐忍生活が大写《クローズアップ》しされるあまり、暗く陰湿で、鬱屈した生活を想像しがちだが、預かり元は別段、人質を牢に監禁しておくわけではない。信長の場合であれば、自身の身辺において小姓などに任じ、日常や戦場での作法、軍法を身につけさせた。将来、自軍の武将となるかもしれない人材である。

いうならば人質生活は、寄宿舎制の学校といってもよかったろう。

人質生活には、利点《メリット》も少なからずあった。

同じ境遇におかれた人質同士の交流もでき、その預けられた家の諸将と顔見知りとなり、知らず知らずの間に、人的通信網《ネットワーク》も広がった。個々の人の能力も磨かれ、戦場での働き具合も学び、将来性を認められれば、大国の一員にも加えられた。

かつての今川家における家康がそうであり、織田家での氏郷も同断であった。

家康は当主・今川義元の姪を正室に迎え、氏郷は信長の娘を娶って日野（現・滋賀県蒲生郡日野町）へ帰っている。

以来、氏郷の場合、信長の主要合戦――元亀元年（一五七〇）の越前朝倉攻めにはじまり、近江の鯰江《なまずえ》合戦、小谷城攻略、伊勢長島の一向一揆攻め、長篠・設楽原の合戦、摂津伊丹城攻め、伊賀進攻、信州攻めなどに参戦。いずれにも、抜群の軍功を上げている。

秀吉はこの二十も年少の武将を、まるで賓客をもてなすように遇し、彼の手を押し戴くようにして味方陣営に迎えた。柴田勝家と結んだ織田家の宿老・滝川一益を攻めたおりも、氏郷の働きは大きく、のちに伊勢亀山城を与えられている。

だが、氏郷本人は秀吉に感謝などはしていない。厚遇されるのは当然だ、と思っていた。それゆえか、普段は秀吉を「筑前殿」とも、ましてや「上様」とは敬わなかった。

（上様とは、亡き右府〈信長〉さまただ一人）

との思いが強かったからであろう。

小牧・長久手の戦いにおいては、後世に残る有名な科白《せりふ》すら吐いたという。

「猿（秀吉）メ、死ニ場所ヲ失《うしの》ウテ狂ウタカ」

大胆不敵。

氏郷にとって心服できる人物は、信長しかいなかった。

秀吉には己れと同じ時代の雰囲気——大航海時代のルネッサンスを共有しているといった——は感じていたものの、はなから尊敬の念などはない。なぜならば、秀吉には信長にみられた鮮烈な美意識がなかったからだ。

いわんや家康にいたっては、時代の空気も吸わぬ、泥臭い後進地の人物として、多分に侮蔑する気風が濃厚であった。当然のことながら、その面白味のない吝嗇なだけの器量など、歯牙にもかけていない。事実、小牧・長久手で秀吉軍を破り、いちはやくその戦歴を輝かした家康を、氏郷は毛の先ほども怖れてはいなかった。

後年、氏郷はその豪胆さを秀吉にかわれ、家康を牽制する目的で奥州黒川《くろかわ》（現・福島県会津若松市）に、九十二万石を与えられるまでになる。

もし、氏郷が四十歳で病死せず、いましばらく長寿であれば、秀吉亡きあとの天下は、家康にではなくこの男の懐《ふところ》に転がり込んだ可能性も否定できなかった。

氏郷の凄まじさは、後章で改めて述べることにしたい。

第二章

〝現実主義〟に徹した戦い

戦略と戦術の相違

――話が少々、それた。

秀吉は尾張と伊勢の連絡を絶つと、信雄の伊勢・伊賀の領地をすべて奪ってしまった。

「あの阿呆めが……、さぞ狼狽しておろう」

秀吉には手にとるように、信雄の慌てふためくさまが読めた。

狼狽などという、なまやさしいものではなかった。信雄はそもそも、己れが仕掛けて家康と同盟し、立ち向かった戦いであることを忘れ、領国の半分を失ったことに気も狂わんばかりの悲鳴をあげた。将兵の多くは清洲城にあり、一部は小牧山にもいたが、伊勢と伊賀の領地を失っては、これら将兵を養う兵站線が維持できない。交通の要地を封鎖された信雄は、日々、火の消えたような城下町を見下ろしては吠面《ほえづら》をかくしまつ。

秀吉方からは調略の手が、信雄の家臣団に伸びていた。開戦前に有能な三家老を問答無用で斬ったのも、いまとなっては信雄に大きな負担となってのしかかっていた。

「あなたさまが、織田家の主《あるじ》であること、ゆめ忘れてはおりませぬ」

といった、おためごかしを秀吉が信雄に伝えた可能性も高い。

「この辺りで戦《いくさ》をやめ、筑前どのと和睦をなされてはいかがですか」

日和見の家臣の声に、信雄はだらしなく同意する。

天正十二年（一五八四）十一月十一日、伊勢桑名の矢田《やた》河原において、信雄は同盟者の家康に一言の相談もせず、単独で秀吉との講和を受諾した。

秀吉が占拠した伊勢地方の四郡を信雄に返還し、信雄は己《おの》が姫を秀吉の養女に差し出す。かたや家康は八月下旬、秀吉から和議を打診されたものの、これを拒んで九月七日には話し合いを決裂させている。いい面《つら》の皮、とはこのときの家康であったろう。

家康は信雄の和議成立の十日後にいたって、ようやく信雄本人からの使者を迎えた。

それにしても、家康の境涯と運命は痛々しい。信雄の行為を少しでもなじろうものなら、次には、秀吉側に属した信雄軍と矛を交えねばならない仕儀となる。双方の兵力差はあまりにも歴然としており、大義名分をも失ったいまの家康には、どのように画策しようとも、戦い抜くだけの根拠に乏しかった。

十二月十二日、家康は次男の於義伊《おぎい》（のちの結城秀康《ゆうきひでやす》）を、秀吉の養子にするという形で大坂へ送っている。いわずと知れた人質である。

足かけ八ヵ月に及んだ小牧・長久手の戦いに、家康は勝利した。

だが、「天下統一」という大きな枠組みの中では、この勝負は明白に秀吉が勝ったといえよう。家康はこの一戦で多くのものを失い、同時に得難い教訓を多数学んだ。

秀吉は家康との諸問題を処理すると、これまで家康と結んで己れを苦しめてきた紀州根来・雑賀党を、十万の大軍を動員して、一息に押し潰した。

併せて高野山金剛峯寺《こんごうぶじ》に武装解除を厳命、従わねば全山を焼き払う、とかつて信長が比叡山延暦寺を相手に行ったのと同様の手口で、嵩《かさ》にかかった交渉をおこなっている。

四国も、土佐（現・高知県）の長宗我部元親を追討し、瞬く間に平定。さらに越中（現・富山県）に軍勢を派兵して、佐々成政を屈服せしめた。

秀吉の〝勢い〟は衰えるどころか、小牧・長久手の敗戦という事実をも葬り去った感があった。従一位・関白にもなっている。天正十三年七月のことである。

秀吉はまず前太政大臣《さきのだじょうだいじん》・近衛前久の猶子《ゆうし》となり、「藤原」と改姓し、それから九月九日には「豊臣」姓を賜った（『押小路文書《おしのこうじもんじょ》』）。

武家にとっては、稀有な高位高官に登りつめたわけだ。

思い返せば、永禄九年（一五六六）に家康へ、「松平」から「徳川」への改姓と叙位任官――これらを働きかけたのも、近衛前久であった。

翌天正十四年二月、秀吉は家康を臣従させるため、すでに結婚していた異父妹の朝日姫《あさひひめ》を、無理矢理に離婚させ、築山殿亡きあと正室を置いていなかった家康の許へ、後妻として嫁がせることを思いつき、四月二十三日に結納。五月二十四日には婚礼をとりおこない、次には実母の大政所《おおまんどころ》まで人質に岡崎へ送りつけ、この年の十月、ついに家康を上洛させて臣下の礼をとらせることに成功した。

大政所が朝日姫の許を訪ねたおり、三河武士たちはこぞって、

「別人ではあるまいか、騙されはせぬぞ」

と身構えたという。

秀吉の大胆不敵なやり口が、彼らにはどうにも理解できなかった。

母と娘が再会し、互いに抱き合って泣いたのをみて、どうやらこれは本物らしい、と納得した。だが、三河者の性根の剛《こわ》さは、本物とわかったうえで、その大政所の宿舎のまわりに、薪を積み上げ、いざという時――家康に何かあった時――には、これに火をつける手筈《てはず》をととのえていたところにも、如実であった。

このことを後で知った秀吉は、「よくも母を……」と激怒したというが、これが三河武士であった。

いずれにせよ家康にすれば、「豊臣」の姓こそ、己れを屈服せしめた忌まわしい思い出そのものとなったに違いない。あるいは、最晩年に豊臣家を殲滅する悪人家康の所業は、この時、ひそかに芽生えたのかもしれない。

家康の江戸移封

以来、秀吉の臣下として、家康の歳月は経《ふ》っていく。

天正十四年（一五八六）、秀吉の政権下に迎えられた家康は、このとき四十五歳であった。九州征伐、小田原征伐を経て、奥州を平定したおりには家康は四十九歳になっていた。

そして天正二十年にはじまった朝鮮出兵は、翌二年、一度は半島から撤退したものの、文禄《ぶんろく》五年（一五九六）には再征となり、出兵は慶長《けいちょう》二年（一五九七）にまでおよんだ。

この間、十年余の歳月を家康は、豊臣政権の第二位《ナンバーツー》、秀吉の補佐役として過ごしたわけだが、多くの〝家康もの〟ではこの時期、彼はすでに虎視眈々《こしたんたん》と秀吉の座をうかがっていたという。果たしてそうであったろうか。筆者はこの十年余の家康は、ほとんど呆然《ぼうぜん》自失の態ではなかったか、と疑っている。

家康が信長、秀吉の両者に抱いていた苦手意識については、すでにふれた。

なろうことなら没交渉でいたい、というのが家康の本音であったろう。

繰り返すようだが、家康は野心家とよぶには、あまりにも地味な存在でありすぎた。

おそらく彼の脳中には、三河・遠江・駿河・信濃・甲斐の五ヵ国を、平穏無事に治めることしかなかったはずである。ところが、秀吉に膝を屈した揚げ句、ついこの間までは同盟者であり、姻戚関係にあった北条氏をともに攻撃させられて、結果、自領の五ヵ国を北条氏の旧領のうち、二百五十一万二千石と交換させられ、これを論功行賞の形で与えられてしまった。

旧五ヵ国については、秀吉は当初、織田信雄に宛《あ》てがおうとしたが、信雄がこれを拒んだために追放処分とし、改めて家康へ。信雄の領国であった尾張、伊勢、伊賀の一部を加えた東海地方は、改めて秀吉子飼いの大名たちに分配された。

小田原の役の経過を述べた俗書に、『関八州古戦録』というのがあり、これによれば秀吉と家康は小田原征伐のおり、眼下の小田原城に向かって連れ小便をしながら、関東八ヵ国（正確には六ヵ国）と旧領五ヵ国の交換を話し合ったと伝えている。

「関東の連れ小便」

といわれているが、無論、これは後世の創作にすぎない。

家康は小田原発向前、天正十七年十二月十日の時点で、上京して秀吉に会い、正式に東海道先鋒軍を命ぜられ、そのおりに論功行賞として関八州を進上しよう、との申し出を受けた形跡が濃厚である（『家忠日記《いえただにっき》』・『晴豊公記《はれとよこうき》』）。

加えて興味深いのは、小田原征伐の最中、

「家康どの奥羽へ移封か――」

といった噂が、かなり広汎に流布された事実であろう。

この噂を徳川家の将士は、相当深刻に受け止めたようだ。井伊直政ら一線の部将たちは、

「万が一、そのような事態となりますれば、僻遠《へきえん》の地に屈して、ふたたび兵威を天下に示せなくなってしまいます」

と家康に嘆き、対処を迫った。これに答えて、家康はいう。

「わが旧領に百万石も増せば、奥州でもどこであってもよい。さのみ心労することはない。人数を大勢召し抱え、三万の将兵を国許に残し、五万の軍兵を率いて上方《かみがた》へ切ってのぼるまでよ。わが矛先をさえぎる者など、おりはすまい」

この話にもいささか、後世の誇張が含まれているように思われる。

おそらくは、家臣を宥《なだ》め、元気づけるための言辞――度胸のよさを家臣に示し、己れ自身にもしっかりせよ、といい聞かすような――の部分を差し引いて聞けば、ここにも秀吉の命に抗《あらが》うことなく、どこへ転封されようとも逆らわず、従順であろうとする家康の姿がうかがえる。

「いささかも、出過ぎまいぞ」

家康は心掛けたはずだ。

彼が関東転封を正式に発表したのは、天正十八年七月十三日のことであった。が、何事にも慎重なこの東海の覇王は、前月、家臣を密かに関東に下向させ、入国の準備を開始していた。すでに秀吉からは、小田原を避けて主城を江戸に移すように、との言葉も伝えられている。

「江戸の町数は、たて十二町、よこ三、四町と推定されますが、戦火で焼けていて判然とはいたしませぬ」

といった意味の報告もなされていた。

家康が江戸入りしたのは、さらに一ヵ月を経た八月一日である（非公式は七月二十三日）。陰暦の八月一日は、いわゆる〝八朔《はっさく》〟にあたり、農家がこの年はじめて新穀を収穫するめでたい日とされていた。

この日をとくに、彼は吉日として選んだのだが、これを後世は勇ましく、

「江戸御打入《うちい》り」

と称した。

だが、このおりの家康の心情は、とてもそのような晴れやかなものではなかったろう。新領土にしても、とうてい喜べる状態のものではなかったのであるから。

俗に〝関八州〟＝北条氏の旧領は、関東八ヵ国といわれていたが、家康が受け取ったの

はその内、六ヵ国にすぎなかった。総計、二百五十一万二千石。詳細をみると、武蔵、伊豆、相模、上総《かずさ》、下総《しもうさ》、上野《こうずけ》の六ヵ国で、合計二百四十万二千石。

素直に受け取れば、領土は大きく増加している。

だが、領内の上野には佐野富吉《さのとみよし》という地生えの大名がおり、関東全体では、常陸（現・茨城県の大半）に佐竹義重《さたけよししげ》（義宣《よしのぶ》の父・五十四万五千八百石）、安房（現・千葉県南部）に里見義康《さとみよしやす》（九万石）、下野（現・栃木県）に宇都宮国綱《うつのみやくにつな》（慶長二年領地没収）、佐野了伯《りょうはく》（唐沢山城主三万九千石）、那須資景《なすすけかげ》（五千石）などの大名・豪族がひしめいていた。

このほか、家康には所領として近江・伊勢・遠江・駿河などで合計十一万石の「馬飼料《うまかいりょう》」が与えられていたが、そのほとんどは、家康在京時の諸経費、京都・大坂における屋敷の維持費などにあてられた。

江戸経営と「小田原誇り」

二百五十一万二千石——しかしながら、天下統一を実現した秀吉の実力からすれば、家康はもはや、持久戦の引き分けすら望めない存在になっていた。もとより、同盟国と呼べる大名家はなくなっている。潜在的に秀吉へ怨恨をもつ者はいたであろうが、たとえば滅ぼされた大名家の旧臣などの、烏合の衆では益体《やくたい》もなかった。

地理的なこともある。これまでは駿河国から東に仰ぎ見た箱根の山塊が、これからは逆に西進への天然の障害となった。箱根路の嶮岨《けんそ》さは想像を絶し、この山路を越えるには西からにせよ、東からにしても、よほどの覚悟と忍耐がいる。

関東はまさしく、西日本にたいする独立圏であり、いい換えれば家康は、出ようにも出られない檻の中に封じ込められたに等しかった。

かつて——正確には長禄《ちょうろく》元年（一四五七）、江戸に築城した太田道灌《おおたどうかん》（資長《すけなが》）という、扇谷《おうぎがやつ》上杉氏（関東管領）の家老をつとめた名将がいた。

江戸城という、それまでの山城（山塞規模）の発想から大きく踏み出し、平地に自然の地形と人工の堀を穿《うが》ち、土居《どい》（土塁）を設け、複雑な曲輪《くるわ》を組み合わせて防御力を飛躍的に向上させた、斬新な城を築いて、天下にその名を知られた武将である。

合戦に優れ、当時の教養とされた歌道でも著名であった。

その道灌が、三十四歳のときに上洛した。ときの将軍は、室町幕府十一代・足利義政《よしまさ》である。彼は道灌の名声を聞き及んでおり、とくに拝謁を許すと、武蔵野——見渡すかぎりの原野が広がる、鄙《ひな》びた地——の風景について質した。

将軍義政には後進地の関東にたいする、あからさまな侮蔑があった。将軍家の胸中を感じとった道灌は、即興の歌を詠んで義政の問いに応じた。

わが庵《いほ》は松原つづき海近く
　富士の高嶺《たかね》を軒端《のきば》にぞ見る

もとより、将軍義政にも歌心はある。道灌の和歌に武蔵野の贅沢《ぜいたく》な景色を想い、なるほど、と頷いたという。

道灌の時代、江戸はやや栄えてはいたものの、北条氏の代になると中心をはずれ、小田原の繁栄とともに寂《さび》れていった。江戸城代は代々、北条家の家臣・遠山《とおやま》氏がつとめたが、城郭は古びて粗末なままに歳月が経過した。

その江戸城へ、小田原征伐のおりに攻め込んだのが、家康の家臣・榊原康政《さかきばらやすまさ》と戸田忠次《ただつぐ》であった。留守を守っていた遠山景政《かげまさ》の代官・川村秀重《かわむらひでしげ》は抗戦につとめたが、城は天正十八年（一五九〇）四月二十二日に開城となった。

本丸から二の丸、三の丸にかけて、江戸城の建物はわずかに残されていたものの、これらはいまにも朽ち果てんばかりで、檜皮葺《ぶ》きの屋根はところどころに穴があき、なかでも調理場と覚《おぼ》しき家屋内には荊棘《いばら》や茅《かや》が一面に生い繁っていた。

家康の謀臣・本多正信《まさのぶ》が呆れ顔に、次のように主人に進言したという。

「これでは、あまりにもむさくるしゅうございます。諸大名の聞こえもあり、使者などが参りますと笑いの種になりかねませぬ。せめて、玄関だけでも手を入れられてはいかがかと存じますが……」

ここで正信のいう玄関は、踏み台は幅広の舟板《ふないた》を三枚ばかり並べただけの、いまにも人が立てば踏み抜いてしまいそうな代物であった。ところが家康は、正信に、

「うむ、そうよのォ。じゃが、このさいは無駄であろう」

素っ気なくそういうと、本丸と二の丸を仕切る乾濠を埋め立てただけで、家臣団の屋敷割りと知行割りにとりかかった。

そういえば、『当代記』(『史籍雑纂』第二)には、家康の江戸入りから五年後、近習《きんじゅ》の米津《よねきつ》清右衛門の妻が、夢の中で歌を詠んで評判になったことが紹介されていた。

さかりなる都の花は散りはてて
東《あずま》の主が世をばつぐべし

この妻は、歌の道に心得がなかったのに、徳川家の万歳繁栄を寿《ことほ》ぐ歌を、それも夢の中

で詠んだということで、ことさら吉兆だ、と評判になったという。

——けれども、家康はそれどころではない。

江戸城修築にようやく彼が本腰をいれるのは、天正二十年三月であったことを思い合わせると、それまでは新しい領国支配にやっきとなり、とても己れの居城にまでは手がまわらなかった、多忙な日々が浮かびあがってくる。

なにしろ、戦国初頭からの大国・小田原北条氏は、五代にわたって関東に君臨した。

その実力と記憶が、新興の他国者を蔑む風潮が、領内の隅々にまで行き届いていた。

「小田原誇り」

である。

北条氏の錯覚は上杉謙信

家康は以前に北条氏と一戦を交えた経緯があり、そのときにこの地の人々については、よく観察もしたつもりであったが、九十年におよぶ北条氏の領民統治は、家康の想像した以上に根深いものがあった。

大きな反乱こそ起きることはなかったものの、かつての同盟者家康の裏切りに反発する領民は、北条氏の旧臣たちとともに、各地で小規模な一揆を引き起こし、果敢なゲリラ戦を挑んできた。

また、大国の支配体制の崩壊は、領内に虚無感を蔓延させ、それは盗賊の横行や浮浪者の続出、博奕《ばくち》の大流行という形になってあらわれた。

わけても博奕は、家康の最も嫌悪するところであったから、彼はこれを諸悪の根源として厳禁し、博奕を打つ者は容赦なく死罪、獄門に処している。

それでいて風紀の乱れは、いっこうに改まらなかった。関東の領民たちは北条氏の旧恩を慕い、新領主となった家康を憎んだ。が、これはいささか酷といわねばなるまい。

家康は格別、人の口端《くちは》にのぼるほど老獪《ろうかい》きわまる男ではなかった。小心者で、律義を看板に戦国乱世を善人として生き抜いてきた男である。

小田原征伐にしても、九州遠征を終えて西日本を平定した秀吉の、意図によるものであった。その秀吉も、家康が北条家の当主・氏直と舅婿の間柄にあるのを承知しており、なろうことなら平和裡に事をおさめたい、との希望をもっていた。

ところが、〝小田原誇り〟に囚われている北条氏政（四代）―氏直（五代）の父子が、揃いも揃って、上京を促す秀吉や家康の言葉をあからさまに拒絶した。

――家康は、きわめて微妙な立場におかれる。

背後に秀吉の冷厳な視線を感じつつ、なんとか北条氏を存続させたいとの一念から、起請文まで認《したた》めて北条氏の機嫌を損なわないように説得。いよいよ切羽詰まると、氏政父子の上京がかなわないのなら、氏直に嫁がせた娘・督姫を離縁してほしい、とまで迫った。

その結果がようやく、氏直の叔父・氏規《うじのり》（氏康の四男）の、形ばかりの上洛実現となったが、これでは秀吉が納得しない。家康は懸命に、それこそ厚い面《つら》の皮を朱にして、必死の思いで秀吉と氏政の間で調停に精を出した。

無理もない。武力による征伐が実施されれば、いかに三百万石近い領土であろうとも、北条氏がいまの秀吉に勝利できる道理は、万に一つもなかったのだから。

「北条氏を失うようなことにでもなれば、わしは二度と秀吉に抵《はりあ》うことができぬ……」

家康は心中、悲愴な叫び声をあげていたに相違ない。

小牧・長久手の戦いも、北条氏あればこそ、尾張の織田信雄との同盟も可能であった。その信雄が秀吉の軍門に降り、いままた北条氏を失えば、家康は今後とも、否、ことによれば生涯を通じて、秀吉の許に飼い殺しにされかねないではないか――。

そうした現実にもかかわらず、氏政―氏直父子は家康をはじめとする多くの人々の勧告・仲裁を無視し、結句、さしもの秀吉もその頑迷さに匙《さじ》を投げてしまった。

家康にすれば、秀吉の命に従わざるを得ない。拒めば、北条氏ともども滅亡の道を落下しなければならなくなる。

　このおり、なによりも滑稽であったのは、当事者の北条氏が、あくまで秀吉と戦う覚悟をしていたことであろう。もちろん、戦えば勝利する心積《づ》もりでいた。

　もっとも、その確信となっていたのは、遠い過去の〝栄光〟であった。

「われら北条は、かの上杉輝虎《てるとら》（謙信）にも敗れなんだ」

　確かに、上杉謙信は戦《いくさ》上手であったし、あるいは、日本で一番の合戦巧者であったかもしれない。その謙信が天賦の軍才を煌《きらめ》かせて軍配をかかげたのが、永禄四年（一五六一）の小田原進攻作戦であった。「関東管領」を山内上杉憲政《のりまさ》から譲られた謙信は、越後に保護を求めてきた先の関白・近衛前久を「関東公方」に据えるという大義名分を立て、すかさず関八州の豪族たちに、北条氏討伐の〝義兵〟に加わるよう檄《げき》を飛ばした。

　強国・小田原北条氏にたいして、単独で戦える豪族・土豪はなかったが、越後の上杉謙信が来るとなれば、参加する者は少なくなかった。

　国許を出陣した越後軍一万余は、瞬く間に十一万三千余人に膨れあがり、沼田城（現・群馬県沼田市）を取り、厩橋《まやばし》城（現・前橋市）を抜き、那波《なわ》城（現・伊勢崎市）を囲み、相模（現・神奈川県の大半）に向かって破竹の進撃をつづけた。まさに、電光石火の早業《はやわざ》であった。

こうなると、北条方についていた岩付城《いわつき》（現・埼玉県さいたま市）城主の太田資正《すけまさ》、忍《おし》城（現・同県行田市）城主の成田長泰《ながやす》など、名のある武将も招かずして、謙信の許に馳参じた。ときの北条氏康は、謙信の凄さを熟知していた。

越後軍の先鋒が国境《くにざかい》を越えると、従来の防衛線《ライン》である隅田川、多摩川をあっさりと放棄し、松山城（現・埼玉県比企郡吉見町）、古河城《こが》（現・茨城県古河市）も棄てて、傀儡《かいらい》政権の古河公方・足利晴氏《はるうじ》を奉じて本拠地の小田原城に立籠《たてこも》った。

この間、わずかに二ヵ月。ところが、意気揚がる越後軍のもとに、武田信玄の軍勢が三国同盟（武田・北条・今川の三氏）の約定によって、信濃国佐久《さく》（現・長野県佐久市）に向かい、碓氷峠《うすい》を越えようとしている、との急報がもたらされた。

そのまま奥信濃に進めば、本国越後が危ない。碓氷峠を甲州軍団に越えられると、進軍中の越後軍の背後を衝かれる恐れがあった。ここにいたって、越後軍の中に動揺が起きる。

だが、ひとり謙信だけは平然としていた。明晰怜悧《めいせきれいり》な彼の頭脳は、信玄の手の内を読んでいたのである。戦《いくさ》はいつも尋常一様ではない。だからこそ、敵の裏をかかねばならないのだが、謙信は信玄がどちらのコースもとらない、との確信を持っていた。

「信玄はできることなら、北条軍とわが軍を共倒れにさせたいと望んでいよう。動きはせぬ。やつは、そういう男だ――」

そういう男は、他国の戦《いくさ》の巻き添えを食ったりはせぬもの。動くふりをしているだけで、漁夫の利を狙うに決まっている。だからこそいますぐ長駆し、防衛の固まらない小田原城を一気に攻略して北条氏を滅亡に追い込み、返す刃で信玄を討てばよい。

謙信は軍議の席で、そう主張した。彼にとっては、至極当然の理屈であったろう。

しかし、集結した諸将には、謙信の主張が単なる推論に思えてならない。万一を思えば、とても進撃などできぬ相談であった。関東は未知の国であり、人心の向背も定かではない。いつもであれば、軍議の席上で謙信の出した結論は、どのようなものであれ、越後の諸将はそれに従った。が、このおりは越後軍だけではなく、関東諸方から参じた武将も多い。軍議も、ひとり謙信が電撃命令を下す、というわけにはいかなかった。

結局、小田原進攻は中止となり、越後軍は主力を廐橋城にとどめることになる。

後日、この日の上杉方の軍議を聞き知った信玄は、

「さすがは、謙信。もし、あのおり一挙に小田原を攻めておれば、防御の十分でなかった城は陥落。さしもの北条氏康も、滅亡したであろう。そうなれば、甲斐国も危うかった」

と心底、怖気《おぞけ》をふるったと伝えられている。

小田原征伐

あの時、北条氏を滅ぼしておれば、おそらく謙信は、大義名分をもって集めた関東一円の兵力を駆使し、義元亡きあとの今川氏を攻め滅ぼし、本国越後に相模、駿河の二国を加え、南北三方面から甲信両国を挟撃壊滅したに違いない。

そうなれば謙信は、織田信長をも屠《ほふ》って楽々と天下を取り、室町幕府を再建して、今日伝えられる時代とはまったく異なった、日本の近世を出現させたかとも思われる。

謙信の不幸は、あまりに自身が他よりも透徹でありすぎたところにあった。彼には、掌《たなごころ》を指すがごとく見えるものが、多くの諸将・家臣たちには見えない。十歩も二十歩も先のわかる謙信を戴いても、家臣たちにはせいぜい、数歩先のことすら予測できなかったのである。加えて謙信は、周囲への説明責任を果たすことが苦手であった。

それにしても、この小田原への電撃進攻——実は、謙信が歴史に残る激闘を宿敵信玄と戦った、第四次川中島の合戦の、わずか半年前のことであった。謙信の縦横無尽の、神算鬼謀のほどがうかがえるというもの。

彼こそまさに、毘沙門天《びしゃもんてん》の再来というにふさわしい武将であった。

謙信の小田原進攻の事情は、右に記したとおりだが、それでも北条氏とすれば、

「いずれにせよ、小田原城は抜けなかったのだ」

ということになる。

あのおり、謙信が率いた全兵力は十一万五千。謙信ほどの人物を主将としても、北条氏は敗れなかった、と強弁する。「小田原誇り」が一段と、電圧《ボルテージ》を上げた。

明治期、日露戦争に辛勝した日本が、ほとんど引き分けの真相をかくして自国の強さを国民に強調したのによく似ている。事情は大きく動いていた。かつて北条氏を救った武田信玄は、すでにこの世にはない。その武田家も消滅している。

信玄の弟子をもって任じる家康は、はやくも秀吉の巨大さを知り、同盟者で娘婿でもある北条氏直を見限り、秀吉に付随する決意を固め、実行に移っていた。

「わが北条には本城のほか、五十余の支城があるのだ。将士も領民も、五代恩顧の者たちばかりである。死力を尽くして、戦ってくれるであろう」

北条方は己れの圏内に、隈なく動員令を発した。

総兵力は三万四千余——領民によって編成された農兵には、十五歳から七十歳の者までが徴発に応じている。もとより籠城戦を予定する北条方では、たとえ三十万の攻囲軍の来襲があろうとも、戦い抜く決意を固めていた。

「軍勢も兵数が増すほどに、補給は困難となる。いずれは退去せざるを得なくなりましょう」――重臣たちの言葉に、主将の氏直は大きく頷いたという。

が、これを秀吉が聞けば、多分、腹を抱えて大笑したに相違ない。

先の九州征伐で、秀吉が駆り出した軍勢は、日本史上初の大規模遠征軍であった。

三十七ヵ国三十万――この大軍は馬だけで二万頭を数え、用意周到な秀吉は、馬一頭当たり一年分の飼料を九州へおくるように命令。同時に、従軍の将士には一人にたいし、百日分の兵糧を準備させた。

この頃の日本人の感覚では、これほど大規模な兵站《へいたん》は不可能に近かったといっていい。

北条氏直はもちろん、無理だと信じていたであろうし、目のあたりにした家康ですら、これは南蛮手づま、〝幻戯《めくらまし》〟に違いない、と思ったほどである。手品や催眠術といった明《みん》国《こく》の雑戯が、日本に入ってきていたが、これらを当時の人々は〝幻戯〟と呼んでいた。

しかし、現実に遺漏なく進められた九州征伐の大輸送は、決して〝幻戯〟などではなかった。秀吉のもとで、人知れず形成されつつあった官僚集団が、すべてを采配したのである。集団《グループ》は、大きく二分されていた――兵糧や飼料、武器、弾薬を集めるグループには、小西隆佐《りゅうさ》（行長《ゆきなが》の父）、吉田清右衛門、建部寿徳《たけべじゅとく》、宮木長次部らが属していた。数値に明るく、財務に精通しており、物資の集積と輸送を合戦に応じて手配した。

いまひとつのグループは、兵站を戦いに応じて各戦線に配分・補給し、決して欠乏することのないよう計画・立案する人々。彼らには秀吉と同じく、全戦局を見通す戦略眼が求められたが、これにかなった三名が、石田三成、大谷吉継《よしつぐ》、長束正家《なつかまさいえ》であった。なかでも三成の手腕は、〝幻戯〟と見まがうほどに鮮やかであった。

小田原征伐では、補給の司令官は先の三人中から、長束正家が担当している。

正家は他の官僚たちとともに、綿密な輸送計画を策定。兵糧については戦前に二十万石の米を駿河の清水港に集め、黄金一万枚（石高にして五十万石相当）で東海地方から粟を買い上げた。輸送には九鬼嘉隆《くきよしたか》、加藤嘉明《よしあき》、脇坂安治《わきざかやすはる》、大友義統《おおともよしむね》（義鎮《よししげ》＝宗麟《そうりん》の子）、さらには毛利氏麾下の水軍を動員してこれにあてている。

まるで、津波が襲いかかるかのような勢いであった。北条氏の支城である伊豆山中城、韮山《にらやま》城が瞬時に攻囲され、箱根山を越えた秀吉軍は、小田原の本城を幾重にも包囲。秀吉は本陣を石垣山に据えた。そして前田利家、上杉景勝らの別働隊は、関東北部の上野国に侵攻し、松井田《まついだ》、箕輪《みのわ》、厩橋などの北条氏の属城を抜き、次いで武蔵国に入ると忍城を囲み、鉢形《はちがた》（現・埼玉県大里郡寄居《よりい》町）、八王子の諸城を陥れた。だが、小田原は怯《ひる》まない。

途中、氏直の老臣・松田憲秀《まつだのりひで》が、秀吉に内応する一幕があったものの、籠城戦に自信をもつ小田原城の守りは容易に崩れなかった。秀吉は従軍中の諸大名に、妻妾を国許から呼び寄せるよう命じると、自身も愛妾の淀殿を呼び、商人や遊女までも小田原に集めた。
――持久戦に、備えるためである。
『北条五代記』は、このおりの模様を次のように書き記していた。以下、現代語訳にしてみる。

西国方面から兵糧を運んできた大小の船が、常時、数千艘も海に浮かび、秀吉の陣中は東西南北に小路を割って町づくりがなされ、大名たちの陣所は、半永久的な館づくりも進められている。書院もあれば、茶室もあり、庭には竹木や草花が植えられ、陣屋の周囲には菜園がもうけられて瓜《うり》、茄子《なす》、ささげ（食用の大角豆）などが作られていた。また、商店の街もあった。ここには町人が小屋がけをして、全国の物産を持ち寄って売買をしている。国内のみならず、中国や朝鮮の珍物もあり、京や堺産の絹布もあった。穀物類もある。塩肴や干物も、生魚もあった。遊女宿もあり、京や各地の女どもが色めき合って客をいざない、よりどりみどりだという。海道沿いには茶屋もあり、はたごやもあって、何一つ不自由することはなかった。

北条方は一年もの間、籠城に耐えられるだけの準備をし、戦いに臨んだのであったが、よもや、このような仕打ちをされようとは、思ってもみなかったようだ。

家康の受けた衝撃

戦《いくさ》そのものの勝敗よりも、こうした物見遊山のような攻囲軍を見て、北条方は心理上の圧迫を加えられ、劣等感、羞恥心、憤怒といったものが露わとなり、日増しに増幅されていった。

武州忍城主・成田氏長《なりたうじなが》が単独降伏したのをはじめとし、支城は次々に陥落。七月五日、北条氏はついに小田原城を開け渡した。氏政・氏照《うじてる》（氏政の弟・氏康の次男）は切腹、氏直は家康のとりなしによって、一命はたすけられたものの高野山への追放となった。

約百年もの長年月を、関東に覇を唱えてきた地方政権にしては、実にあっけない幕切れであったといわねばなるまい。

家康は秀吉の怖ろしさを改めて見せつけられ、また、根が臆病なだけに身をすくませて組織の崩壊がいかにあっけなく生じるものであるかを、身震いしながら見たことであろう。

「沈黙こそが、生き残る方便じゃ」

家康はこれまでと同様に、ひたすら寡黙な律義者、善人を演じ、新しい自領の経営にのみ専念して、中央の政局からは身を遠ざけていった。

家康が己れをすくませているのには、今ひとつの衝撃的な出来事があった。

織田信雄や北条氏直ら同盟者を失ったことにも増して、家康には秀吉の底知れない恐ろしさを知らされる事件が勃発した。このことがなければ、あるいは家康は小牧・長久手の戦い後も、名誉ある孤立の道を選び、歩んでいたかもしれない。

秀吉に屈服した、そもそもの直接の原因といっても過言ではなかったろう。

天正十三年（一五八五）十一月十三日、徳川家で酒井忠次と並ぶ重臣の石川数正が、あろうことか秀吉の許に出奔したのであった。

徳川家で軍制が整備されたのは、家康が三河一国を治めるようになってからで、この軍制を徳川家では、

「三備《みつぞなえ》」

と称した。

すなわち、三河国を東西に二分し、吉田城主であった酒井忠次を「寄親」に、桜井・福《ふか》釜《かま》・竹谷《たけのや》・形原《かたのはら》・深溝《ふこうず》・長沢・五井《ごい》の松平一族と鵜殿、牧野、戸田、菅沼、西郷、奥平、設楽《したら》ら東三河国人衆を「寄子」として一軍を編成。同じく、石川家成《いえなり》（数正の叔父）を「寄親」とし、大給《おぎゅう》、藤井、能見《のみ》らの松平一族と内藤、平岩、鈴木（足助《あすけ》・小原）、島田ら西

三河の譜代、国人衆を「寄子」に一軍を設け、家康自身はこれらとは別に本多、榊原、大久保らの族党を直轄軍として従えた。

いわば、家康は三河軍団の三分の一ずつを、酒井忠次と石川家成に任せていたわけだ。実力、歴史を振り返れば納得もいく。

酒井・石川の両家は、本来、徳川（松平）家とかわらぬ、あるいは凌駕《りょうが》する力を有した同盟の家＝党であった。時代の流れの中で、いつしか徳川家の風下に立ってしまっただけのことであり、酒井忠次の事情についてはすでにふれている。

石川家成の母は家康の母と姉妹であり、したがって家康とは従兄弟の間柄。永禄七年（一五六四）、三河で勃発した大規模な一向一揆に、家康側の部将として奮戦。平定に尽力した功によって「三備」の一方を預かったが、同十二年にはその地位を甥の数正に譲り、自身は今川氏真が没落して空城となった遠江国掛川城（現・静岡県掛川市）の守将となった。

家成が軍団長の地位を数正に譲ったのは、一つには、石川家の直系は家成の異母兄の数正の父・康正であったことによる。その康正が三河一向一揆のとき、一揆側に荷担したため、家成が一時期、家康側で石川家を率いていたのであった。

また、家康が今川家で人質生活をおくったおり、数正はこれに従ったが、以来、彼は家康の片腕ともなって、桶狭間の合戦にも出陣し、大高城《おおだか》（現・名古屋市緑区）へ兵糧を運び入れる大役を、主人と共に果たしている。

一転して、織田信長と同盟すべくその周旋をおこない、一方では駿府に捕らわれていた、家康の正妻・築山殿《つきやまどの》と長子の信康の救出にも赴《おもむ》いている。

家康の信任が厚かったのも、大いにうなずけよう。

家康には、他人の言を鵜呑みにするような軽率さはなく、幼少期から他人の中でもまれてきただけに、人の心の表裏には敏感で、自身の目で確かめぬかぎり、なにものをも信じない、といった性癖があった。秀吉にたいして抱いた恐怖や不安が、容易に拭えなかったのも、多分にこの家康の性格が災いしていたのだが、その家康も数正だけは別格に信頼しきっていた。

この人物の生年は定かではないが、その年齢は家康よりも少しは年長ではなかったろうか。若い頃から合戦での駆け引きに巧みで、指揮能力では明らかに家康を上回っていた。

姉川の合戦、三方ヶ原の戦い、長篠・設楽原の合戦――いずれの戦場においても、抜群の軍功を挙げている。先にみた小牧・長久手の戦いでは、家康が留守にした野戦陣地をごく少数の手勢で守り抜いた。

酒井忠次と比較しても人柄は温厚、才智に秀でていたため、〝両家老〟と称される中でも、家康は明白に忠次より数正を頼っていたといっていい。それは、家康が苦手とする外交面において、信長との同盟以後、一貫して数正を起用してきたことにも現れていた。

その数正の祖父は、美濃から三河へきた人物とも伝えられている。

あるいは、そうした他国の血が、いわば内向的で外交感覚に乏しい三河者の中にあって、際立った外交手腕を顕わす原点であったのかもしれない。

織田家に往来することの多かった数正には、開放的で実力第一主義、能力によって仕事が与えられ、また、抜擢もされる織田家の家風はあまりにも眩《まぶ》し過ぎたようだ。

もしも、数正が織田家の士であったなら、信長の家老たちに、勝るとも劣らぬ働きをしたに違いない。三河の地に生まれながら、世間が見え過ぎたところに、数正の不運のはじまりがあった。

石川数正の出奔

織田家を見た眼で徳川家を見回すと、数正にはどうにもその田舎臭さがやり切れなかったようだ。時代は信長を中心に、大きく動いている。三河武士も時流に乗らねば、すぐにも時代にとり残されてしまう。数正には、徳川家の家老としての責任もあった。

ことあるたびに、三河武士の固陋《ころう》さかげんに業を煮やし、同輩や部下を注意し、叱咤した。が、多くの家臣はその道理が分からぬままに、数正に反発。己れの料簡の狭さを棚に上げ、陰口を利き、憎悪と侮蔑の態度をとった。

それでも数正は、徳川家の家老を辞そうなどとは思いもしなかった。己れ以外に、この田舎者集団の徳川家で、外交を司れる者はいない、との自負があったからだ。

信長の死後、めまぐるしく展開された織田家の遺産相続にかかわる争いでも、数正は家康に的確な助言をし、秀吉が勝者となるや、以前に家康が信長から与えられた「初花《はつはな》」の茶入れを携え、上洛してもいる。

数正はここで秀吉という、次代を創る人物と改めて対面した。

秀吉はいかにも、〝大気者〟らしい応接をする。自身で玄関まで数正を出迎え、親しく言葉をかけると、遠路の旅の労をねぎらった。数正が感激したのは、いうまでもない。彼は鍛え抜かれた外交官としての確かな目で、次なる天下人は秀吉であると読んだ。

以来、数正は朴訥《ぼくとつ》で闘争心だけは激しい徳川家にあって、終始、慎重な言動をとるとともに、ときとして秀吉を礼賛してはばからぬようになった。やがて、そうしたことから、家臣の中には数正を、秀吉と通じているのではないか、と疑う者が出はじめた。

――秀吉は、この三河の閉鎖的な空気に乗った。

小牧・長久手の戦いのおり、小競り合いに出馬した数正を遠望すると、

「だれかある、あの伯耆《ほうき》（数正）の馬標を所望《しょもう》して参れ」

と叫ぶと、数正の陣に使者を立て、その武勇にあやかりたい、と口上を述べさせた。

戦国期、この種の実演宣伝《デモンストレーション》は武士にとって大変な名誉であった。数正は上気に頬を染めながら、即断で馬標を秀吉の使者に進呈した。すると馬標を受け取って帰陣した使者が、再び数正を訪問し、お礼と称して秀吉から預かった黄金十枚を持参したのである。

数正には、はじめて見る大金であったかもしれない。彼は驚き、直ちに家康に報告し、黄金はすぐさま秀吉の許におくり返されたものの、秀吉の人蕩《ひとたら》しはその後も頻繁にくり返された。

家康を屈服させるべく、あれこれと目先を変えては外交を展開しつづけている秀吉は、家康のところへ使者を立てるとき、必ず数正の許へも挨拶を届けることを忘れなかった。

間もなく、織田信雄との単独講和が成立した。

秀吉には、家康の名代として数正がやってくることが予測できていたはずだ。案に違わず数正が現れると、その席で取り決められたのが、家康の次男・於義伊《おぎい》（十一歳）を秀吉の養子とする話であった。

――これが、数正を出奔させる直接の引き金となる。

徳川家中の諸将は、数正を裏切り者と指弾。陰湿極まりない空気の中で、数正は孤立無援の人となり、徳川家に絶望し、ついには徳川圏西方の要である岡崎城代の地位と「三備」の一方の大将たる身分を棄て、妻子とわずかな家臣をともなって、武装逃亡を企ててしまった。相前後して、三河刈谷《かりや》城主の小野忠重《ただしげ》が家康に背き、信州松本城主の小笠原貞慶《おがさわらさだよし》も秀吉側へ寝返っている。

数正の逐電を浜松で知った家康は、容易にその事実を信じようとはしなかった。彼は爪を嚙み、不平と不満の気色であったという。

無理はない。数正を失えば、家康の深傷《ふかで》は計り知れなかった。

数正は徳川家の内政・外交に精通している。その重臣に、理由はどうであれ裏切られたのだ。家康は人知れず、卒倒ぐらいはしたかもしれない。徳川家臣団の動揺もはなはだしく、相互に猜疑《さいぎ》し合い、反目し合って家中は騒然となった。

そうした中で家康は、つとめて己れの感情を全身から消し去るように心掛けた。

得意の、〝素知らぬ体〟である。

その姿は一方において、数正の出奔が家康との謀議によるものであったかの如く、後世に疑われるほどであった。

怨恨や憎悪、猜疑といったものを一切捨て去り、一時の衝撃《ショック》から立ち直った家康は、さりげなく岡崎城を巡察している。岡崎には五ヵ国の人質が集められていた。家康は、いつ叛逆するやもしれない家臣や配下の土豪たちを繋ぎ止める〝形〟あるものとして、人質に改めて面接することを思いたったのかもしれない。

この年の十二月一日、家康は武田家の国法および軍法に関する調査を、甲斐国中に触れた。武田家遺臣のうち、武川衆《むかわ》を采配する折井次昌《おりいつぐまさ》からは信玄旗本大番六備の軍令書を、同・米倉忠継《よねくらただつぐ》には、甲斐分国の政務掟書と信玄および実弟・武田信繁の九箇条の定書を提出させている。

家康はこれらをもとに、徳川家のそれまでの軍事組織を、信玄流に改めた。〝両家老〟の一人に裏切られた痛手は、新たに編成した〝大番六備〟にもその影響がでている。

それまでの〝三備〟をより細分化し、軍団長の権限を抑え込もうとしたようで、家康直属の常備軍を三組に編成し直した。従う将領は各組五十名、計三百名となる。

軍団長（侍大将）には従前からの酒井忠次――天正十六年（一五八八）には家督を嗣子の家次《いえつぐ》に譲り、忠次は京都桜井に定住。秀吉の監視下に入る――に加えて、大須賀康高《おおすがやすたか》、榊原康政、本多忠勝が「先手《さきて》」を受け持つこととなった。他に、数正の前任軍団長であった石川家成《いえなり》を返り咲かせ、平岩親吉《ひらいわちかよし》とともに「後備《あとぞなえ》」とし、井伊直政をして「旗本備」、大久保忠世《ただよ》（忠員《ただかず》の長男・彦左衛門の長兄）を五ヵ国の人質監視の役に充てた。

これにより、五ヵ国の動員兵力は馬上の将士から足軽までを入れて四万五千人となった。

ついでに、石川数正のその後について若干、言及しておきたい。

多くの史書によれば、

「数正の逐電には、家康の策略があったのではないか」

と、のちに疑った秀吉に、数正は冷たくあしらわれ、信州松本城八万石に封じられたのみで、天正二十年（一五九二）三月、朝鮮の役に際して肥前国名護屋《なごや》（現・佐賀県唐津市）に出陣、同所で没したとある。

けれども、秀吉が数正を冷遇したというのは、いかがなものであろうか。

それは、石川家成が家康の関東入国の際に、五千石しか与えられていないこと（子の康《やす》通《みち》は二万石）。家臣の最高は、上野箕輪に入った井伊直政の十二万石であること。譜代の部将は平均して、五万石にも満たなかったことから考えれば、数正の八万石は決して小さなものではなかったように思われる。

また、秀吉のもとへ人質としてあがった数正の嗣子・康長は、父の死後、その遺領を継承したものの、関ヶ原の合戦では家康方について参戦。十三年ののち、領地隠匿を理由に改易となるのだが、このおり、兄の康長に連座した次男の康勝は、翌年、大坂城に入城している。そして慶長二十年（一六一五年・「元和《げんな》」改元は七月）の夏の陣で、豊臣秀頼とともに大坂城で敗死している。

いわれるように、秀吉が数正を冷遇していれば、あるいは、政治の道具に利用しただけで使い捨てたのであれば、子の康勝とて最期を秀頼とともに果てようとは、考えなかったのではあるまいか。

いずれにしても家康は、石川数正を奪われ、秀吉に抑え込まれてしまった。完敗である。

大国の神経と家康の情念

家康が息をひそめて鬱屈《うっくつ》している頃、秀吉政権下にあって華々しく政治の表舞台で活躍していたのが、石田三成、長束正家ら秀吉秘蔵っ子の文治派官僚たちであった。

このようなことを書くと、よもやそのようなことはあるまい、と読者には思われるかもしれないが、家康が秀吉政権下で、実力第二位《ナンバーツー》の座を守るために、最も頼りとしたのは、実は石田三成であった。この辺りの阿吽《あうん》の呼吸は、これまでの家康の人となりを、改めて思い起こしていただければ、無理なく理解していただけるに違いない。

この両者がいかに親密であったか、その証拠となるものは少なくなかった。

たとえば、秀吉の臨終のとき、かねてからの申し合わせにもとづいて、その死去は立ち会ったわずかな側近の人々（五奉行など）が各々の胸に秘め、一切は口外無用となっていた。なにしろ、秀吉の没した慶長三年（一五九八）八月十八日は、いまだ朝鮮半島における日本軍の軍事行動はたけなわであった。秀吉の死を諸侯に触れ、天下六十余州に知らせれば、敵国の明や朝鮮にまで伝わる恐れが十分にあった。

そうなれば、外征中の日本軍は和睦も成らず、引き揚げることすらできぬまま、征野に孤立して玉砕する事態ともなりかねない。

秀吉の亡骸《なきがら》は、官僚の一人で京都を差配する前田玄以《げんい》が、これもかねが仕度してあった、京都・東山《ひがしやま》の、阿弥陀《あみだ》ヶ峰の山頂の廟所《びょうしょ》まで運んだのである。九月にはその山麓に神社か造営されたが、表向きは、すでに建立されていた大仏殿の寺域を拡張するものと発表されていた。

こうした段取りに、豊臣家の官僚たちは遺漏がなかった。

それにしても、天下六十余州を支配し、二百余の諸侯を従えた天下人が、側近だけの立ち会いのもと、息を凝らすように葬儀ともいえぬ送りを、あたかも悪事でもなすかのように、密かに終えねばならなかったのだ。哀れといえば、これに過ぐるものはあるまい（正式な死亡の発表は、翌四年二月二十九日であった）。

このとき三成は、ためらうことなく使者を家康のもとへおくると、太閤殿下の死を伝えている。家康は使者をねぎらい、三成に感謝した。

当然であろう、家康にとっては第二位としての体面が保てたことはもとより、いまひとつ、秀吉隷属下の呪縛から解放されたことを知らされたのであるから。わけても後者において家康は、三成にどれほど感謝しても余りあった。病的なばかりに用心深く、長い戦国の世に生きて、気味の悪いほど皮質を厚くしたこの男は、蛇ににらまれた蛙のごとき心境の、これまでの己れの五十七年を、ゆっくりと振り返ったことであろう。

「それにしても、己《わい》ほど辛い目に遭うた男もめずらしかろうよ」

頬の張った泣きっ面で、家康はいつもの癖である爪嚙みを、無心におこなったかもしれない。彼は伏見城の奥に籠り、一人、男泣きに時を過ごしたともいう。

家臣に祖父と父を殺害され、己れは縁戚者に織田家へ売り飛ばされた揚げ句、今度は人質交換で今川家へ追いやられた。東海道一の太守・今川義元のもとでどうにか成人し、その義元が桶狭間に討たれてからは、新興の織田信長に仕えて同盟者として二十年――。

義元にせよ信長にしても、接するにはいつも白刃の上を素足で渡るほどの思いと、細心の注意が必要であった。なにしろ大国の神経というのは、鷹揚にみえる半面、きわめて粗雑なところがあり、また、機嫌の変わるきわどさは、家康のように終始、弱者の立場にあった者には身のすくむ思いの連続であった。

大国は己れより小なる国、弱い勢力には、従属国であることのほか、強《し》いてその価値を見いだそうとはしないもので、それだけに、大国は小国や弱小勢力の不義と臆病を嫌った。求めるのはひたむきな忠勤だけで、したがって恩着せがましい態度や誇らし気な顔は厳禁。少しでも功労をひけらかしでもすれば、容赦なく鉄槌《てっつい》が下された。

それこそ、手加減なく。

家康は各々の性格をよく観察し、見極め、彼らの思考に思いを馳せ、かつ熟知し、あらゆることに彼らの好みとあわせつづけた。間違っても、出過ぎることのないように――。

そして、物欲の強い男とは毛先ほども思われないようにつとめ、人のいい〝律義者〟の面を強調するよう演じきって来た。その気苦労は、ときに物狂いしそうになるほどのものであった。

とくに、信長の下では心身ともにすり減らしたが、それは謀叛へと走った荒木村重や明智光秀らに比しても、家康のほうがむしろ重傷であったろう。ただただ身を恭《うやうや》しくし、恐れ入りながら過ごした日々であった。しかも、生き残りをかけた気遣いの日々は、領国が増し、信長がこの世を去っても、一向にかわることがなかったのである。

東の同盟国である北条氏に、家康の〝律義者〟ぶりは発揮され、小牧・長久手の戦いを前にしては、二十代の若僧である信長の次男・織田信雄《のぶかつ》にまで愛想を振りまいた。そして秀吉に膝を屈してからは、従前の信長にたいすると同様に、下手《しもて》に立ちづけてきたのだ。

すべては己れとその領土を、守るためであった。

ここは少し注意深く、家康という人物の性格をみておかねばならない。離合集散が常の乱世にあって、家康は己れが膝を屈した相手にたいしては、その生命《いのち》のある限り、一度として裏切りをしていない。今川義元、織田信長、そして豊臣秀吉にもそれはいえた。また、懸命に和解工作に奔走した北条氏政―氏直父子にもいえよう。

われわれは往々にして、歴史を結果から推論してしまう嫌《きら》いがある。

そのために家康の同盟戦略も、それが本人にとって利益であったから、この男はその盟約を遵守したのだ、と断じがちである。だがそれは、二十年におよぶ信長との同盟――結果的に信長が中央を制したという――後世から眺めた、見解でしかなかったろう。

同時代を歴史としてではなく、日々現実の連続として歩んだ家康にとっては、その時点その時点では、ほかにも最善《ベスト》・次善《ベター》な生き方、選択肢があったはずである。

信長が反織田勢に包囲され、八方に敵を受け、四面楚歌となっていた時期、家康が反対陣営につき、叛旗を翻して織田軍を衝けば、信長はもっと早くにこの地上から姿を消し、少なくとも尾張一国ぐらいは家康の手許に転がり込んだかもしれない。

三河・遠江・尾張を掌中にすれば、歴史に書きとめられていない、まったく違った生き方も可能であったはずだ。だが、家康はそうした方向を選択しなかった。

それは家康という人間の頭には、損得勘定を超越した、生来の鈍さとでもいえばいいのだろうか、愚直で堅牢なばかりの情念が、性格の底辺に流れていたからに他ならない。

その源流は、家康の体内を駆けめぐっている血、三河人気質＝郷国、あるいは己れの魂は誰にも渡さない、とする狭く頑《かたくな》な粘りづよい情念であった。この情念こそが、家康の驚異的ともいえる忍耐力、意志の持続力を生み出したのではあるまいか。

それはまた、ときに無謀とも思える激情――抑圧、忘却、矯《た》め、洗脳したはずの残像――を呼び起こし、家臣をはじめ天下の人々を唖然とさせることにも繋がった。

とくに彼の激越なさまは、人生の九死に一生の瀬戸際に現れた。

智恵のかぎりを尽くして、己れの保全の限界を十分に把握すれば、この激越さは出なかったのだが、いかに計算しようとも危うい、絶体絶命の危機に立ちいたり、二進も三進もいかなくなったとき、冷静な判断力の持ち主である家康は、人変わりしたように取り乱し、指の爪を噛み、目をしばたたかせながら、凄まじく形相を変え、全身を震わせて、錯乱したように予想外の行動に出た。家康に、多少なりとも天下人となり得る特質のようなものがあったとすれば、まさしく、この狂気ともいえる特異な性質ではなかったろうか。

武田信玄の上洛戦を三方ヶ原で迎え撃ったとき、信州をめぐり北条氏と対峙したとき、秀吉と小牧・長久手で争ったときも、そしてこの先に起こる〝天下分け目〟の関ヶ原の戦いにおいても、実はこの情念が最後にそろりと顔を出した。

家康の領国経営

もっとも、秀吉が死去したからといって、即座に家康は激越な本性を露わにせねばならない状況には、立ちいたっていない。彼にはいまだに、どうにか耐え得る手枷足枷《てかせあしかせ》の鎖があり、それを巧みに外さないかぎり、なにひとつとして能動的な動きをとることができなかったのである。

石田三成より秀吉の死を知らされた家康は、伏見屋敷の奥に嗣子の秀忠（信康の異母弟・のち二代将軍）を呼び入れ、事の概要を語り終えると、とりあえずそなたは江戸へ戻り、軍備をととのえて、いつなりとも出陣できるよう準備をしておくように、と命じた。

一説には、兵力は五万を用意するように、といったともいう。

能動的に動くには、まずは新領地の経営を軌道に乗せねばならなかった。

これまで治めていた東海地方は、魚肉でいえば脂身の旨《うま》みがあり、日本の中央部に位置する豊饒の地であったが、移された関東八州（実質は六州）は二百五十余万石とはいうものの、痩地が多く、農業用水利も東海地方に比して格段の遅れがあった。

しかも、家康が入封した江戸は、それまではほんの在所に過ぎず、領地も海寄りの地は低く湿地が大半で、城下町をつくるにもまずは埋め立て工事からはじめねばならない。飲料水にも、事欠く状況下であった。軍需用物資にしても、江戸城に搬入するルートがない。これは致命的といってよかった。

家康は急いで江戸城に通じる、「道三堀《どうさんぼり》」(現在の呉服橋から大手町にいたる北側道路部分)を開かせるべく、家臣団総出の普請を命じた。大身者(大名級《クラス》)であろうと下級者であろうと、容赦なく動員している。

工事は陽も昇らぬ午前四時から、開始された。大身者は各々が提灯を掲げて、受け持ちの場所に出ると、風雨雪中の別なく一日中、立ち働いたというから、下級者はおそらく、それよりも早く出動していたであろう。全員が鍬《くわ》をとり、畚《もっこ》を担いだ。

それでいて、朝食は支給されない。昼にようやく一食が与えられ、夕飯は各自の宿に帰ってから届けられた。いかにも家康らしい、吝《しわ》い采配といえよう。

家臣たちは疲労した身体を横たえ、さて寝ようと思っても、大雨の日などは、掘り上げた土が再び堀に流れ込む恐れがあるので、夜を徹してその防止に立ち働かねばならない。

彼らの労働における執着心や粘りづよさには、長い年季が感得できる。

他方、徳川家の人々に駆使される、夫役の農民たちも悲惨であった。

「生かさず、殺さず」

と、のちの幕藩体制下では囁かれたが、この時期の労働はより苛酷なものであった。

なかには栄養失調と過労が重なり、盲目となった農民も少なくなかったようだ。

農民の難儀は当然、家康の耳にも入ったであろうが、彼とてそれどころではなかった。

「国が富まぬかぎりは、どのような事態が起ころうとも、対応などできはしまい」

家康の領土経営哲学は、農家の大旦那、庄屋たちと何らかわるところがない。

地味で着実・堅固が取り柄で、ひたすら国土防衛の可能な国力を得るために、全力を傾注せずにはおれなかった。新領国の防衛陣は、徳川家の一族が担った。〝十四松平〟をほぼ一万石クラスの城主とし、譜代の部将をその中に交ぜるように配置した。

ここで家康らしさをうかがわせるのは、一族の者たちより、譜代家臣の石高を高くしたことであろう。吝嗇家の家康にしては、十万石を超える大名を三家もつくった。

上総大多喜《おおたき》十万石　本多忠勝
上野館林　十万石　榊原康政
上野箕輪十二万石　井伊直政

いずれもが〝徳川四天王〟に数えられる面々であったが、残る一人、かつての「三備」においてはその一翼を担った酒井忠次は、すでに述べたように、秀吉の命で京都に留め置かれた形となっていた。そのため軍編制のうえでは、致仕した体となり、その子・家次には下総臼井《うすい》(現・千葉県佐倉市)に三万石が与えられている。

ここは誤解されやすいところだが、この家康の措置は、一般にいわれているように、忠次が讒言《ざんげん》したために嫡男信康が、信長の命によって処刑されたことへの意趣返しではない。酒井家の勢威を削ぐ意味合いも多少はあったろうが、「三備」の時代に比し、なによりもこの頃、領土が拡大し、構成部将も増加する過程であり、若手将士が育つ一方で家康や忠次らが年齢を重ねたことが根底にあった。

もはや三河一国時代の家康ではなく、関東一円を領する大大名である。右の十万石を越える三名のほかにも、三十四名の大名(一万石以上)が誕生していた(この内、三河出身者は六十四パーセント)。

少しかわったところでは、家康の次男の於義伊が、天正十八年(一五九〇)には秀吉の養子の身から、下総の結城《ゆうき》城主の結城晴朝《はるとも》の養子となって、秀康と名乗りこの家を継いでいる。養父晴朝は、それまで同盟関係にあった北条氏を裏切って、小田原攻城に参陣。その領土を安泰に保っていた。

家康は秀康に、十万一千石の跡目相続を許している。つづいて四男の忠吉《ただよし》にも、武蔵忍に十万石を与えた。が、子供で十万石を超えた者はここまで。

時代はいまだ、戦国乱世の只中にある。幼い者や無能な者たちに、高禄を与える余裕などはなかった。すべては、能力給であったといっていい。四天王のうち、酒井家次が三万石でしかなかったのも、そうした理由からであった（のち越後高田十万石へ）。

一方、四天王（実質的には酒井忠次を除いた三人衆）に次いで頭角をあらわしたのも、やはり譜代の武功派・大久保忠隣《ただちか》であった。彼は彦左衛門の長兄・忠世の長男であり、南関東の要衝・相模小田原六万五千石を与えられている。

同じようにこの時期、徳川家中で脚光を浴びつつあったのは、帰り新参の譜代、吏僚派ともいうべき本多正信であった。彼は家康の官僚群の筆頭格で、豊臣家における石田三成の立場によく似ていた。また、大久保忠隣を豊臣家の加藤清正に置きかえれば、正信の立場はより鮮明となるに違いなかった。

三河一向一揆のおり、正信は若き日の家康の生命《いのち》をつけ狙い、その後、諸国を放浪し、忠隣の尽力で許されて帰参。家康側近として仕え、石川数正の出奔もあって、関東入国に際しては、「関東総奉行」をつとめた。

持てる智謀のかぎりを尽くして、新領国の組織づくりを一手に引き受けた正信は、知行高を従来の貫高や俵高から、石高に変更し、また、彼は数正なきあと、外交・政治のわかる数少ない三河武士としても珍重された。

浪々の身となり、広く天下をみて歩いた実績が、正信をしてより有能の士としたのであろう。天文七年（一五三八）の生まれというから、家康より四歳の年長となる。

しかし、正信の石高は相模甘縄《あまなわ》（現・神奈川県鎌倉市）に一万石と少なく、実戦力は小さい。この辺りは、のちの幕藩体制を思い浮かべると、家康らしさの配慮の表れともいえよう。政治の中枢にある者には、石高をあまり高く設定しない。つまり、実戦力を保有させない、といった周到な計算がそこにはあり、これも彼の臆病さをよく表していた。

家康の直轄領はといえば、この頃、江戸を中心に百万石にも達していた。

ついでに記すと、「関東総奉行」は複数であった。正信のほかに、家康の小姓から後継者の秀忠（三男）に付属させた青山忠成《ただなり》（相模国高座《こうざ》郡に五千石）と、内藤清成《ないとうきよなり》（相模国当麻《たいま》郷に五千石）が任命されている。ともに、その家禄は高くなかった。

こうしたところに、家康が秀吉政権からなにを学び、それを独自の領土経営に活かそうとしたか、真に興味深いものがある。

家康包囲網

——領土経営の、多難さばかりではない。

家康を取り囲むように配置された大名は、いずれも豊臣恩顧の者たちばかりであった。

天下の難所である箱根を越えて、家康が西へ進軍したと仮定する。

まず、駿府城には中村一氏《かずうじ》がいた。

秀吉子飼いの武将で、近江長浜（現・滋賀県長浜市）の城主であった秀吉から二百石を与えられ、泉州岸和田《きしわだ》城主や近江水口《みなくち》城主を歴任、駿府城主として十七万五千石を領有。秀吉の死の直前の慶長三年（一五九八）七月には、一説に豊臣家の「中老職」ともなっている。頑固で一徹なだけに、家康を相手に徹底抗戦をするに違いなかった。

次には遠州掛川城——ここには、山内一豊《かずとよ》が五万石を有して控えていた。

秀吉生え抜きの、実戦の将である。横須賀《よこすか》城には有馬豊氏《ありまとようじ》（三万石）、浜松城には堀尾《ほりお》吉晴《よしはる》（十二万石）が入っている。いずれも戦《いくさ》巧者で、なかでも吉晴は寡黙な武将ではあったが徳望があり、信長に見いだされ、秀吉がとくに望んで家臣とし、馬廻りの士として育てただけに、戦も手堅く、世評にのぼる武功だけでも二十二回におよんだ。人望があっただけに、戦場での功績だけではなく、多くの面で評価され「豊臣」姓まで貰っている。小牧・長久手で戦死した、恒興の次男である。

さらには、吉田城（現・豊橋市）には池田輝政《てるまさ》が十五万石でおさまっていた。

三河国岡崎城には田中吉政《よしまさ》（五万七千四百石）が、そして尾張清洲城には秀吉恩顧の大名の中でも、秀吉が最も頼りとした福島正則《まさのり》が入っていた。彼の母は、秀吉の母・大政所の妹で、幼少からその縁で正則は秀吉に仕えたが、柴田勝家との一大決戦・賤ヶ岳の戦いでは、〝七本槍〟の筆頭にあげられた勇将である。石高は二十四万石であった。

これらの諸将が一丸となり、家康の前進を阻めば、石高八十二万余は一大脅威であったろう。

「力ずくで、どの辺りまで進めようか」

あるよもやま話の席上で、家康は本気とも冗談ともつかぬ問いを家臣たちに発したことがある。

「美濃関ヶ原までは押し切れましょう。なにぶんにも東海道筋は勝手知ったる土地。しかもこの方面の大名たちは、働き者は多うございますが、それを束ねる器の者がおりませぬ」

「いやいや、中村一氏どのはなかなかの名将、それに堀尾帯刀先生《たてわきせんじょう》（吉晴）も豊家《ほうけ》きっての功多き老練の者――とても、浜松城は落とせまいよ」

幾つかの意見が出た。雑談だけに口も軽い。

ところが一人、本多正信だけは口を開こうとしない。気付いた家康が正信をみやると、正信はさりげなく、それも周囲の者に気どられぬように、無言のまま首を左右に振った。

（箱根も、越えられますまい）

その顔は、無言で語っていた。家康も沈黙したままで、うなずいたという。

秀吉の対家康包囲網は、その前面よりもむしろ、後背に仕掛けがあったのである。

関東の後方には、すでにみた蒲生氏郷がいた。この人物については、すでにふれたが、少しその家柄について補足しておきたい。

この名将は、筋目の正しい名門の出である。百足《むかで》退治で有名な俵藤太《たわらのとうた》（藤原秀郷《ひでさと》）の子孫として、近江蒲生郡に土着し、鎌倉時代は宇治川の先陣争いで名の知られた佐々木四郎高綱《たかつな》に仕え、以後、佐々木家が北近江の京極《きょうごく》氏と南近江の六角《ろっかく》氏に分かれてからは、六角家の被官となった。

信長の時代、一時期ではあったか、畿内に勢力を張った大名に六角承禎《じょうてい》がいる。

この承禎の家臣で家老の地位にあった蒲生定秀は、名うての硬骨漢で知られていたが、その子・蒲生右兵衛大夫賢秀《かたひで》も父に似た律義者で、一時は居城の日野に織田の大軍を一手に引き受け、玉砕しようとすらしたほどの剛勇の士であった。

こうした賢秀の男気に、珍しく信長が惚れ込んだ。賢秀の義弟で味方陣営の神戸友盛《かんべとももり》を使者に、どうにか開城降伏させ、当時のしきたりとして、降伏の証に人質を取ったのが、すでに見た十三歳になったばかりの賢秀の子・鶴千代、すなわちのちの氏郷であった。

氏郷は信長の、正統な弟子であったといっていい。『氏郷記《うじさとき》』は、次のように述べている。

美濃出身の文武兼備の武将・稲葉一鉄《いなばいってつ》（良通《よしみち》）は、ときおり招かれては信長の前で軍物語《いくさものがたり》をした。興に乗った一鉄が、夜の更けるのも忘れて話をつづけたところ、信長の小姓たちは　全員が居眠りをしてしまったという。

年若い彼らであるから、無理もなかったといえよう。ところが、若き日の氏郷だけはまばたき一つせず、真剣な面持ちで、一鉄の話に聞き入っていた。

老将は思わず、感嘆の声を上げる。

「この若者の行く末は、百万の将たるべし」

と。十四歳で初陣した氏郷は、みごと敵の兜首《かぶとくび》を挙げて手柄を立て、信長の姫を娶って織田家の人となった。その名が一躍、天下に轟いたのは本能寺の変のおりである。

父・賢秀ともども安土城に残されていた信長の家族を救出し、日野に退避させ、一方で氏郷は玉砕を覚悟で、明智光秀の誘いを峻厳に拒絶した。

この時、畿内はことごとくが光秀の勢力圏内であり、大勢は光秀支持、もしくは消極的中立が占めていた。その中で蒲生父子だけが、正々堂々と己れの意思を表明したわけだ。秀吉の中国大返しがいま少し遅ければ、この父子は討死《うちじに》していたであろう。

節義なき乱世において、この血筋は家康とは違った意味で、真の〝律義者〟であった。義理堅く清白で、実に清々しい。

秀吉は織田家の部将であった頃から、この氏郷をよく見知っていた。

天下人となる過程で、彼の妹を側室に所望し、「三条殿《さんじょうどの》」と名乗らせ、氏郷との結びつきを強めてもいる。氏郷は秀吉の天下平定戦で、その類稀《たぐいまれ》な軍才をいかんなく発揮。天下の名将と仰がれるようになった。そして小牧・長久手の戦いでは、二度にわたる秀吉方の負け戦の、いずれにも殿軍《しんがり》を氏郷は担当している。

秀吉方の大名の多くが、家康の実戦力《キャリア》を怖れるなかにあって、氏郷だけは家康を眼中に置いていなかった。亡き信長を超える武将はいない、との思いが強かったからである。

つづいて決行された九州征伐においても、秋月種実《あきづきたねざね》の持城である豊前巌石《がんじゃく》城を、強襲につぐ強襲によって陥している。氏郷の勇猛ぶりは、つとに有名であった。

新規に家臣を召し抱えるとき、氏郷はいつも同じ言葉を口にした。

「その方が戦場に出たなら、わが家中の者で銀の鯰尾《なまずお》の兜をかぶり、奮戦している者が目につこう。その者に負けぬよう、働くように……」

なるほど、戦場に出るといつも真っ先を駆けて敵陣におどり込み、群がる敵を寄せつけず、つぎつぎに武功を挙げる銀の鯰尾の兜をかぶった勇者がいた。よくみると、その勇者こそが主君の氏郷であったという。

ついでながら、氏郷が生命《いのち》を的《まと》に陣頭指揮にたったのは、家臣の多くが尾張や近江の商業経済圏の出身で、将士の戦闘力が著しく劣っていたことと無縁ではなかった。大将自身が死地に踏み込んでまで、叱咤激励しなければ彼らは懸命に働かなかった。

いずこの大名家でも、主人を見殺しにしてまで己れの身を守ろうとする家臣はいない。主人が死に、後継者がいなければ領地は召し上げられるであろうし、次代の主君が幼かったり、凡愚であれば封土は削減されたからだ。

真の律儀者・氏郷と三成

ともあれ、氏郷は猪武者のようにも働いたが、一面で師である信長もなし得なかった学問を積み、中国の古典にも通じ、和歌などもよくした。〝利休七哲《りきゅうしちてつ》〟の一人でもある。

また、一方では領地を商業都市として、繁栄させる手腕も他の大名たちに抜きんでて持っていた。小牧・長久手の戦いのあと、江州日野六万石から伊勢松ヶ島城十二万石に封ぜられた氏郷は、「松坂」（のち松阪）を綿密な都市計画によって開いた。松坂が江戸時代を通じて、日本有数の商業都市として栄えたのも、もとは氏郷の力によるものであった。

天正十八年（一五九〇）、氏郷は会津に四十二万石――一説には七十万石――を得て、その翌年には百万石となった。わずか八年余で六万石から百万石の大名に昇進した例は、他に類を見ない。

秀吉が氏郷を見込んで、家康の監視と奥州の伊達政宗を牽制するという、大役を担わせて送り込んだのである。この二人は秀吉政権にとっては、腫れ物のような存在であった。

家康については、すでにみている。政宗にしても辛うじて小田原攻めに参陣、本領を安堵されたとはいえ、秀吉には心から服しておらず、隙《すき》あらばと奥州諸郡を睥睨《へいげい》していた。

家康にすら怖れを知らぬ氏郷である、政宗などまったく眼中になかったかもしれない。

「奥州探題《たんだい》」としての会津転封のおり、氏郷は秀吉に一つだけ注文を出している。

秀吉や諸大名家から〝奉公構《ほうこうかまえ》〟（かまい、とも）となっている者たちを、再び召し抱える許可を求めたのだ。

この〝奉公構〟というのは、主君の怒りを買って牢人した人々を指したが、わけても許し難い者については、いずこの大名家へ立ち寄ろうとも、召し抱えぬように、との回状がまわされた。それを承知で召し抱えると、大名間の争いともなった。少し後のことになるが、大坂の陣で豊臣方について戦った、後藤又兵衛（基次《もとつぐ》）や塙団右衛門《ばんだんえもん》（直之《なおゆき》）、御宿《みしゅく》勘兵衛《かんべえ》（政友《まさとも》）、といった豪傑は、主家から各々〝奉公構〟が出ていて、他の大名家に仕官ができなかったために、大坂城に入城するしかなかった、との経緯《いきさつ》もあったのである。

それはさておき、氏郷――秀吉はこの申し出を了承した。氏郷が召し抱えた人々は、いずれも一癖ある者たちばかりであったが、さすがに一騎当千の強者《つわもの》たちでもあった。

氏郷が会津に入国して一ヵ月が経過した頃、この地の旧領主・伊達政宗の煽動による一揆が勃発、葛西《かさい》・大崎《おおさき》の地に三十万石を新領した木村吉清《よしきよ》を襲撃した。氏郷は不慣れな北国の地をものともせず、軍勢を率いて進撃すると、奥州一帯に拡大しかけた一揆をみごとに鎮圧してみせた。

このとき伊達家では、領内の農民に因果をふくめて、蒲生軍には宿を貸さず、蓆《むしろ》を売らず、炊事用の鍋釜や薪も貸さぬように、と徹底して指導したという。氏郷の難渋は、一通りのものではなかった。

そこへ政宗の策謀があきらかとなったことから、心利いた家臣は氏郷に、

「政宗の謀叛は歴然たり、用心のため二、三日、様子をみるために当地へ、逗留されてはいかがでしょうか」

と進言した。だが、氏郷は平然としたもので、

「愚かなことを申すでない。政宗の逆心などはたかが知れたもの。色を出せば、その場にて討ち取ればよい。今さら、なにを臆病風に吹かれることがあろうか。行く手をさえぎる者があれば、ただ一戦で蹴散らし、まかり通るまでである」

篠《しの》つくばかりの豪雨にも屈せず、氏郷の軍は猛烈な勢いで進攻し、一揆勢を一蹴した。

救出された木村吉清は、涙ながらに氏郷へ縋《すが》りついた。

「ここ二十日ほどは、雑炊ばかり食しておりました。それもあと三日の量しかなく、餓死するのも無念、打って出て討死せんものと覚悟を決めておりましたところ、ご出陣をたまわり何と申し上げてよいやら。蒲生どのは、生命《いのち》の親でござる。われら父子は一揆を起こさせた責めを負い、流罪か死罪は必定でしょうが、万一、一命をとりとめることでもあれば、生涯、蒲生どのの家来となって草履をとり申すべし」

これにたいして氏郷は、あくまで冷静に答えている。

「過分の申されようで痛み入る。それがしはただ、(秀吉から)申しつかった言葉に従っただけのこと。もし、それがしの軍勢が間に合わず、貴殿らを死なせておれば、それがしは二度と会津には戻らずに、葛西・大崎の一揆をことごとく攻め潰し、討死の覚悟でござった。よしんば討ち平らげても、救援が間に合わなかったという、後世の恥辱は拭えぬと

ころを、こうして対面できたこと、生前の大幸これに過ぎるものはありませぬ。政宗の逆心者は、あるいは一揆勢とともに押し寄せてくるやも知れませぬが、その節は合力して華々しく戦い、同じ戦野に枕を並べて、討死つかまつろうではないか」

このあと吉清は、一揆が原因で所領を没収され、あとに入った氏郷（百万石時代）の与力となり、一時期、出羽国米沢城主となった。

秀吉は一揆鎮圧に出向いた氏郷を救援するべく、家康の許から結城秀康・榊原康政の軍勢の派遣を命じ、自身の名代として氏郷と同じ近江出身の、石田三成を東下させた。三成は奥州への途次、家康をはじめ佐竹義宣ら関東の大名たちに、動員令を伝えるとともに、氏郷との連絡も緊密にとり合っている。

一揆を鎮圧して後、氏郷は伊達政宗の謀叛の証拠を携え、証人をともなって上洛した。これの取り次ぎ役が、三成であったことはいうまでもあるまい。ときに秀吉は、朝鮮出兵に熱中していたこともあって、結果的には政宗はゆるされたが、その償いとして伊達家は、千人余の軍勢を朝鮮出兵に差し出した。また、奥州南部の九戸左近政実《くのへさこんまささね》という者が、南部氏に背いて決起したのにたいして、秀吉は政宗を奥州征伐軍の先鋒に命じている。

この戦いでも、氏郷軍の戦功は目覚ましかったが、とりわけ三成は氏郷軍の戦いぶりに注目、かつて家康が武田信玄に心酔したように、氏郷を己れの手本とも思うようになった。

こうしたことがやがて、家康と対決するおり、三成に大きな影響を与えることになる。一代の英雄、天下人の器と自他ともに認められた氏郷は、いまでいう結核性の痔瘻《じろう》を患い、文禄四年（一五九五）二月七日、四十歳をもってこの世を去った。

限りあれば吹かねど花は散るものを
　　心みじかき春の山風

蒲生家は後継者の秀行か幼かったこと（十三歳）、家臣団の内紛が災いしたこともあり、会津から下野宇都宮十二万石に移封されたが、同時に、幾多の名将・豪傑が蒲生家を去った。彼らは氏郷が主君であったればこそ、仕えてきたとの自負が強かったようだ。

ところで、刮目《かつもく》すべきは三成であった。彼はこの蒲生浪人の中から、逸材と目した者を一度にして十八名も召し抱えた。三成は氏郷に心服する一面で、氏郷の優秀な家臣団を羨望の目でみていただけに、こうした思い切りのいい行為ともなったのであろう。三成は彼らをいずれも高禄をもって遇したが、蒲生牢人たちもまた、三成の期待を決して裏切ることはなかった。関ヶ原の戦いにおいて、実に十八人中十七人までが討死を遂げている。

氏郷が没して、後任に上杉景勝が会津に入った。が、氏郷に比べれば景勝は戦歴がいま一つ明解ではない。将器・将才も小振りであった。家康にとっては、己れに向けられた包囲網の一角が、わずかではあったがほころびたのを感じたのではあるまいか。

秀吉の、死の八ヵ月前のことである。この時、上杉氏の旧領は五十五万石から新領の百二十万余石となった。会津とともに、背後を脅かされかねない甲斐には、文禄二年に浅野幸長《よしなが》が入封していた。

「浅野どのか、あのご仁《じん》だけは怖くない……」

家康にしてはめずらしく、胸をなで下ろしている。

当年、十八歳。格別の軍才や武勇はない。その父・浅野長政が秀吉とは相婿（長政の妻やゝと秀吉の妻お禰《ね》が姉妹）であり、政権内の行政官＝奉行として重きをなしていた、その余沢にあずかったに過ぎなかった。

氏郷が虎なら、浅野父子は家康にとっては猫のようなものであったろう。

第三章

家康の鬱屈した情念

葬儀のなかった秀吉

それにしても、と思う。ときに乱世は、不思議を演出するもののようだ。

慶長三年(一五九八)八月十八日、天下統一を成し遂げた一代の英雄・豊臣秀吉が、六歳の嗣子秀頼の行く末を案じつつ、波乱の多いその生涯を閉じた。享年、六十二。

この天下人秀吉が、この世を去ったのが不思議なのではない。

すでにみたように、彼の葬儀が執りおこなわれた形跡のないことが意外であり、後世の感覚をもって振り返ると、伝えられる関ヶ原の合戦とその史実に、大きな食い違いのあることを、その端緒ともいうべき秀吉の死は、はやくも示唆していたように思われる。

秀吉の葬儀については、江戸時代の幾つかの書物が、その絢爛《けんらん》たる模様を伝えていた。葬儀の日も慶長四年二月十八日、京都において挙行と記したものが少なくない。

これがいつしか、通説とさえなったようだ。奇妙としかいいようがない。

たとえば、加賀藩前田家の史料『三壺記《みつぼき》』には、次のように述べられている。

御葬送を執《と》りおこなはれ、信長公の御列になぞらへ、諸宗の智識充満し、役者それぞれに相定《あいさだ》め、東山阿弥陀ヶ峰《あみだがみね》に納め奉《たてまつ》る。参詣の公家武家日夜をわけず、美々しかりける御事なり。

同様の記述は『豊太閤葬記』『太閤秀吉公御葬式行列記』(御葬送行列次第の別名あり)といった、絵入りの書物にもあり、二月十八日のこの日、遺児の秀頼をはじめ北政所、淀殿らと、徳川家康・前田利家以下の諸大名が各々に数百の供をしたがえ、数万におよぶ参列者であった、とまことしやかに語られている。

ところが地元の京都にあっては、当時、存命中の公家や僧侶は誰一人として、その日記にこの盛大な葬儀の様子をふれていない。かわりに、秀吉の遺体が安置された伏見城内での仏事や、秀吉恩顧の大名たちによるしめやかな追善供養の風聞は、書きとめられていた。

これはどういうことであろうか。筆者は、後世に別の政権下で書きまとめられた文献を、すなおに信じないことにしている。

「わしが死ねば、秀頼はまだ幼弱であるから、天下の政治のことはおのおのがたで相談し、よきようにはからってほしい。とりわけ、前田利家どのと徳川家康どののうち、お一方《ひとかた》には秀頼の後見役をお願いいし、お一方には執権職として、政令をただし、隔年にその役目を交替して、秀頼を補佐していただきたい。

そのうえでもし、秀頼が成人して、天下に号令するほどの器量があったとしたなら、一人前の武将にもしていただきたい。が、万が一、その器でなかったならば、ご両人が政治をあずかって、天下をおさめてほしい」

他界する三日前、秀吉が大老・中老・五奉行らと、譜代・外様の有力大名を病床近く召し寄せて遺言した、と江戸幕府の歴史家・栗原柳庵《くりはらりゅうあん》は自著『真書太閤記《しんしょたいこうき》』に記している。

おそらくこれは、江戸時代にブームであった『三国志演義』——蜀漢の皇帝・劉備《りゅうび》が、丞相《じょうしょう》の諸葛孔明《しょかつこうめい》に遺詔《いしょう》した故事——を模倣して書いたものであろう。

もしも、家康が豊臣氏の天下を武力でむりやりに奪った、と書けば間違いなくこの書物は発禁となり、著者や関係者は罰せられたはずだ。

当時、広く流布して今日にいたるまで残されていること自体、疑ってかかるべきである。

家康の家臣・戸田一西《かずあき》（通称を左門《さもん》）の記録『戸田左門覚書《おぼえがき》』によれば、死の約三ヵ月前の六月十六日、秀吉は病身をかえりみず、伏見城において諸大名を引見したとあり、この席には秀頼も、浅野長政・石田三成・増田長盛ら寵臣も左右に列していたという。

秀吉はそれらの人々に、盛り菓子を与えながら、長嘆息し、

「せめてこの秀頼が十五歳になるのを待ち、これに精兵をさずけ、今日のように諸大名が秀頼に仕えるありさまを、秀吉がこの目で見ることができたなら、平素の願望もかなえら

れることであろうに、いまや病勢がつのり、命数まさに尽きんとし、いかんともなすすべさえない」

潸然《さんぜん》と落涙。その場に居合わせた人々も涙を堪《こら》えて退出後、突っ伏して泣いた。

その座の面々、皆涙をおさへて退出す。此《これ》によりて、御座敷の体《てい》を（内容）知らざる者は、「太閤御他界にてみなみな落涙す」と心得、そのひきひき（縁者）の方へ告げしらする。伏見・京、使《つかい》の往来にて、騒動はなはだし。（『戸田左門覚書』）

「太閤殿下、ご他界——」

との虚報が伏見から京都へ、そして全国に伝播した。

それはともかく、天下はその死期を固唾《かたず》をのんで見守っていた。

もっとも、のちの絵入り葬礼記《そうれいき》などに描かれたような、忠孝という立場からではない。このころ日本はまだ儒教の洗礼を受けておらず、「朱子学」なる言葉も一部の有識者のものでしかなかった。文字すら危うい戦国大名や武将にとっては、まったく関わりのない思潮であったといえる。

人々の視線は、位人臣をきわめ、「太閤」にまで上《のぼ》りつめたひとりの人物の死が、この後、一代で築いた政権にどのような影響をもたらすのか、その一点にのみ集中していた。

なにぶんにも、秀吉が生涯を懸け、骨身を削り粒々辛苦《りゅうりゅうしんく》の末に構築した豊臣政権は、華やかな栄光に包まれていた半面、あまりにも脆弱《ぜいじゃく》であり過ぎた。

政権らしきものが発足して、わずか十年にも満たない。秀吉が死ねば、野望を秘めた新たな人物が出現し、再び乱世に逆戻りするに違いない、と当時の人々は恐れていた。

脆弱きわまる政権

周知のように、秀吉は主君・織田信長の権力基盤を相続し、それを元手に天下を平定した。言い換えれば、秀吉とて織田家の者からみれば、権力の簒奪者《さんだつしゃ》であったわけだ。

天正十年（一五八二）六月、信長が本能寺の変で横死したとき、秀吉は信長から預かった二万の兵力を率いて中国方面にあった。凶報に接した秀吉は、果断に全軍を東方に旋回させると、鳴りはためかせるように主君の弔い合戦を標榜《ひょうぼう》し、明智光秀を山城国山崎に討ち破る。もっとも、秀吉軍の将士たちは、こうした大義名分など眼中にはなかった。秀吉を押し立てて勝利することによって、各々の武運を開こうとしたにすぎない。

「——千年を生きても、これほどの武運に出会うことは、まず、あるまいぞ」

「――気勢《きお》えや者共」

人々は奮い立ち、その脂ぎった欲心が、光秀軍を一蹴したといえる。

この勝ち組の中には、摂津茨木《いばらき》の城主・中川瀬兵衛《せべえ》（清秀《きよひで》）、同高槻《たかつき》の城主・高山右近《たかやまうこん》なども いた。この二人は、いずれも地生《じば》えの武将である。かつては荒木摂津守村重に属していたが、村重が信長に謀叛を起こしてその一族が討滅されたおり、すばやく村重を見限って、己れの城地の保全に成功した。

運命のめぐり合わせで、右近が先鋒の第一陣、瀬兵衛が第二陣を受け持って光秀軍に殺到、みごと秀吉を勝たしめた。戦後、信長の三男で、山崎の合戦の名目上の盟主となっていた織田信孝などは、わざわざ本来は陪臣（家来の家来）にすぎない瀬兵衛に会釈し、

「お蔭で亡き父の仇が討てた」

と礼をいったほどであった。

信孝が去ってしばらくすると、秀吉がやってきた。見ると輿《こし》に乗っている。秀吉は織田家の序列において上位ではあったものの、家臣ということでは瀬兵衛と同僚である。ましてや瀬兵衛は、この度の先鋒をみごとにつとめた功労者であった。当然のことながら秀吉は、輿から降りて信孝同様に、懇《ねんご》ろに瀬兵衛をねぎらうべきであったろう。

ところが、すでに〝天下〟に志のある秀吉は、輿に乗ったままで、

「瀬兵衛、骨折り」

と一声、叫ぶがごとく発して、そのまま行き過ぎようとした。

このときの瀬兵衛の怒りが、その性格とともに書きとめられている。


瀬兵衛、気《き》短キ人ナレバ、推参《すいさん》（出すぎている）ナリ、ハヤ天下取リノ顔ヲスルカ、ト申《もう》サル。秀吉公、御聞《おきこえ》ナキ事ハアルマジケレドモ、聞カザル顔ニテ御通リノ由《よし》。

（『烈公聞語《れっこうききがたり》』）


瀬兵衛の知行地は、江戸期の石高制にして五万石程度。その小大名ですら、秀吉にこれだけの言辞を平然と吐いた。しかし、秀吉は怒らない。否、怒れなかった。

彼の配下の諸将たちは皆、信長からの預かりものでしかない。この幾万もの借りものを、どうにか一つの軍団として統御し得たのは、秀吉のもつ稀代の才気と鷹揚《おうよう》さ、そして演出力あればこその現状であった。

もし、秀吉が迂闊にも生の感情を露わにすれば、この勢力は瞬時に雲散霧消してしまう。

「聞カザル顔」しか、秀吉にはできなかったのだ。

秀吉はおよそ実体のみえぬ、それこそ霧や霞のごとき〝時勢〟を唯一の味方に、その蜃《しん》気楼《きろう》のうえに一大楼閣を築くべく、必死になって働いた。

　織田家の内部抗争を戦い抜き、最大の競合相手であった柴田勝家を賤ヶ岳、そして北ノ《きたの》庄《しょう》（現・福井県福井市）に攻め滅ぼし、その配下にあった「組下大名」の前田利家や佐々成政、金森長近《かなもりながちか》、徳山則秀《とくやまのりひで》らを吸収。どうにか彼らに、形だけの臣下の礼をとらせることに成功した。先の中川瀬兵衛は、賤ヶ岳付近の合戦で戦死している。

　その一方で秀吉は、野伏あがりの腹心・蜂須賀正勝《はちすかまさかつ》や、僧兵あがりの宮部善祥房継潤《みやべぜんしょうぼうけいじゅん》、奈良興福寺《こうふくじ》の僧兵であった筒井順慶《じゅんけい》、出自も定かならぬ仙石《せんごく》権兵衛秀久《ひでひさ》などを大抜擢。小姓の中から次代を担う将校を育て、直参藩屛《はんぺい》としていった。

　ついでながら、〝賤ヶ岳七本槍〟と呼ばれる栄誉も、秀吉が得手の人心収攬《しゅうらん》、宣伝の妙をもって演出したものであったといえる。福島市松《いちまつ》（正則）、加藤虎之助《とらのすけ》（清正《きよまさ》）、片桐助《かたぎりすけ》作《さく》（且元《かつもと》）、加藤孫六（嘉明《よしあき》）、脇坂甚内《わきざかじんない》（安治《やすはる》）、平野権平《ひらのごんべい》（長泰《ながやす》）、糟屋助右衛門《かすやすけえもん》（武《たけ》則《のり》）らがこの合戦で、広く天下に功名を知られた。

　だが、多くの大名・武将は、秀吉が政権を樹立してすらなお、その成功の一端は自分たちの働きにあったと自負し、心からの畏敬の念を秀吉にはもたなかった。

　そのため、天下の巨城・大坂城内の秩序は乱れに乱れた。

　行儀が悪いといっても、これほどの政庁は日本史上空前絶後であったろう。

城内に詰めている大名は、思い思いの場所で放埓《ほうらつ》に胡座《あぐら》をかき、ある者は寝そべり、昼間から大酒をくらって、わずかな感情のゆきちがいで、唾を飛ばしての口論が、やがて組み討ちとなった。喧嘩でなくとも、殿中や庭で相撲に興じる者、庭先で小用を足す者など、まるで海賊か山賊の巣窟といったありさまであった。

秀吉が策した権威づけ

――あるとき、豊臣恩顧の大名が集まって議論に花を咲かせていた。

それを一瞥《いちべつ》した秀吉は、後刻、

「さきほど、連中が口やかましく何ごとかを論じ合っていたようだが、いったい何をどなり合っていたのか」

と、かたわらの者に訊ねた。するとその者は、やや気色ばんだ面持ちで答えたという。

「ご存知なかったのでございますか。彼らは次の天下は誰のものになるか、言い競っていたのでございます」

一事が万事、こうした調子であったらしい。

「情けないことじゃ……」

秀吉は心底、嘆いていた。

彼のまわりに集《つど》っているのは、いずれも天上天下唯我独尊《ゆいがどくそん》の個性派諸侯ばかり。下剋上の風潮に便乗し、槍一筋で大名となった者ども――彼らは皆、いまだ乱世の余韻を求めて、咆哮《ほうこう》していたのであった。どうすればよいのか、秀吉も愚者ではないから、年を経てようやくその方法に気付いた。

「わしを尊敬させ、豊臣家に権威付けをすればよい」

朝廷に願い出ると、天正十三年（一五八五）七月十一日、まずは亡君の信長さえも就任することのなかった「関白」にのぼった。その翌月には、御咄衆《おはなししゅう》の一人・大村由己《おおむらゆうこ》に命じて、『関白任官記』（『天正記』収録）と題する本を書かせている。

由己は相国寺《しょうこくじ》の仁如集堯《にんじょしゅうぎょう》に漢詩を学び、儒教の書にも造詣が深く、自作を素読で聞かせる〝物読み僧〟でもあったという。

この書の中で秀吉は、己れが天皇のご落胤《らくいん》であるという虚構《フィクション》をでっちあげさせた。

その（秀吉の）素生を尋ぬるに、祖父祖母禁囲《きんい》（宮中）に侍す。萩の中納言と申すにや。今の大政所殿三歳の秋、或《あ》る人の讒言《ざんげん》に依りて、遠流《おんる》に処せられ、尾州飛保村雲《ひぼむらくも》と云《い》ふ所に謫居《たっきょ》を卜《うらない》して春秋を送る。また、老者の物語に、村雲の在所にして、都人一首の詠あり。

読人知らざるなり。

　ながめやるみやこの月にむら雲の

　　かかるすまゐもうき世なりけり

かの中納言の歌にや。大政所殿、幼年にして上洛有り、禁中の傍に宮仕し給ふこと両三年、下国あり。程なく一子誕生す。今の殿下これなり。孩子《がいし》（幼児）より奇怪のこと多し。如何様王氏に非ずんば、争か《いかで》、この俊傑を得んや。

さらには、この『関白任官記』をもとに謡曲まで作らせ、己れの権威付けを金春太夫《こんぱるだゆう》らに演能させて、諸大名に見物せしめている。

「筑前《ちくぜん》（秀吉）らしい猿芝居よのォ」

中川瀬兵衛が生きていれば、腹を抱えて、転げまわって笑い出したことであろう。存命中の朋輩たちも内心では、あまりの阿呆らしさに吹き出していたに違いない。彼ら織田系の将士たちは、秀吉がいかなる出生か、わざわざ聞かされずともよく知っていた。

源氏を名乗りたくて、室町幕府の十五代将軍・足利義昭に、

「養子にして下され」

と泣きつかぬばかりに懇願し、すげなく断られた噂も耳にしている（これは林羅山《らざん》の創

作)。

大名たちの嘲笑にもへこたれず、秀吉は一途に皇胤《こういん》説を吹聴した。

ある時、秀吉公はいつも御参内の時、御装束めしかへらるゝ御やど施薬院《せやくいん》にて曰《いわ》く。我、尾州の民間より出たれば、草かるすべは知りたれども、筆とる事は得知《えし》らず。元より、歌・連歌の道には猶《な》ほ遠しといへども、不慮に雲上《うんじょう》の交《まじわり》をなす。

但《ただし》、わが母若き時、内裏《だいり》のみづし所の下女たりしが、ゆくりなに玉体に近づき奉《たてまつ》りし事あり。其《そ》の夜の夢に、いく千万のおはらひ箱、伊勢より播磨をさして、すき間なく、天上を飛行。又、ちはやふる神の見てぐらてにとりて、と云ふ御夢想を感じて、吾々を懐胎しぬ。(『戴恩記《たいおんき》』)

右は先に少し触れた、戦国の梟雄《きょうゆう》・松永弾正久秀の孫ともいわれる松永貞徳《さだのり》が、直接、秀吉から聞いた創り話である。滑稽も程度を越すと、悲愴感を漂わせるもののようだ。

秀吉は死ぬまで、この皇胤説を喧伝《けんでん》しつづけた。

あまりの執拗さに一部では、もしかすると……と妙な気になった者が出、秀吉の父にあたる帝は誰か、と詮索して、

「正親町《おおぎまち》天皇（第百六代）ではあるまいか」

具体的な名を挙げた話も伝えられている。

一笑に付してしかるべき代物《しろもの》だが、仮に、豊臣政権が徳川氏のように十五代を数えてつづけば、あるいは、秀吉の実父は正親町帝であったとする、御用学者の曲学阿世《きょくがくあせい》がまかりとおることになったかも知れない。秀吉ほどではないにせよ、次期政権を担った徳川家康は、関白・近衛前久や吉田神道の吉田兼右《かねすけ》の手を借りて、

「万里小路《までのこうじ》家につたわる古い記録の中から、徳川（得川《とくがわ》）家の系図が出てきた」

といい出させ、それまで藤原氏を名乗っていたはずの家康は、名門新田氏の後裔・得川＝徳川を氏として、源氏の出自を詐称している。

神沢杜口《かんざわとこう》の『翁草《おきなぐさ》』では、新田義貞《にったよしさだ》の味方に得川下野守満義《しもつけのかみみつよし》という者があり、この人物が松平の祖先で、その末裔が徳阿弥《とくあみ》＝親氏《ちかうじ》であった、というのだ。

石田三成の密命

「このままでは、先行きが案じられてならぬ」

無理に無理を重ね、どうにか構築した豊臣政権は、いわば積木細工にもひとしく、風が

そよとでも吹けば倒れかねない状態にあった。秀吉は直属家臣団の充実を急ぎ、野心を顕わにして隠そうともせぬ諸大名を、檻の中に入れるべく法令を整備しようとした。

その実務を取り仕切ったのが、官房長官あるいは秘書長ともいうべき、秀吉お気に入りの石田三成であった。秀吉と三成の出会いについては、両者の在世中から世間に流布されていた『武将感状記』（『砕玉話《さいぎょくわ》』・熊沢淡庵《くまざわたんあん》著）や『志士清談《ししせいだん》』（南条八郎著）、『名将言行録』（岡谷繁実《おかのやしげざね》著）などにも載っている。

――なかでも、「三献茶《さんけんちゃ》」の挿話が有名だ。

信長の部将として、かつては浅井長政の支配下にあった琵琶湖東岸の、伊香《いか》郡・東浅井郡・坂田郡の北近江三郡を与えられた秀吉は、居城を小谷城から今浜《いまはま》に移し、この地を「長浜」と改めると、ときおり鷹狩りを口実に領内を見回った。

江戸期の換算で十二万石ほどの封地を隅《くま》なくまわり、民意を汲むとともに、秀吉は十二万石規模の軍役を賄《まかな》う大名らしい体裁をととのえるべく、新しい家臣の発掘に余念がなかったのである。秀吉が〝羽柴筑前守〟を称するようになったのは天正二年（一五七四）であり、年齢でいえば四十を目前にした頃のことであった。

ある一日、伊吹山に鷹を放った秀吉は、その帰途、とある寺に入ると茶湯を所望《しょもう》した。寺については諸説あるが、有力なのは近江坂田郡内の観音寺《かんのんじ》、同伊香《いか》郡内の法華寺《ほっけじ》三珠《さんじゅ》院《いん》、同じく飯福寺《はんぷくじ》など。

それはともかく、声を聞きつけた寺の稚児《ちご》小姓が、さっそく大ぶりの茶碗に茶湯を、七、八分目、ぬるめにたてて持参した。秀吉は舌を鳴らしてこれを一気に飲み、「いま一服を」と声をかける。すると今度は前のよりも少し温かい茶が、茶碗に半分ほどいれられて出てきた。このとき秀吉には、感ずるものがあったようだ。

「さらに、もう一服――」

と三杯目を望んだ。出された茶湯は小ぶりの茶碗に熱く、しかも少量いれられていた。

「其ノ気ノハタラキヲ感ジ」（『武将感状記』）

秀吉は応接した稚児小姓のさりげない工夫に感心し、立ち居振る舞い、みるからに涼し気なよく動く瞳、端正な容貌に満足した。

「うむ、気に入った」

となると、秀吉の行動は素早い。寺の住職に懇望し、この稚児小姓を貰いうけた。

名を石田左吉《さきち》といった。のちの三成である。

「三成の出自は、寺の小坊主であった」

などと江戸時代の文献にあるが、これは徳川家におもねる以外のなにものでもない。

信頼に足る『霊牌日鑑《れいばいにっかん》』（三成の嫡子で妙心寺寿聖院《じゅしょういん》の第三世となった、済院宗亨《さいいんそうきょう》大禅師＝隼人正《はやとのしょう》重家が伝えた石田氏の過去帳）などに拠れば、幼名左吉、のちの石田治部少輔《じぶのしょう》三成は、歴とした武家の子であった。父の名は隠岐守正継《まさつぐ》。北近江の名流・京極氏の家臣であったともいわれ、三成が寺へあがった頃は地侍として、伊吹山の西麓・坂田郡石田村（現・長浜市）に住していた。生活には、多少のゆとりがあったようである。

三成は次男であった。永禄三年（一五六〇）の生まれというから、織田信長が尾張桶狭間に、今川義元を討ち取った、日本史上、記念すべき年の生まれということになる。時代はまさに、下剋上の絶頂期。徳川家康が義元の死を機に、独立したことは先にふれた。

初名を三也《みつなり》と称し、後に三成に改めたという。

三成は寺で稚児小姓をしながら、手習いをしていた。秀吉と出会ったのは『霊牌日鑑』や「石田系図」（極楽寺系図）によれば十八歳とあり、今日の「二十歳《はたち》」と同様に、大人として扱われる〝元服〟の年齢であった。

三成は小姓となり、そのまま近習をつとめ、抜擢されて使番《つかいばん》・奏者《そうじゃ》の役を任じるようになる。秀吉は幾人もの子飼いの中で、はやくから三成に注目していた。

どのような役目を与えても、そつなくこなす。それも、要領のよい適当にやるといった仕事ぶりではなく、律義なまでの忠勤態度であった。おそらく、彼の性格なのであろう。

『名将言行録』には、三成の言動が畏敬の念をもって、書きとめられていた。

三成は当時、(秀吉の)第一の出頭人であったが、日夜のつとめを少しも怠ることはなかった。大風雨の夜などは徹宵《てっしょう》で城の内外を見てまわり、破損の有無やその程度を詳細に調べて、夜の明ける卯《う》の刻(午前六時)には秀吉に報告した。これを本来の責務とする普請奉行のほうが、巳《み》の刻(午前十時)頃になって、ようやく報告するといった有り様であった。(筆者訳『現代語訳　名将言行録　軍師編』より)

あるいは、

三成はつねづねいっていた。人に仕える者は、主人から与えられる物や俸禄を、全部使って奉公に万全を期すべきである。使い過ぎて借金するのは愚人だが、使い残すのは盗人である。(同右)

三成、出世の糸口

三成が、主君秀吉の近侍《きんじ》となった頃には、すでに浅野長政、増田長盛など、十四、五歳も年長の、秀吉の側近がいた。長政については、前述している。

一方の長盛は、近江浅井郡益田村から出て秀吉に召し抱えられた。時期は三成のそれとほとんどかわらない。計数に明るく、それでいて性格は剛直。秀吉に愛された。

長政も長盛も後年、豊臣政権の主要「五奉行」の構成メンバーとなっていく。

こうした先輩の中にあって、若い三成が頭角をあらわし、ついには秀吉が唸るように、

「才器《さいき》ノ我ニ異ナラヌモノハ、三成ノミ」

とまでいわしめるようになったのは、なぜか、何がそれほど秀吉の気に入ったのか。

これこそが三成の生涯を方向づけ、宿命的に、徳川家康へ挑ませた遠因でもあった、と筆者はみている。結論からいえば、三成は秀吉が純粋に育成した豊臣官僚の第一号であったのだ。ここで誤解されては困るのは、三成は官僚には向いていたが、武辺者としては失格だったという通史の解釈である。

天正十一年（一五八三）、三成は二十四歳のおりに、近江・賤ヶ岳の戦いに初陣《ういじん》したと思われるが、このとき、一番槍の功名を遂げた七人には名を連ねていない。

しかし、後世に喧伝された文弱な心象《イメージ》とも、その実体は異なっていた。

『一柳家記《ひとつやなぎかき》』によると、この七名に戦死した二名を加え（正確には賤ヶ岳の七本槍は九名いた）、さらに、石田左吉、大谷桂松《けいまつ》、奥村半平、一柳次郎兵衛（直末《なおすえ》?）、同四郎右衛

門（直盛《なおもり》）、稲葉清六《いなばせいろく》らの名を挙げ、彼らを一括して、

「先懸衆《さきがけしゅう》」

と記している。

つまり、秀吉子飼いの福島正則や加藤清正らと同等の地位《ポジション》を、三成は得ていたわけだ。三成（左吉）と並んで武功を挙げた大谷桂松とは、のちの刑部少輔吉継《ぎょうぶしょうよしつぐ》——秀吉をして、十万の軍勢を指揮させてみたい、といわしめた若き天才戦術家である。

〝七本槍〟に数えられた武将たちが、後年、こぞって豊家の危急を顧みず、関ヶ原で結果的には家康を利した事実を思うと、人の心のむつかしさを感じずにはいられない。同時に、〝人間通〟の秀吉が前者と後者をどのように見ていたか、真に興味深いものがある。

「左吉や桂松を、前線で使うのは惜しい」

秀吉は二人の掘り出しものを眺めていて、つくづく思ったに違いない。

賤ヶ岳の戦いの途中、秀吉は木之本《きのもと》（現・長浜市）に留守部隊を残して、敵将・柴田勝家と同盟した織田信孝（信長の三男）を攻めるべく、大垣城に出向いた。

これをみた勝家の甥・佐久間盛政《もりまさ》は、手薄となっていた秀吉の留守部隊を襲うのだが、このとき秀吉は、大垣から木之本までの五十二キロを、夜間も含めわずか五時間で走り抜け、全軍を反転させることに成功している。

一説に秀吉軍の足軽たちは、武器を持たず手ぶらで、松明《たいまつ》に導かれるようにして、道筋に用意されていた握り飯や水を受け取りつつ走ったという。

このときの先発隊は三成、大谷吉継の主管であった。おそらく三成らは、長浜城の武器倉から、あらかじめ武器を木之本に転送していたのであろう。

柴田勝家を敗死させ、織田氏の版図《はんと》相続が完了した秀吉には、勇猛果敢な前線の司令官はあまたの持ち駒ができた。それに比して、帷幄《いあく》の中にあって勝利を百里の外に決する――全軍を統括できて、あらゆる情報《データ》を解析し、視野を日本全土に広げ得る、そうした人材は極めて品薄であった。

より具体的には、秀吉同様に全軍を掌握し、否、それ以上に軍行動を詳細にみて、兵数はじめ兵糧《ひょうろう》、馬や硝薬、弾丸、矢などを迅速に輸送、補充する。

しかも一方では、諸国の経営にも目がいき届いて遺漏がない。複雑きわまりのない計算の、可能な主管者――つまりは、己れの分身を秀吉は求めていたのである。

もちろん、それらの条件のことごとくを一人の人物に期待はできない。分身は複数でよかった。秀吉の期待は、子飼いの人材に集中した。

『古今武家盛衰記』という書物に、三成の立身出世に関する逸話《エピソード》が載っている。

それによると、三成の日常の忠勤ぶりを認めた秀吉が、五百石の新知をとらせようと三

成に告げ、ついでに、

「なにか思うことがあらば申してみよ」

と問いかけた。

すると三成は平伏して、主君に感謝の辞を述べたあとで、五百石の加増を辞退して、かなうことなら宇治・淀川の両岸に生い茂る、荻《おぎ》や葭《よし》を刈り取る運上（税金）を取り立てるべく、仰せ付けられたい、と言上《ごんじょう》した。

そして三成は、聞き届けられれば、

「――一万石の軍役をもって任じ、これまでのご厚恩に報いたいと存じます」

とまでいった。

荻や葭の運上などは前例がなかったが、秀吉は三成のこの奇妙な申し出を許可した。しかも、軍役については「追って命じる」と、成果を上げ得なかった場合のことまで配慮している。それを知ってか知らずか、三成は在所ごとに郷民を集めると、各々に一町につきいくらと運上銭を取り決め、荻や葭を刈り取らせる度ごとに運上を受け取った。

しばらくすると、信長から秀吉のもとに、丹後・丹波・但馬《たじま》（各々、現・京都府北部、京都府中部と兵庫県中部、兵庫県北部）の三ヵ国にまたがる豪族・波多野秀治《はたのひではる》を討伐するよう軍命が下る。そのときであった。団扇九曜《うちわくよう》に金の吹貫《ふきぬき》をつけた施旗《せいき》を真っ先に、武具・

馬具を華やかに鎧《よろい》おうた武者が数百騎、全員が各々に金の吹貫を旗印として、秀吉の馬上のはるか後方から静々と押し出してきた。

「はて、敵か味方か」

いぶかる秀吉のところへ使番がきて、三成の軍勢だという。彼は秀吉との約束を違えず、宇治・淀川の荻と葭の苅り取り運上銭で、一万石以上の軍役を果たしたのであった。

この話は、先に引いた『名将言行録』にも出ている。天正八年（一五八〇）の状況と、同十一年頃の事情が入り混っているものの、いずれにしても、二十代の三成がやりそうな、無から有を生じさせる才覚を示した話として興味深い。

近江出身の武将・藤堂高虎

この挿話《エピソード》で、天秤棒《てんびんぼう》を担って全国を歩いたという「近江商人」（江州商人）を思い浮かべた読者も、多いのではあるまいか。

江戸期、この地方の商人は伊勢出身の商人《あきんど》とともに、際立った活躍をした。これも地域性、今風にいえば県民気質であろうか。三成には商い人のような才覚が、どうやら早くから備わっていたようである。

応仁の乱以後、戦国乱世が百年近くも慢性的につづいていた。中世はまさに終幕を迎えつつあったが、朝廷や貴族、僧侶が青息吐息で衰微を嘆いているのに反して、民衆の力は年々逞《たくま》しく向上している。

原因はこれまでに目立たなかった新興階層、商人の勃興にあったといっていい。

大ざっぱにいって、日本にはこれまで、一部の貴族を除くと、武士と農民という二つの階層——それも曖昧模糊《あいまいもこ》とした区分だが——しかなかった。そこへ、商人という不思議な機能をもつ人々が、颯爽《さっそう》と登場すると、諸国を縦横に駆け出した。

彼らは、下剋上の波に乗って諸国に割拠する大名たちが、自領を富国強兵化するのに、なくてはならない存在として発展していく。

さまざまな物産を往来させて、商いをしては運上銭をおとしてくれる。

三成の主君秀吉も、この商人階層に紛れて成人した。

「この世の中は、すべて銭《ぜに》次第よ」

そうした風潮は、はやくも武士にも百姓にも蔓延していた。

中世の美しい武家主従の関係は、下剋上と銭の洗礼をうけて、利に敏《さと》くて損得勘定に敏感な、狡猾《こうかつ》なものへと大きく変貌してしまった。

たとえば、秀吉の子飼いに藤堂高虎《とうどうたかとら》という武将がいる。この人物の経歴をみると、理解しやすい。出身は、三成に近かった。

近江の戦国大名・浅井長政の家臣の子として生まれ、浅井氏が姉川で朝倉氏と組み、織田・徳川連合軍と戦って敗れ、家運が衰えると、さっさと見切りをつけて、同じ近江に領地を有する阿閉《あつじ》淡路守貞征《さだゆき》に仕えた。ときに、二十歳前であったという。

ところが、家禄は微々たるもの。主君に見どころがない。

「このようなところで仕えていても、うだつが上がらぬ」

と判断すると、わずか一ヵ月で出奔した。

磯野《いその》丹波守員昌《かずまさ》や津田《つだ》信澄《のぶすみ》（信長の弟・信勝《のぶかつ》の子）に、張り綱《タイトロープ》を渡るようにして仕えている（八十石）。高虎は、信長の覚えめでたい信澄を、多少は買っていたようだが、やはりこの家も立ち退いている。

ついでながら、本能寺の変の直後、信澄は明智光秀の娘婿となっていたことから暗殺され、津田家は没落してしまう。

高虎は次には、秀吉の弟・羽柴秀長《ひでなが》（前名・長秀《ながひで》）に仕官した（当初は三百石、のち一万石）。

合戦ごとの功で増加の一途をたどり、高虎は二万石に。主君秀長の死後、秀吉に認められて直参《じきさん》となった高虎は、気がつけば七万石の身上となっていた。

「七度主家をかえねば、真の奉公などできはせぬ」

この時代の武士は多かれ少なかれ、高虎同様の気風の中に棲《す》んでいた。

高虎は豊臣大名として、伊予大洲《おおず》で八万石を領有するようになり、秀吉が病に倒れるや、独特の嗅覚を働かせて、「次は家康どの」とあっさり家康に鞍がえ、

「それがしを、ご家来同様に思《おぼ》し召し下され」

と、厚顔にもいい寄っている。

高虎だけが不純だといっているのではない。この時代はこうした形が、一般的な侍の行動様式《パターン》であった。そもそも、天下人の秀吉自身が、

「世の中を動かすのは、欲望である」

といった意味の言葉を繰り返し述べ、この行動原理にもとづいて人を動かしている。

確たる門地ももたず、〝貴種崇敬〟の埒外にあった秀吉は、世の中の欲望を刺激し、大名たちに利を喰らわせ、また、利を餌にして釣りあげ、現世のご利益を梃子《てこ》に天下平定を成し遂げた。

極力、敵をつくらず、恨みを買わぬようにし、少しでも、相手に利を与えるように取り計らう。これこそが秀吉の、人心掌握の秘訣であった。桃山時代が今日にいたってなお、華麗絢爛《けんらん》たる黄金色の心象《イメージ》をもって語られるのも、単に世界史的な金発掘《ゴールド・ラッシュ》の興隆であった

というだけではなく、秀吉の治世方針そのものと深くかかわっていたのである。

これを秀吉自身の言葉で表現すると、

「大気《たいき》」

となった。

秀吉が懸命にたぐり寄せた〝時勢〟とは、諸大名や神社仏閣に惜し気もなく、黄金や領地をくれてやることに尽きたかも知れない。大名も、社寺も、そこに秀吉の魅力をみて、忠誠を誓ったのであった。

気前よく撒き与えたため、豊臣政権は己れの直轄領を二百万石程度にしかもたなかった。領土としては、最後に秀吉に従服した家康に、その見返りとして与えた関東八ヵ国（実質は六ヵ国）の、計二百五十一万二千石よりも少ないことになる。

昨今、日本人の算用は、とくに暗算において世界一ともいわれるが、その基本は、かつて民族が習熟した算盤《そろばん》にあった。だが、算盤が普及したのは江戸時代に入ってからであり、戦国時代に算用のできる者は、きわめて少なかった。そうした時代にあって、秀吉も三成や藤堂高虎同様に、算用に明るく商人的素地を十二分にもっていた。

家康への大盤振る舞いで損をした、と一方で弾《はじ》きながらも、その損失《マイナス》を海外貿易によって埋め得ると踏んでいたのである。

海外で求められた豊臣家への忠誠心

「加藤清正の武勇と石田三成の吏才が合わさって、豊臣家を押し立てれば、秀頼さまの天下はご安泰でありましょうに……」

秀吉の死後、人々は囁き合ったが、清正と三成の二人はこの頃、すでに抜き差しならない対立関係にあった。非はいずれにもあったが、深謀遠慮から意図的に仕掛けたのは三成の方であったかと思われる。

後世の史家は、朝鮮出兵さえなければ、豊臣政権もいま少し延命であったろうに、と嘆く。しかし、これまでも見てきたように、妥協の積み重ねによって、どうにか天下統一にたどりついた秀吉は、誰にも増して己れの政権が脆弱なのを知り抜いていた。

有り体《てい》にいえば、豊臣政権というよりも、諸侯連合政権といったほうが近かった。

この連合を人々をして豊臣政権と錯覚させ、認めさせ得たのは、ひとえに聳立《しょうりつ》した（高くそびえたった）秀吉の、誠実も感傷も義理も、すべてを政治的に活用した魔術のような人心掌握術にあったといえる。

だが、こうした手法はひとり秀吉のみが使いこなせたものであり、彼がこの世から消え失せれば、大名たちを拘束してきた力は虹のように消滅し、術中に陥っていた人々を覚醒させること、火を見るよりも明らかであった。

「中央集権体制を強固に確立し、不動の強権を――」

これは豊臣家に課せられた、生き残りのための命題であったといえる。

そのように考えてくると、むしろ朝鮮出兵は、あらためて大名統制を強化する手段として、意図され、敢行されたものではなかったか、との疑いも出てくる。

つまり、国内では諸侯と妥協はしたものの、海外ではそれらを一切排除する。豊臣家への忠誠心を明確にせよ、というのが秀吉の狙いではなかったろうか。

そのため、この出兵は国内での序列（石高）を無視し、豊臣家の軍事的統合を図る意味合いから、小西行長、加藤清正といった秀吉子飼いの大名を先頭に、十五万千八百名に及ぶ大軍団を渡海させたのではないか。

ところが、この戦争は大名たちの、秀吉への臣従関係を固めるどころか、人々をして豊臣政権の致命傷といわしめる結果を招来した。

表面的には出兵そのものが失敗に終わったからだが、内実は、豊臣政権としての組織、整合性といったものが、存外、脆《もろ》いということを諸侯間に露呈することにつながった。

家康も、秀吉の策した朝鮮出兵と同じ意味合いの戦争をしている。

――それが、関ヶ原の戦いであった。

関ヶ原の戦いは、戦国乱世にあってひたすらつづけられてきた、領土拡張のための戦いではなかった。関ヶ原は政争の解決手段として、その延長線上にある武力が行使されたのである。性質においては、朝鮮出兵と何らかわらない。

異なったのは国内でおこなわれたか、他国で実施されたかの相違でしかなかった。李氏《りし》朝鮮にすれば、これほど迷惑きわまりない話もなかったろう。何らのかかわりもない、他国の政治維持の手段に領土を使用されたのであるから。

朝鮮半島に燃えひろがった戦火は、やがて釜山《プサン》から平壌《ピョンヤン》までの各地におよび、七年もの歳月にわたって惨状を呈し、その後遺症はながく尾を引き、二十一世紀の今日にいたっている。この許されざる非人道的な罪業は、改めて述べるまでもあるまい。

秀吉がそうした点をどれほど配慮したか、うかがい知る由もないが、おそらくは、他国の不幸を思いやるゆとりなどはなく、己れの政権、遺児秀頼の将来のみを、昼夜の別なく思い悩んでいたのであろう。

が、運命は皮肉なものである。それほど秀吉が苦慮し、延命策にやっきとなったにもかかわらず、その政権は彼の死後、ほどなく空中分解してしまった。

しかもその引き金は、秀吉が豊家の柱石として最も頼りとしていた加藤清正と石田三成の二人が引いたかたちとなった。これでは黄泉《よみ》の秀吉も、浮かばれまい。

朝鮮の陣においては、三成が秀吉の代理人役（朝鮮在陣奉行）をつとめた。

これはこの朝鮮への外征が、どのような政治的な意味を有するのか、真に理解していたのが三成であったことを表している。三成は配下に、四人の目付を従えていた。

筆頭が三成の娘婿の福原長堯《ふくはらながたか》、次席が妹婿の熊谷直盛《くまがいなおもり》、あとの二名は太田一吉《かずよし》、垣見一直《かきみかずなお》（家純《いえずみ》）で、彼ら四人は明らかに文治派三成の与党であったといえる。豊臣政権が長期にその座にありつづけていれば、右の四名も功臣として、徳川幕府初期にみられた大老の土井利勝《どいとしかつ》や老中の松平信綱《のぶつな》、阿部忠秋《ただあき》といった人々と同様の評価を得たであろう。

彼ら目付は朝鮮出兵、否、天正十八年（一五九〇）の小田原攻めの頃から、自分たちの棟梁である三成が、なにを目指しているかを機敏に摑んでいた。

と同時に、朝鮮出兵――本来は、秀吉の海外経略の一手段でしかなかった――が、その後の豊臣政権にもたらす意味合いも、彼らなりに思い描いていたようだ。

「主計頭《かずえのかみ》（清正）に大きな功名を上げられては、行く末が面倒なことになる」

三成がそういったか否かはともかく、彼の派に属す官僚群の人々は、加藤清正をはじめ武断派と目される武将たちの、戦後の勢力拡大を非常に怖れていた。

長期に政権を維持していくには、中央集権化を是非とも成し遂げて、秀吉亡き後といえども、諸侯の独自行動を政治的、軍事的に規制できる仕組みを創り上げねばならなかった。それには政治に無知な清正の存在は、きわめて邪魔になる――彼らには早くから、そうした意識がつよかった。

加藤清正と石田三成

これはどのような組織であってもいえることだが、無論、徳川幕府においても、組織が拡充され、人員が増加し、整備されるようになるにつれ、創業を担った人々、豊臣政権でいえば子飼いの野戦派《ライン》――すなわち生命《いのち》懸けの実戦によって政権を築き、支えてきた集団《グループ》と、相応の組織化がすすんだ段階で組織を運営すべく登場した管理者、豊臣政権下では子飼いの官吏派《スタッフ》――いわゆる官僚は、本来、水と油のように、気質も違えば思考法も大きく異なり、それでいて互いに組織へ貢献してきたとの自負心は強かった。

そのため、譲り合うということができない。当然のことながら、こうした両者の共存共栄は史上、皆無に近かったといえる。

両者がぶつかって前者が勝てば組織は時代の波に乗れずに崩壊し、後者がうまく立ち回れば組織は安定した。

豊臣政権における武断派は、加藤清正、福島正則をはじめとする黒田長政、浅野幸長、池田輝政《てるまさ》、細川忠興《ただあき》、加藤嘉明といった人々であり、文治派の石田三成、長束正家、増田長盛らとするどく対立していた。

前者は、朝鮮の役で武功を挙げたいと望み、後者は、前者を可能なかぎりで過小評価しようとして争った。この勢力争いは、秀吉が存命中でもあったので、一度は後者に軍配が上がっている。清正は同僚の小西行長を、堺の薬売り商人の小倅と蔑視し、朝鮮の人々の面前で罵倒。許可なく豊臣姓を名乗った科《とが》。家来の三宅角左衛門《みやけかくざえもん》の足軽が、明国正使の財貨を奪って逃亡したこと。以上の三件をもって、召還された。

文禄五年（一五九六・十月に慶長と改元）のことである。

「おのれ三成め、はかりおったな」

清正は歯噛みし、怒髪《どはつ》天を衝《つ》いたものの、秀吉の名をもって命じられれば致し方もない。帰国すると伏見で閉居、閉門させられてしまう。清正は増田長盛に、秀吉へのとりなしを依頼したが、増田も根底においては三成派である。結局はなにほどの効果も、あがらなかった。この清正の閉門中に、伏見に大地震が発生した。

清正は側近たちの制止を振り切って、伏見城に駆けつける。主君秀吉の安否を気遣ってのことであった。このあたり、まさに清正という人物の真骨頂といってよかったろう。秀吉は身内であるだけに、この清正の行動を大いに喜んだ。そこに三成が馳せつけてきた。

清正は三成を、城中に入れようとしない。秀吉が仲裁して三成は門をくぐったが、このときの清正の口惜しいさまが、彼の家臣による『清正記《せいしょうき》』に書きとめられている。

「アノ、背ノ低キ、ワンサン者メガ。シカタナシ、通シテヤレ」

清正は伏見大地震のおりの行動と、徳川家康のとりなしによって、ようやく閉門を許された。が、清正の三成に向ける憎しみには、並々ならぬものがあったのである。

また、慶長三年（一五九八）五月、福原、垣見、熊谷の三目付によって、

「黒田長政と蜂須賀家政の、外征における戦いぶりが怠慢である」

と秀吉に報告され、長政と家政がともに謹慎、閉門となったこともあった。

ほかにも早川長政《はやかわながまさ》（豊後府内城主）、竹中重利《たけなかしげとし》（隆重《たかしげ》とも・豊後高田城主）、毛利高政《もうりたかまさ》（豊後佐伯《さえき》城主）ら目付が、各々の領国において閉居を命ぜられたこともある。

武断派と文治派――両者の対立は沸点を迎えつつあり、そうした際どい政局の中で秀吉が没し、在朝鮮の諸隊は帰還を開始したのであった。

通史では武断派と文治派の対立を、関東へ押し込められていた家康が利用した、ということになっているが、家康のような、全身が防衛本能で固まっているような武将が、そのような軽はずみをしたとは、到底、考えられない。

家康が行動を起こすには、いつの場合でも十中八、九、己れの安全性が保証されねばならなかった。第一、世間の目というものがある。

「――いわば、義理堅い盗賊」

との表現をもって、家康を評したキリシタン宣教師もいた。

家康の実力第二位《ナンバーツー》の地位《ポジション》を、油断ならないものとみていたわけだが、まして、豊臣家の大名たちが家康をどのように推し量っていたか、家康当人には十二分にわかっていたはずである。彼が重く太い首をもたげるには、それだけの確証がなければならなかった。

その発端をつくった人物が、朝鮮半島から帰国した。

秀吉子飼いの武将・加藤清正であった。

この武将は永禄二年（一五五九）の生まれであるから、石田三成より一歳の年長。このとき四十歳であった（永禄五年生まれの説もなくはない）。

幼名を虎之助といい、その母が秀吉の母と従姉妹関係であったため、秀吉の許に仕えたという『清正記』の記述は、すでにふれている。清正は秀吉の膝下で成人し、北政所に叱られ励まされ、その台所飯を食いながら、ひとかどの武将となった。

若い頃から、秀吉の家臣で遠縁でもあった兵法者・塚原《つかはら》小伝次《こでんじ》について刀槍《とうそう》を学び、自身も実戦の中で十分に鍛練したのであろう、体軀も六尺五、六寸（一メートル九十センチ余）はあったとか。相貌想うべき、偉丈夫といってよい。

清正と小西行長の行動様式

秀吉の近習として、やがて伝令、使番、親衛隊として戦場を駆けまわり、秀吉の栄達とともに自身も栄進した。〝賤ヶ岳七本槍〟の功名によって三千石を与えられたが、このとき、ひとり福島正則だけが五千石であった。清正はそれが気に入らない。

一度は三千石の朱印状の受け取りを拒否したほどで、秀吉から、

「阿呆め、がまんして受け取っておれ、さすれば市松（正則）と一緒にしてやろうぞ」

とたしなめられ、ようやく承服した。

正則は秀吉と従兄弟《いとこ》で、清正は又《また》従兄弟であるから、血縁上からは親疎があっても仕方がなかったのだが、家族同様に暮らしてきた清正には、正則に差をつけられたのが耐えられなかったのであろう。賤ヶ岳の合戦後、清正は物頭に引き上げられ、鉄砲五百挺、与力二十人の一部隊を預かることとなった。身分は主計頭である。

小牧・長久手の戦いに参加したのが、二十四歳のとき。つづく九州征伐は、翌年——もっとも、この二大戦役において清正は目立った武功をあげていない。そのため、周囲の諸

侯はその後の清正の栄達を、秀吉の縁者であるがゆえのもの、と冷ややかにみていたふしがある。とくに肥後半国を領したときは、縁故のためだ、ともっぱら噂された。

秀吉の織田家における同僚であった佐々成政は、秀吉が織田家の遺産を横領する過程でことごとくに楯をつき、小牧・長久手の戦いでも家康支援にまわったほどの頑固者であった。秀吉は天下統一を急ぐあまり、この頑固者の首を刎《は》ねることもせず、もっぱら天下の人望を得る手段に利用した。

「あれほど頑強に抵抗した成政を、秀吉は殺すどころか大いに優遇している」

そうした世評を期待して、佐々成政に越中にかえて肥後一国を与えた。

明らかな栄転ではあったが、この豊饒《ほうじょう》の地は地侍の自尊心や独立心もつよく、治める側としてはそれだけに難しい一面もあった。成政は、確かに一国を得たものの、国内には五十二もの土豪たちの小独立国がひしめいていた。まして、戦国乱世での移封であった。

すでにみたように、家康ですら関東入国には、かなりの地元の抵抗をうけている。

成政はしばらくは現地の様子を観察すべきであったろうし、秀吉が本領を安堵している五十二名とも面接し、諸事に納得のいく応対をすべきであった。

が、成政はそうした手順を踏むことなく、いきなり力づくで検地を断行してしまう。

あるいは秀吉が巧妙に工作し、成政と肥後の国人たちの離反を図ったのかもしれない。

成政は国人（豪族）を中心とする一揆の矢面に立たされ、その鎮圧に失敗したことを理由に召還された揚げ句、切腹を命じられてしまった（享年、五十と伝わる）。

清正は、この成政の旧領北半分を相続したのである。南半分は小西行長に与えられた。北半分とはいえ、清正は二十五万石の大名となり、隈本《くまもと》（のちの熊本）を居城とする。小西は宇土を居城として、二十四万石の大名となった。

清正は、成政の旧臣三百名を召し抱え、大名としての体裁を整えながら、肥後の国中に広がった一揆の残党狩りに日を送っていたが、そうしたところへ、隣りの小西行長から、援軍を要請する使者がやってきた。

天正十七年（一五八九）――朝鮮出兵の、二年前の天草志岐《しき》の乱である。

行長が大いに苦労したのは、一揆の残党の中でも天草の地侍で、下島の志岐城主・志岐豊前守《ぶぜんのかみ》鎮経《しげつね》、下島の本渡城主・天草伊豆守種元《たねもと》といった土豪たちであった。

彼らは勝手知ったる地理を味方に、佐々成政に対抗したのと同様に、外部からやって来た新領主を、侵略者と見なして果敢に抵抗した。土豪勢力の拠る志岐城（天草の西北端）は、守るに易く攻めるに困難な要所で、行長の軍勢と清正からの援軍はどうにも攻め落とせない。

そこで行長は、籠城組の縁者を頼って、城を明け渡せば将兵の生命《いのち》は保証する、と講和に近い条件で開城の交渉をおこなった。このやり口は、のちの朝鮮出兵においても変わっていない。行長は正面攻撃による被害を忌避しつつ、話し合いによって突破口を見いだす方法を得意とした。かつては備前（現・岡山県南東部）・美作（同北東部）・播磨の一部を領有していた、戦国大名・宇喜多直家《うきたなおいえ》の才気縦横の外交官として、弁舌もさわやかに、当時の織田家中国方面軍司令官の秀吉と交渉にあたった前歴もある。

しかも、この前歴を買われた行長は、堺の町人出身の不利な条件《ハンディキャップ》をもはねかえし、大名になり得たといってもよかった。交渉がおおむねまとまりかけたところに、清正自身が一万の軍勢を率いて駆けつけてきた。

清正は仲裁のために参った、と城方に口上を述べる。無血開城のまとまる寸前でもあり、城方は清正を歓待すべく浜辺まで出迎えた。その城方の人々にたいし清正は、船を浜辺に接近させるやいなや、突如、問答無用で鉄砲を放ち、大手門の正面に布陣する。

行長はこうした清正に、どのような感慨を抱いたであろうか。『清正記』ではうかがい得ないが、内心、己れの武辺立てにのみ熱心で、戦《いくさ》全体に目の行き届かぬ呆《ぼ》っ気者《けもの》という、穏やかならざる感情をもったようである。

清正には外交とか政略といったものが欠落しており、ただ、ひどく〝功名上手〟といったところがあった。武略とは敵を欺くものと割り切り、それを平然とやってのけた。

朝鮮出兵始末

――次のような話が、伝えられている。

力攻めで志岐城に打ちかかった清正は、天草随一の猛将・木山《きやま》弾正（正親《まさちか》）に弓を構えられ、絶体絶命の局面を迎えた。動けば即、矢が清正の巨体を貫いたに違いない。が、木山は不意打ちをすることなく、堂々と名乗りを上げてから、

「天草鍛冶の鍛えたる、矢じりを参らせる」

弓を引き絞って、いまにも放たんとした。さて、清正である。この男はとっさに、

「待たれよ、大将同士の勝負に飛び道具はおもしろからず。いかに、太刀にて決せん」

というや、手にしていた槍を投げ捨てた。

それをみた木山は、心得たりとばかりに構えていた弓矢を捨て、太刀を手に清正の前に出る。二人は太刀で斬り合ったかといえば、さにあらず。清正は投げ出した槍をいそぎ拾いあげるなり、一気に木山を突いて出た。

「たばかりおったな、この卑怯者め！」

木山は激怒したが、清正は己れの行為に恥じる様子もなく、木山を谷底へ突き落として

絶命させている。もとより、清正のやり口をもって卑怯とはいえない。江戸時代の、朱子学華やかなりし時代ではない。食うか食われるか、殺《や》るか殺《や》られるかの乱世であり、この時代、欺《あざむ》かれた方が悪いということになる。弱者＝悪であった。それゆえに、清正を顕彰する『清正記』にも、このやりとりはなんらの衒《てら》いもなく、堂々と描かれていた。

木山弾正の戦死は天草勢の士気を消沈させ、それが理由の一端ともなって、ほどなく志岐城は開城降伏をみる。開城の前夜、清正は将士たちを集めると酒を振る舞い、自身も、

〽人は一代　名は末代
　あっぱれ武士の心かな

と歌いながら、三度も舞ったという。

清正は将士の心をとらえることの上手な武将であったが、性格は粗野で、とても小西行長と共同歩調のとれるような協調性は持ち合わせていなかった。

この性格的に合わない両者が、朝鮮出兵で一番（行長）、二番（清正）の先手大将を命じられたのである。半島が二人の性格の相違、競い合い、清正の功名心からも、大惨事に巻き込まれたのはゆえなしとはしない。

可能なかぎり和平の方法を模索しようとする行長には、秀吉の夢想する明国討ち入りは、絵空事にしか思えなかったが、清正にはそうした〝個〟の判断はなかった。どこまでも秀吉の言に忠実であろうとし、主戦一本槍で、あるいは真剣に明国へ攻め入ろうと考えていたのかもしれない。これでは、両者に共同作戦のとれる道理はなかった。

ともあれ、それだからといって小西行長をもって善《よ》しとはなるまい。

無論、終始一貫した和平交渉は大切である。秀吉を偽わり、朝鮮側を騙《だま》してなお、和平への道を開こうとした行長の態度は立派であった。だが、行長は和平という目的のために、日本全軍を敵側に売るかのような言動をおこなっている。これは許せない。

――戦争は継続されていた。

その最中に、自軍が不利となる情報――兵站《へいたん》の欠乏状況や厭戦気分の横溢する日本軍の内情――を、敵側に暴露するのはいかがなものであろうか。行長は豊臣家の大名であり、当然のことながら、そこには越えてはならない境界線があったはずだ。行長のそうした利敵行為によって、多くの日本軍将士が死傷する羽目となったのも事実である。

行長の言動に比べれば、清正のそれは涼やかに聞こえた。

救援に駆けつけた明軍四十万に、小西軍が敗北したとの報を、明国の使者から知らされた清正は、顔色ひとつ変えずに次のようにいった。

「小西という者は武士とはいえぬ。本来は日本の堺という土地の町民である。朝鮮・明国の事情に通じているとのことで、案内役に連れて参ったに過ぎない。その小西が敗れたりとはいえ、日本の武威になんらの曇りがあろうか。

日本《ひのもと》の真の武将というは、かく申す清正である。明軍の軍勢四十万とのことだが、なんの驚くことはない。当地に現れるには嶮しい道程を進軍してこなければならず、四十万とはいえ、一日に来るは一万が限度。一日に一万の軍勢を討ち果たすことなど、わしには造作のないことだ。四十日もあれば、すべてを討ち取れよう。その後に、わしは無人の野を行くごとく貴国に攻め入り、北京へ入城して皇帝を生け捕りにしてくれようぞ」

このおり、調子に乗った清正は、己れの言葉を一文にして「豊臣朝臣《あそん》清正」と署名し、相手の使者に手渡した。

これら一連の行為が処罰の対象となり、本国に召還された事実は先に述べた通りである。

「さてさて、物狂わしきお人かな」

清正の人となりに、家臣たちも愛着をもちつつ、ほとほと手をやいていた模様がうかがえる。一時期の休戦を挟んで、再戦。清正は名誉挽回にやっきとなったが、思わぬ秀吉の死によって日本軍は撤退となり、なんら報われるところがなく帰国した。

五大老・五奉行体制

三成は九州博多にあって、複雑な日本軍の撤収作業を一手に引き受け、在朝鮮諸将をねぎらったが、清正はやり場のない憤懣《ふんまん》をぶつけるかのように、三成に突っかかった。

「諸将はまず伏見へ参られ、秀頼さまにお目通りをなされて、帰国のご挨拶を申し上げ、その後に、各々のお国許にご帰還ありたい。領国では十二分に戦塵を洗い落とし、ご休息なされてから、来秋、再び上京いただければ、そのおりには茶の湯なども催し、ご一同のご苦労をお慰めいたしたく存ずる」

このようにいう三成に、

「なにをいうか治部少《じぶのしょう》(三成の官名)、われらは七年もの間を異国にあり、難儀、辛苦に耐え、兵糧とて一粒もない戦場に暮らし、まして酒も茶もなかった。日本にあって、ぬくぬくとしておったその方から、茶の湯のもてなしとは片腹いたいわ。われらは返礼するものとてないが、そうよなァ、稗《ひえ》がゆでも煮てもてなし申そうか」

清正は明らかに、これまでの三成の仕打ちを含んだ、敵意をむき出しにしていた。

だが、少なくともこの撤退作業に関するかぎり、清正以下の諸将は三成に感謝すべきであったろう。全国津々浦々から膨大な数の船舶を集め、各々に復員用の糧食を積ませ、船の大小や性能を配慮して、各々の稼働量を正確に定め、素早く十万を超える軍勢を帰国させる、といった芸当はこの時代、三成をおいてほかになし得る者はいなかったに相違ない。

清正はそうしたことを承知しながらも、感情を抑さえ切れなかった。この辺りが、清正の武人らしい人間的大きさ《スケール》の限界であった。戦場では勇猛な人であっても半面、単純で、政治的感覚が乏し過ぎた。

彼は秀吉の廟所に詣でて、ひとしきり男泣きすると、三成をはじめとする文治派官僚の弾劾を策するのだが、ここにいたって清正の障壁となったのが、秀吉の没するわずか一ヵ月ほど前に、にわかに制定された「五大老」と「五奉行」の制度であった。

この制度の設置を、秀吉が関白に任官した直後の、天正十三年（一五八五）とする小瀬《おぜ》甫庵《ほあん》の『太閤記』のような書物もあるが、前述したように、秀吉の葬儀がなかったのと同じく、『西笑《せいしょう》和尚文案』『板坂卜斎《いたさかぼくさい》覚書』（別名『慶長記』）といった確かな文献によると、慶長三年（一五九八）七月十三日の方が正しいように思われる。

五大老　徳川家康（一五四二〜一六一六）　関東六ヵ国その他で、二百五十一万余石
　　　　前田利家（一五三八〜九九）　加賀・能登・越中の三ヵ国で、百万石

宇喜多秀家《ひでいえ》（一五七二～一六五五）　備前・美作《みまさか》両国で、五十七万石
毛利輝元（一五五三～一六二五）　中国地方九ヵ国で、百十二万石
上杉景勝（一五五五～一六二三）　奥州会津に、百二十万石

五奉行
浅野長政（一五四七～一六一一）　甲斐府中（甲府）に、二十一万石
前田玄以（一五三九～一六〇二）　丹波亀山に、五万石
石田三成（一五六〇～一六〇〇）　近江佐和山に、二十八万石
長束正家（?～一六〇〇）　近江水口に、五万石
増田長盛（一五四五～一六一五）大和郡山《こおりやま》に、二十五万石（生没に他説ある）

なお、前出の『太閤記』では右のほかに、「三中老」（あるいは小年寄）というのが紹介されている。ただし、それについては確かな文献には出ていないところから、実際に制度としてあったか否かは、疑問視するむきのほうが多い。が、一応は列記しておく。

三中老
生駒親正《いこまちかまさ》（一五二六～一六〇三）讃岐一国で、十五万石
中村一氏（?～一六〇〇）　駿河府中（駿府）に、十七万五千石
堀尾吉晴（一五四三～一六一一）遠江浜松に、十二万石

余談に属するが、通常語られる「五大老」は、当時の記録では「御奉行衆」と呼ばれており、「五奉行」は逆に、「五人之年寄」と称されていたことが明らかとなった。

つまり、「五奉行」「五年寄」が歴史学的には正しいわけだが、本書では従来の像《イメージ》を便宜上継承することにする。なお、「五大老」「五奉行」をあわせて十人衆とも称した。

さて、清正が当惑したのは、外征中にこうした機構ができあがっていて、「五大老」「五奉行」の職責、権限が細々と定められたが、石田三成をはじめとする文治派官僚を弾劾するには、どこへ、どのように訴え出ればよいのか、皆目、見当がつかないことであった。

「五大老」「五奉行」の制は、政治の行政実務を「五奉行」がとり仕切り、「五大老」がそれを監視し、後見する最高顧問という形になっていた。

基本的には法度や置目《おきめ》など、これまで豊臣政権が実際に制定し、また、積み上げてきたことを実施して、秀頼が成人するまでは一切の変更をおこなわず、政事を「五奉行」の責任で全うする。「公事」（訴訟）などで「五奉行」の手に余るようなことがあれば、「五大老」――とりわけ家康と前田利家の両者に上裁を仰ぐべく取り決められ、関係者たちは秀吉の存命中、幾度となく誓紙を交換した。

十人衆の矛盾

換言すれば、この「五大老」「五奉行」の制度は、豊臣政権を長命たらしめるプログラムで、一切の反豊臣勢力の派生を阻止し、万一、そうした不埒者が出れば、「五大老」がその実力をもって、こらしめる仕組みになっていた。

とはいえ、近世初頭に急ごしらえで誕生した豊臣政権の、法度や置目が完璧なものであろうはずがなかった。たとえば、「五大老」「五奉行」が結託して事を起こした場合、一体、誰がこの政権を守るのか、そうしたことの予防措置すら定められていなかった。

あるいは、「五大老」の筆頭は徳川家康なのか、それとも前田利家であるのかさえ、明確にはされていなかったのである。

家康は秀吉の遺命によって伏見城に詰めて庶務を総覧し、利家は秀頼の後見として大坂城にあった。おそらく秀吉は、眠れぬ夜を重ねて考えに考え抜いた揚げ句、この両巨頭をもって政権内の均衡《バランス》を保とうとしたのであろう。

豊臣家にたいして何事かを構えるには、小牧・長久手の戦いでみたように、巨大な軍事勢力が必要である。また、そうした勢力を呼び込み、創成していくには大将の人望もいる。

戦国の世での人望は、実戦の経験《キャリア》、保有兵力、そして人柄が不可欠の条件であった。

清正はこうした「五大老」「五奉行」の制について、比較的気心の知れた浅野長政から聞いたかと思われる。清正はまず、朝鮮の役での軍目付＝三成配下の目付衆を弾劾すべく相談したであろう。問題はこのおりの政局であった。

この頃、浅野長政は後輩の三成に、己れの職分をおびやかされる立場にあり、心中おもしろくなかったことも手伝って、大いに清正を焚きつけたようだ。また、九月三日付で次のような文意の書き加えられた誓書が、「五大老」「五奉行」の間で交換されていた。

一、十人衆の仲のうわさを、悪《あ》しざまに申し聞かせる者がいたならば、さっそくその者をあきらかにして、たがいに申しとどけること。それをせずに、十人衆のほかの別人を近づけ、十人衆のかげぐちをきくようなことがあってはならない。

うがった見方をすれば、このときすでに、「五大老」「五奉行」の結束は乱れていたともいえる。現存する史料によれば、毛利輝元が八月二十八日付で出した誓書があるが、なぜかこれには浅野長政の名がなかった。

武断派対文治派の対立にのみ目を奪われ、往々にして見落としがちになるのだが、文治派官僚の中にも新旧世代による対立は当然あった、と見るべきかもしれない。

三成は「五奉行」を実質上代表しており、「五大老」の二巨頭・家康と利家についていえば、意外にも、家康の方に近かった。三成は家康を警戒していたものの、当の家康はなんらの動きも示しておらず、もともと二人には目立った利害関係はなかった。

それればかりか、利家が織田家の出身だけに、尾張・美濃から出た豊臣大名——加藤清正、福島正則、浅野長政—幸長父子、池田輝政、加藤嘉明など——に近かったので、これを牽制するためにも、三成は家康を大いに頼りとしていた。

九月三日、三成は諸事の仕置きは十人衆の多数決による旨を提案、申し合わせるなどの指導力《リーダーシップ》を発揮している。が、前段階での根回しで彼は、家康にも賛同を求めていた。

集団指導体制がこのまま機能していけば、三成は豊臣政権の官僚機構《システム》を掌握し、家康とてそれに対抗しようなどとは思いもしなかったであろう。この時期——秀吉が没し、前田利家が病床に臥すまでは、ほとんど三成の独擅場《どくせんじょう》であり、三成が補強する十人衆の制度には、さしもの家康、利家といえども、なにひとつ口を挟めなかったのが実情であった。

慶長四年（一五九九）正月十日、豊臣秀頼は「五大老」「五奉行」を率いて大坂城に移り、利家は大坂に留まって秀頼を補佐、家康は伏見に引き返して政治を執ることとなった。

はた目には、利家と家康の勢力均衡が政局を安定化させているかのように映ったであろうが、その実は、両者を天秤にかけながら、三成が豊臣政権の中枢を握っていたのである。

なにぶんにも三成は、これまでにも海外貿易の拠点である堺の奉行に任じ、九州征伐では兵站管理をそつなくこなした。戦火で荒廃した博多の復興にも、主要な役割を果たしている。九州征伐のあとの薩摩の処分に際しても、島津家との調整役を見事にやり終え、朝鮮出兵においても、蒲生氏郷の死去にともなう同家の移封処置でも、遺漏なく采配を振るってきた。

この頃、当の三成の心中はどのようであったろうか。

多分、三成はこのまま平穏無事に時が経過し、その間に、豊臣家の集団指導体制が根付き、天下に容認されることのみを願っていたのではないか。しかしながら、三成の切なる願望も空しく、ここに豊臣政権が瓦解する重大事件が発生する。

それはまた、善人の家康が首をもたげさせることにも繋がり、清正の三成への意趣返しを事実上、軌道に乗せることにもつながった。「五大老」のひとり、前田利家が病床に臥したのである。

おさなともだちより、りちぎを被レ成二御存知一候《ごぞんじになられそうろう》（原文のママ）

秀吉は遺言の覚書で、利家をこのように述べている。

この両者の関係は、特殊であったといっていい。戦国時代にあって稀有ともいうべき、〝友情〟の概念が二人にはあった。

秀吉と前田利家の〝友情〟

——太閤秀吉と前田利家の二人は、出発点では天と地ほどの開きがあった。

農民出身の秀吉に比べ、一方の利家は尾張・織田家に属する歴とした城主家の出自で、若武者時代から信長のとりまきとして活躍。永禄十二年（一五六九）、兄・利久《としひさ》の家督を継承して尾張荒子《あらこ》城主となっている。ときに、三十二歳。

以前、信長の勘気に触れたこともあったが、その実直な人柄は信長に愛され、こと戦歴においては桶狭間の戦いをはじめ、日本史にいまなお残る主要な戦い——姉川、長篠・設楽原などに従軍して、度重なる戦功を挙げている。天正三年（一五七五）には越前府中城主となり、同九年には能登一国を与えられ、七尾《ななお》城主となった（二十三万三千石）。

この戦歴は秀吉亡きあと、唯一、家康に匹敵し得る重みをもっていたといえる。

先にみた「五大老」「五奉行」中、世代を見比べてみても、「五奉行」の一人で、もっぱら京都地区を担当する前田玄以のほかには、同世代は見あたらなかった。

玄以は美濃出身者ではあったが、武将ではなく、もとは尾張小松原寺《こまつばらでら》の住職であったという。利家が戦場を駆けめぐっていたころ、玄以は比叡山で学問に励んでいた。その後、還俗《げんぞく》して信長に仕えたが、いま風にいえば、秘書室長とでもいったところであったろう。いうまでもないが、戦場の経験はない。

利家はその出身地と履歴《キャリア》において、豊臣大名たちに仰ぎみられる存在であり、この政権の最大にして貴重な柱石であった。なにしろ、彼は武辺者らしく純朴な人柄であった。

先にみた蒲生氏郷などは、座談の席で、

「次の天下は、利長のおやじ殿（利家）だ」

との自説を挙げたことがあったが、これは集団指導体制下での重鎮としての可能性であって、もし、豊臣政権を簒奪するものとしての候補であれば、それを知った途端に、利家は卒倒してしまったに違いない。

「そのような不義ができるものか――」

老将利家は怒りを露わに、真顔で憤ったことであろう。

それは衒《てら》いでもなければ、家康にみられるような、慎重な配慮からでもなかった。彼には秀吉から受けた恩義、裏切り得ない心情的な風景があったのである。どういうことか。

織田家では順調に出世した利家であったが、なぜか最後に、上司運で蹴躓《けつまず》いてしまった。

信長は大名級の家臣を「与力」と称して、上部の方面軍に組み入れる軍制を敷いていた。方面軍司令官は「与親《よりおや》」とよばれ、織田家にあっては、〝天下布武〟の拡張期、六人の大将がこれに任じていた（戦域によっては七、八名になったこともある）。

北陸方面軍　柴田勝家
四国方面軍　織田信孝（実質は丹羽長秀）
関東方面軍　滝川一益
近畿方面軍　佐久間信盛
山陰方面軍　明智光秀
中国方面軍　羽柴秀吉

前にみた秀吉の信長遺産獲得戦では、まず同僚の明智光秀を討滅し、丹羽長秀を味方に誘い、柴田勝家と織田信孝（信雄の異母弟）、滝川一益の三人を相手として戦い、勝利するという段取りがとられた（佐久間信盛はそれ以前に、信長に追放されている）。

ところで、利家である。

彼は拝領の地によって柴田勝家の方面軍に編入されていた。つまり、賤ヶ岳の戦いでは、秀吉に敵対していたことになる。それでいて利家は、どうして生き残り得たのか。

この謎を解く鍵が、まさしく秀吉との〝友情〟にも似た節義にあった。が、この友情は言葉を換えると、明白な裏切りとなったのも事実である。

なんのことはない、歴史のおもしろさはこの利家の〝友情〟を、関ヶ原の戦いでは毛利家の吉川広家、否、小早川秀秋が演じたことであろう。

それでも利家は、史上に名を残す律義者となり、かたや広家は主家を売った男として、徳川幕藩体制の二百六十五年、悪名を噂されつづけた。秀秋にいたっては、最低最悪の戦国大名として、今日なお罵声を浴びせられている。

この双方の大いなる差異にも、きわめて興味深いものがあった。

汚名を残さなかった理由

利家と秀吉の〝友情〟は、天正十一年（一五八三）四月、賤ヶ岳の戦いのたけなわ、柴田勝家の甥・佐久間盛政が〝中入れ《なかいれ》〟を開始した直後に発揮された。

このとき利家は、茂山《しげやま》（現・長浜市）という全戦線を一望できる位置に布陣し、前線の盛政勢を掩護《えんご》すべき使命を帯びていた。ところが盛政勢が動き出すや利家は、にわかに自軍を後退させると、山を下りて戦線を離脱しはじめる。

「――いずこへ参られるや」

狼狽した盛政から、使者が馳せてくる。利家は寡黙であった。ただ一言、

「思うところあり、帰国いたす」

使者はとりつく島もない。

利家は湖畔をめぐって山坂をくだり、塩津の浜を経て、越前敦賀への山峡の道を一途に帰国してしまった。

当然のことながら、利家のこの不可解な行動は柴田勝家方の陣営に、はかり知れない衝撃と動揺をあたえた。当の盛政軍はいうにおよばず、他の諸将たちの軍勢も浮き足立った。すなわち、利家の退去を最前線の崩壊とみなしたのである。

戦場心理の恐ろしさは、未だ盛政軍が敗れていなかったにもかかわらず、直接の勝敗とはかかわりなく、戦局をとりまく群衆の心理から、勝家方の全軍が崩壊しはじめたところにあった。

「崩れたらしい……」

といった推測が、まるで悪夢でも誘い入れるように、次々と勝家方の陣営を駆けめぐっ

た。しかも、この未確認情報は敗戦＝戦死の恐怖を煽り、将士の心を凍りつかせた。

佐久間盛政の最前線は正確に検証すると、後方での崩れ現象が津波のごとく襲ったがゆえの崩壊であったといえる。それは関ヶ原の決戦において、西軍が圧勝していながら、味方の傍観と裏切りによって、事実上の敗戦となった事実と、原理は同じであった。

では、利家は何故に、このような大それた行動をとったのであろうか。

もともと二人の妻同士も仲がよく、利家の娘・お豪《ごう》（豪姫）は秀吉の養女になっていた（のちに宇喜多秀家に嫁いだ）。いわば秀吉・利家両家のかかわりは、幾重にもかさなっていたことになる。

また、律義者の利家は本来、秀吉陣営に属すべき人物であったことも頷けよう。

だが、それゆえに味方を裏切ってよい、というわけにはいくまい。

利家が勝家を見限ったのは、友情や律義さが行動の基準ではなく、あくまで現実の過酷さ——味方の敗戦を読んだ利家の、自家保全の手段以外のなにものでもなかった。

彼は〝友情〟に名を借りて、秀吉に恩を売ったに過ぎない。

しかしながら、利家が後世の評価において、〝裏切り者〟とのさげすみの言葉を浴びなかったのは、この人物らしいその後の身の処し方にあった。

利家が居城の府中へ戻った半日後、敗軍の将となった柴田勝家が、わずかな供廻りを連れて府中城を通りかかった。府中を経なければ、居城の北ノ庄へは帰れない。

このとき、利家が軽忽であれば、すでに戦闘地を離脱・放棄して自儘《じまま》に帰国し、それが一因で勝家軍を潰滅させてしまったのだから、ここでいま一度、勝家の首でも取って秀吉に恩賞を願うところであったろう。だが、利家はそうはしなかった。勝家をねぎらい、一行を無事に通過させた。

他方、勝家も利家の利敵行為を一言も責めず、逆に、今日までの忠勤を感謝したという。勝家にたいする後世の評価は、いま一つといったところだが、やはり、信長が筆頭家老に据えただけの人物であった、と筆者は思う。勝家の武士らしい、達観した退却が、利家の悪名を封じ込めたのである。

加えて、その翌日には、府中城に迫った秀吉も、大軍を離れて単身で城内に乗り込み、そして利家にただただ、〝友情〟を感謝したことで、利家の面目は大いに守られた。

しかも、年を経るにしたがって、利家に生じた武人らしい風韻や豊臣大名としての言動が、多くの後輩武将たちに慕われたがゆえに、彼は「五大老」中、家康と並び得るまでになったのである。

個人のもつ戦略眼、戦《いくさ》の巧拙では、おそらく利家は家康に遠く及ばなかったに相違ない。それでいて、史料によっては、家康の上位に位置するかのような評価もあるのは、多年にわたる秀吉との信頼関係に根ざしていた。

死の間際まで秀吉は家康を恐れ、心底では疑いつづけている。それゆえに、朝鮮にも出兵させなかった。

——これには少し、説明がいるかもしれない。

小田原征伐の後、秀吉は己れの権威によって奥州の大名を屈服させようと、「惣無事令《そうぶじれい》」を天下に通告した。簡単にいえば、「戦闘禁止令」である。

対象は奥州一円であり、その目付として関東に移封となった家康が選ばれた。無論、秀吉は半島や大陸で勝利するつもりでいる。新しい領土を家康に配分したくない、との気持ちもあったであろうが、一面、渡海への遠慮が働いたのも事実であった。

実妹を家康に娶《めあ》わせたばかりか、六歳のわが子・秀頼の正室に、家康の孫・千姫《せんひめ》を迎える約束までとりつけたのも同断。道義的にも家康が、豊臣政権に謀叛できないように封じ込める計略であったが、前田利家にはそうした懸念はなかった。

利家にも渡海させなかったが、これはむしろ豊臣家の留守居を託したもので、一方では家康への牽制でもあった。なにしろ利家は、己れの分限を心得ている。秀吉によって今日の自分のあることも、心に深く感謝していた。また、それだけに秀吉の没後、家康を警戒すること強く、家康と近しげにみえる三成をも快く思っていなかったほどだ。

高齢で得た病は、回復が困難である。病床に伏した利家は、悲愴な覚悟を決めていた。己れの生存中に家康が不審な動きをすれば、刺し違える腹づもりであった。

ところが、豊臣家を震撼させる動き——といっても、白蟻のようなものだが——は、家康その人からではなく、利家にとっては慮外《ノーマーク》の加藤清正によって引き起こされた。

第四章

秀吉亡きあとの政権

〝感情〟という生きもの

清正は己れの留守中に、豊臣政権を運営する「五大老」「五奉行」が発足したこと自体を、否定してはいなかった。主君秀吉の決定とあれば、家臣としてとやかくいうべきではない、と割り切っていたからだ。

しかし一方では、外征中に溜りに溜った憤り、労多くして何一つ報われなかった不満には、その吐け口を欲してもいた。もし、秀吉が生きてあっても清正は、身内の気安さで、愚痴を炎のように吐いたであろう。朝鮮の役での論功行賞については無期延期、事実上の沙汰止みとなっていた。朝鮮出兵そのものが大失策であり、外征は敗北にも等しい撤退であったのだから、論功行賞がおこなわれずとも、当然といえば当然のことであった。

清正もそうした状況は、理解しているつもりでいた。けれども、感情の処理に困った。

朝鮮での死闘で、清正の武名は大いに上がったものの、多くの家来が戦死し、他方で武功を立てた者もいる。大将である清正は、そうした家来たちに報いてやらねばならない。が、領地は増えない。清正のような純粋の武人にとって、これはいたたまれないことであった。

「家臣たちに、面目《めんぼく》次第もない」

清正の怒りは人の上に立つ者としての公憤と、妙に幼児じみた、秀吉という父に相当する人を三成に独占され、ついに己れが顧みられなくなったという強い嫉妬に根差していた。

「太閤殿下に告げ口などしおって……」

清正の複雑でそのくせ子供じみた感情は、その矛先が三成に向けられ、具体的には朝鮮出兵時の彼の配下の目付たちの職務怠慢に向けられて、同じような感情を抱く外征組の若手武将を語らって、前田利家や浅野長政に支持を訴えたが、相手にされない。

目付の一人である福原長堯《ふくはらながたか》は、慶長二年（一五九七）二月に、それまでの但馬豊岡《たじまとよおか》三万石の城主から、豊後府内十二万石の城主に抜擢されている。三成の女婿《むすめむこ》（一説に妹婿ともいう）であったがゆえの、依怙贔屓《えこひいき》と当時から噂されていた。清正はこの福原をはじめ、三成党の軍目付と加えて、小西行長を訴え出る措置《そち》を講じる。

以前に決定された裁断は、ことごとく誤りであるというのだ。だが、政権の実務を掌握する三成は、これをすでに処理済みの案件として握り潰してしまった。秀吉の喪中であり、一度決まったことはくつがえしてはならない、との秀吉の遺命もあった。清正は意地になり、ついには北政所（お禰《ね》）に泣きついた。するとここで、意外な名前が挙がる。

「内府どのに相談なされては、いかがなものか……」

内府とはすなわち、ときの従二位内大臣《じゅにいないだいじん》・徳川家康のことである。

家康は動きを封じられた包囲網の中で、〝死んだふり〟をきめ込んでいたが、秀吉の死後、看経《かんきん》(経文を読む)暮らしをおくっている北政所(落飾して高台院《こうだいいん》と号す)の許を、太った身体をゆすりながら、しきりと訪れてはなにかと世話を焼いていた。

別段、他意はない。家康は「大老」ではあったが、なすべき仕事がなかったのである。公務は三成が一切を引き受けてこなし、豊臣家の私的な用向きは前田利家が司っていたからだ。豊臣政権が家康に求めていたのは、静かにしていることのみであった。

北政所も夫の秀吉を失い、その後継者が愛妾・淀殿の生んだ子・秀頼であったところから、いうなれば、豊臣家にとってはもはや用のない過去の人間であった。なにもせずに、ひっそりと朽ち果ててほしい、というのが淀殿側の本音であったろう。

当時、家康と北政所の仲を云々する風説がしきりと流布されたから、二人の俗世を離れた心の距離は、存外、近かったかもしれない。

いかに出来た人でも、そこは女性の性《さが》もあったであろう。淀殿にたいして、あるいは豊臣政権をわがもの顔で運営する三成をみて、心底、面白くない感情を抱いたとしても、それは致し方のないことであった。

従一位・准三后《じゅさんごう》、豊臣吉子と名乗った北政所にすれば、この政権は夫・秀吉ともども、自分も参加して築いたとの自負もあったろう。

そうしたところに、政権に不平・不満をもつ清正が、昔のごとく甘えて愚痴をこぼしにきたのである。清正を家康に引き合わせようとしたのは、むしろ、当然の成り行きであったといえなくもない。のちに関ヶ原で大勝した家康は、北政所に法外ともいえる一万三千余石の隠居料を提供し、死ぬまでその生活に何ひとつ不自由はさせなかったが、これは、いかなるものの代償であったのだろうか。吝嗇で知られる家康が、これほどまでに北政所を気づかった裏には、それなりの見返りがあればこそであったはずだ。

もとより、北政所がそれをどこまで承知していたか——それこそ、豊臣家は滅亡してもよい、とまで腹をくくっていたか否か——については、疑問がなくはないが……。

清正の抗議は家康にとって、まさしく天の福音であったろう。

聞けば、三成を筆頭とする文治派官僚に、武断派諸将のことごとくが敵愾心《てきがいしん》を燃やしているという。家康は北政所からも、文治派の中でも浅野長政と三成の確執を、四方山話《よもやまばなし》に聞いていたかもしれない。家康のことである。それでなくとも徳川家の保全のためには、諸所に情報網を張りめぐらせていたであろう。

太閤にまでのぼり得た男の、葬儀すら公にできぬ現実——豊臣政権内部の分裂は、冬眠していた家康に、改めて政権奪取の野望を抱かせるにいたった。家康は「五大老」の筆頭として、貫禄十分の太った身体を、清正ら武断派の担ぐ御輿《みこし》にずっしりと移した。

あれほど慎重であった家康が、いとも容易に動いた最後の決断は、利家の病のほかには考えられない。家康は清正にたいし、朝鮮の役における軍目付たちへの訴えを、連署のうえで正式に〝十人衆〟へ提出するようにすすめた。あるいは、清正と同じ武断派にあって、頭の回転のよい技巧者の細川忠興、黒田長政らが周旋した可能性もある。

動きはじめた家康

清正以下、福島正則、黒田長政、浅野幸長、池田輝政、加藤嘉明、細川忠興の計七名が、書状を家康の許に提出。同じ頃、武断派の動向を察知した三成は、小西行長にも訴状を認《したた》めさせると、自分経由でそれを提出させた。

本来、「五大老」には政治的決裁機能はなかったが、三成が改正して、なにごとも多数決となった。ために行政実務にかかわる事柄にも、家康は口が挟めるようになったわけだ。それでも、清正らの訴訟は三成のところで差し止められた。家康もその事実について、とくに抗議はしていない。まだ、利家は生きている。仮に、多数決ともなれば孤立している家康は、大差をもって敗れるに決まっていた。

そこで家康は、利家の病《やまい》と七将の動向を好機ととらえ、誓紙を反古《ほご》にしてようやく積極的に動きはじめる。伊達政宗の娘を己れの六男・忠輝《ただてる》に娶《めと》ることを約し、福島正則の嗣子・忠勝《ただかつ》と蜂須賀家政の子・至鎮《よししげ》、加藤清正の子・忠広《ただひろ》に、各々、己れの養女を嫁がせることを、他の〝十人衆〟にははからずに独断で取り決めた。

同時期、家康は島津龍伯《りゅうはく》（義久《よしひさ》・島津氏十六代）に接近、龍伯の次弟・島津義弘《よしひろ》とその三男・忠恒《ただつね》（のち家久《いえひさ》・薩摩藩島津家初代）の伏見屋敷に赴くと、禁じられていた論功行賞までおこなっている。ほかにも細川忠興（丹後・宮津城主）、森忠政《ただまさ》（信濃・川中島城主）らにも、加増の沙汰を下したという。恩賞を与えても、どのみち家康にとって痛痒は感じない。なぜならば、故太閤秀吉の代理としての裁断であり、豊臣家の直轄領を削ればよかったからである。

三成が家康の身中に眠っていた〝悪人〟に気づいたのは、あるいはこの辺りであったかと思われる。家康の覇気は、三成には狼心《ろうしん》（狼のように、欲の深い心）と映ったことであろう。

家康は豊臣家の武断派大名たちを一方の手でたぐり寄せながら、他方で包囲網を全力で突破すべく、豊臣家にとっては外様の伊達氏や島津氏と結ぶとともに、東海道沿いの大名への働きかけを開始した。将来を期して、親疎を埋めておこうとの気持ちからであった。

さらには、この際である。交際のない諸侯とも馴染んでおこうとの意図もあった。

が、やり方にはまったく芸がない。まるで田舎芝居がそうであるように、脚本も直截《ちょくせつ》的なら、表現も露骨きわまりなかった。権勢におもねろうとする諸侯の心理、強いものには巻かれろ主義、地位・財物に弱い人間の常、それらを真っ向から衝いた。

家康を除く四大老と五奉行は、当然のことながら烈火のごとく憤った。そして、

「真理明白を欠く場合は、五大老から除名もやむなし」

と一致して、家康に迫ることとなった。

慶長五年（一六〇〇）正月二十一日、問罪使が伏見の家康のところへ、大坂城からおくられた。生駒一正《かずまさ》、中村一氏、堀尾吉晴の三名に、この頃、京都・相国寺《しょうこくじ》中興の祖と仰がれていた西笑《さいしょう》承兌《しょうたい》が加わった。承兌は智略に富んだ学僧で、豊臣政権下ではもっぱら外交を担当したが、その弁舌さわやかな才人ぶりを買われての、問罪使への抜擢であった。

その証左に、家康への訊問は専ら承兌が担当している。彼は家康の行動の不審を質して、

「ご返答が分明ならざるにおいては、十人衆より除名――」

と論鋒も鋭く迫った。

だが、いかに学問を積んでいようとも、歴世の貫禄が違いすぎた。家康はまず、縁組などに手続き上の落ち度のあったことを素直に認め、そのうえで一挙に反撃に転じた。

「――しかし、十人衆を除名とはいかなることであろうか。わしは太閤殿下より任命され

てござる。どのような権限、根拠にてこの役割を解くといわれるのか」

承兌は慌てた。同席の三人の宿将たちも、一様に顔を蒼ざめる。

確かに不備な法度、置目であった。この時代、多少なりとも道理を突きつめて物事を考えられる者であれば、懲《こ》らしめるというのは口先での行為ではなく、実力＝軍勢をもって相手を討つことを意味していることぐらいは、誰にでも理解できた。関東二百五十余万石の家康にたいして、内紛状態の豊臣政権がこれを実際に懲罰できるというのであろうか。

三成は明らかに、問罪使の人選を誤った。直接、自身が乗り込むか、さもなくば家康を前にして、いい加減な弁解を許さず、返答次第によっては武力も辞さぬ、と強固に主張できるだけの人物を派遣すべきであった。が、現実の選択として、この条件を満たし得る実力・実績のある武将となると、蒲生氏郷亡きあと、前田利家ぐらいしか見当がつかない。

家康はその利家の命数を読んだからこそ、このように、大胆不敵な行為をやってのけたのである。案の定、問罪使たちは家康の威儀に押され、散々、恫喝された揚げ句、

「うかと遺法を忘れていた」

という、愚にもつかない家康の言い訳を言質にして、すごすごと引き揚げた。

三成はもちろん、このままでは済まさなかった。日常から交際のある宇喜多秀家、上杉景勝、毛利輝元らに連絡をとる一方で、他方で佐竹義宣、小西行長、大谷吉継、長宗我部

盛親《もりちか》らとも、いざという場合に備え、接触を緊密にしている。

そして病床の前田利家を訪ねると、家康打倒の旗頭となってくれるよう要請した。

利家死す

このおりの、家康身辺の軍勢は皆無にひとしかった。

利家の下知によって、大坂城の三成派武将たちが伏見へ殺到すれば、家康のまわりに武断派七将がいようとも、家康の劣勢は動かなかったであろう。家康は問罪使を帰すや直ちに、国許の嗣子秀忠に、七千の軍勢を上方へ向けるべく指令を発しているが、これらの将兵が到着しようとも、大勢は変わらなかったに違いない。

この気味の悪いほど皮膚の分厚い、はた目にも非攻撃型、専守防衛型の男は、ときに狂ったような凄まじさで、肩を怒らせ玉砕覚悟で「死地」に突入する。が、そこにも徹底した計算があり、どう考えても割り切れぬときにのみ、家康は利害損得の枠を超えた。

「こたびも、死ぬ気で……よもや……」

本多正信ら側近は気が気ではなかったが、家康自身はまったくその気はなかった。

味方と敵の色分けをするのが目的であったらしく、事態が推移するなかで、仲裁者の現れるのを十二分に計算していた。現に細川忠興や黒田長政、あるいは堀尾吉晴らが、大坂方と伏見方両者の間に割って入り、和解工作をおこなっている。

家康はやはり、一筋縄ではいかない。万事にわたって、先の展開を見通していたのである。なかでも、細川忠興が最も熱心であった。

忠興の長子忠隆《ただたか》の妻が利家の娘であったから、義兄弟となる前田家の嗣子利長に働きかけ、和睦のため、利家の方から伏見城に赴かせるように工作し、ついにはこれに成功している。慶長四年（一五九九）二月二十九日のことである。

この計画は巧妙であった。諸侯が大坂方、伏見方に分かれて成り行きを見守るなかで、一方の旗頭である利家が自ら出向くのは、力関係において家康が勝っているかのような印象を人々に与えかねない。秀吉であればさらに裏工作を工夫し、時間をかけても家康を大坂城に弁明のため出仕させたであろうし、蒲生氏郷なら、決してこうした妥協はしなかったであろう。利家は詐略《さりやく》を用いるには、あまりにも武辺者でありすぎた。

むつかしいのは、この武辺者らしい純朴さが、利家という老将の持ち味であったところにある。戦場のほかにはまったく、駆け引きがない。すでに利家の病状は、かなり悪化していたにもかかわらず、彼はそれを押して伏見に出向いた。

戦場を馳駆《ちく》しながら今日を迎えたこの老将は、どこまでも戦国武将らしかった。五郎正宗の脇差を帯びている。病床に喘《あえ》いでいた利家は、健気にもこれで家康と刺し違えるべく決意していた、と『利家夜話』にある。

「わしが内府に斬りかかれば、徳川の家来どもがわしを斬るであろう。それでいいのだ。わしが伏見で死んだとなれば、豊家《ほうけ》の武将たちも黙してはいまい。弔い合戦ともなれば、敵の士気も上がらず、家康とて窮するであろうて……」

利家の計算は、あくまで戦場式である。

己れの死体一個で徳川家を引き算し、零《ゼロ》にしようというのだ。ところが家康は、利家という人物をよく研究していた。自身の置かれている環境や自他の勢力も頭に入れている。

「伏見にこさせるだけで重畳《ちょうじょう》――」

それだけに家康は、最初からへりくだって出た。

人の心をとるへりくだり方では、この時代、家康の右に出る者はいなかったであろう。なにしろ、あの狂躁の信長、人使いの名人秀吉の二人に仕えてきたのであるから。

この日の家康は終始、利家を最上の客としてもてなした。

つまり、利家に五郎正宗を抜くきっかけを、ついに与えなかったわけだ。

小舟に乗って家康自身が利家を出迎え、この吝嗇家が伏見屋敷の財をすべて投げうったかと思えるほど、贅を尽くした歓待ぶりで利家を懐柔するのに成功する。家康の凄さは、どこまでが芝居で、どこからが本心なのか、自分自身でもわからぬほどの、迫真の演技ができるところにあった。翌三月十一日、次には返礼のため、家康が大坂を訪れた。

このおりに、あたかも家康の家臣でもあるかのように振る舞ったのが、すでにふれた藤堂高虎であった。高虎は依頼されてもいないのに、大坂方の内情の逐一を家康の耳に入れ、己れの屋敷を空けてまで家康に一夜の宿を提供した。周囲の者たちが侮蔑の視線をおくろうとも、この戦国叩き上げの苦労人は一向に意に介さない。

(次の天下は、家康どのよ)

自身の判断を信じきっていた。

家康は大坂玉造《たまつくり》の前田屋敷に利家を見舞って、そのやつれた姿を確認する。

利家は先の面会で家康への警戒心も薄らいだようで、

「――どうやら、これが暇乞《いとまご》いでござるよ」

といわずもがなの言葉とともに、気力も体力も失せつつある己れを、包みかくすことなく家康の前にさらけ出してしまった。

二人のこの対面で、利家に後事を託された家康は男泣きに泣いたという。筆者はこれまでの長い経過から、家康は本心から両目に涙をため、太った身体を折ったと断じたい。

家康とて、心から泣ける武人の魂は持っている。が、涙が枯れ、泣きはらした面をあげた次の瞬間、この男はなにを考えたか。こればかりは残念ながら、奇麗ごとであったとは到底、思えない。

その夜、家康は藤堂邸に宿泊した。高虎は家来たちを動員して、不寝番をしている。

翌日、家康は腫《はれ》ぼったい顔で伏見に戻り、十三日付で書状を利家におくると、大坂での歓待の礼を述べて、養生に励むように心から勧めた。

だが、月の改まった閏《うるう》三月三日、利家は帰らぬ人となってしまう。享年、六十二。

家康・三成会談

死を迎える十日前、利家は嗣子の利長に遺書を認め、後事を託すとともに訓戒している。

「わしの死後、豊臣家の跡とりである秀頼公に謀叛する者が出現する場合に備え、八千の兵を大坂に詰めさせ、また金沢城の留守居には篠原出羽守を残すようにせよ」

八千という数字は、家康が国許に要請した援軍より一千名も多い。常識外の駐留兵力である。このほか、重臣の性格、謀叛の可能性などについても、利家は細々と注意した。が、彼はついに家康を名指しで、利長へ戦えとは遺言しなかった。

「いまより三年の内に、世の中に騒ぎが起きる。そのおりは秀頼公に謀叛つかまつる者を討て――」

といい遺すのが精一杯であった。

いうまでもないことだが、可能性のある者は一人しかいない。にもかかわらず利家は、その具体名を遺言の中には書きとめなかった。なぜであったのか。答えはほどなく出る。

さて、家康である。彼は利家の死期に自信を持つと、より大胆な武断派の懐柔に着手した。先に三成の許で反古にされた、清正ら七人連署の訴えについて、改めて「大老」として裁断。これを逆転勝訴としている。

ただし家康は、小西行長の肥後宇土二十四万石には手をつけず、三成の手足とも目された中堅官僚の福原長堯、垣見一直（家純）、熊谷直盛ら三名を、「太閤の御使番、御目付として渡海しながら職分を怠り、ことさら摂州（行長）を贔屓にして清正らに不利となる報告をした」と断じ、各々を減封処分とする旨の決定を下している。

もとより三成はこれを認めず、何らの行政上の措置を講じずに決定そのものを無効にしたが、それがまた武断派の面々を刺激した。彼らは三成への憎悪を、燃え上がらせる。

三成はこの頃、いまだ諦めることなく、家康との協調路線を模索していたのではあるまいか。通史によれば、三成はかなりはやい時期から、家康に敵愾心を抱き、心中に期するところがあったようにいわれているが、多くは江戸期の記述によるもので、生来の官僚とも思える三成は、もともと己れの私情や個人的見解から、家康と争える人物ではなかった。共存の可能性を探る三成にたいして、家康は嵩《かさ》にかかって出た。両者の決定的決裂は、加藤清正ら七将が三成襲撃を計画するなか、三成が家康を訪問したときであった。

これまで多くの史書や小説の類は、前田利家が死去した夜、清正以下の七将が三成を襲撃しようと計画、それを耳にした三成が佐竹義宣の助けを借りて窮地を脱し、翌日、伏見の徳川屋敷に恥も外聞もなく逃げ込んだ、と述べてきた。

しかも三成はそれ以前に、藤堂屋敷の襲撃計画のほかに、二度も家康を暗殺すべく企て失敗。それでいて己れの生命《いのち》惜しさに、窮余の一策で家康の懐に飛び込んだという。

が、これらも出典はすべて、江戸期の書物に拠っている。

二度に及んだという暗殺計画については、同時代の記述による史料は皆無であり、確かな証拠は何ひとつない。繰り返しになるが、通史と呼ばれるものほどいい加減なものはない。武断派の七将が徳川屋敷に押しかけ、三成の身柄引き渡しを求めたというのも、作り話の域を出ていなかった。この架空の事件かあったとされる前夜、家康が諸侯に出した手紙の中に、この件に言及したものはただの一通もなかったのである。

そもそも、大坂在番の七将が大坂を空けて、伏見に駆けつけるのは明らかな違法行為であり、清正一人ならいざ知らず、細川忠興、黒田長政のように政治感覚の鋭い武将が、なぜこの不透明な局面で、そこまで踏み込む必要があったのだろうか。

事実、この間の事情を如実に物語る、家康の七将に宛てた書状が後世に残されている。

かさねて御折紙《おりがみ》、御念を入れらるるの通り、祝着《しゅうちゃく》の至りに候《そうろう》。仰せの如《ごと》く、此の方え罷《まかり》越《こ》され候。尚、替る儀候はば、これより申し入るべく候。其の地御番の儀、両人申され候如くなさるるのよし、尤《もっと》もに候。万事よきよう肝要に存じ候。委細、井伊兵部少輔かたより申すべく候。恐々謹言。

閏三月五日　家康　御判

丹後少将（細川忠興）殿
蜂須賀阿波守（家政）殿
清須侍従（福島正則）殿
藤堂佐渡守（高虎）殿
黒田甲斐守（長政）殿
加藤主計頭（清正）殿
浅野左京大夫《さきょうのだいぶ》（幸長）殿

この書状をみると、七将——人物に若干の相違がある——が、しばしば家康の許《もと》に手紙を送り、種々、報告や訴えをおこし、指示を仰いでいた様子がうかがえる。石田三成についても幾度か訴えていたのであろう。行方についても質している。これらにたいし家康は、「仰せの如く、此《こ》の方え罷越され候」とありのままを告げている。

善人から悪人へ

前出の七名の武将は、ことごとく関ヶ原の戦いにおいて家康側につき、活躍している。彼らは家康に従い、自家を守って領土を大きくした。その意味でこの選択は、決して間違っていなかった。戦国期にあって、奇麗ごとの義戦は通用しない。私怨あり、私情、私利・私欲が働いて当然の時世であった。ただ、この七将のすべては、豊臣秀吉によって引き立てられた大名である。結果として彼らは、関ヶ原で家康を勝利に導き、恩顧の豊臣家の滅亡をはやめる役割を担った。そうした観点からは亡恩の徒であり、正義のなんたるかを知らない人非人、世才《せさい》、俗塵《ぞくじん》と蔑《さげす》まれ、軽侮されても致し方あるまい。

その彼らから憎まれ、不倶戴天の敵と見なされた三成は、この日（閏三月五日頃）、家康の伏見屋敷を訪れ、前田利家の死という重大事態に関して、今後の政局運営について話し合っていたのである。この非公式の会談で、何がどのように取り決められたのかはつまびらかではないが、家康と三成が会ったと思われる日から六日目、家康が福島正則、蜂須賀家政、浅野長政に連名で発送した書状か残っている。

これによると三成は、居城の近江・佐和山へ閉居することが決まり、それも明十日には出発する予定で、三成の子・重家を人質としてすでに昨八日夜に、家康の許に届けてきたことが記されている。ほとぼりがさめるまで……、とでも家康がいったのであろう。ついでながら、その護衛には家康の次男で、すでに「結城」への養子入りをしていた秀康（於義伊《おぎい》）があたった。

——三成は去った。

政局は、もはや家康の専政となる。しかし、軽はずみを毛の先ほどもせぬ、愚鈍を装うこの人物は、閏三月二十一日付で「五大老」の毛利輝元と誓書を交わし、

「豊臣二世の秀頼公を、決して疎略にあつかうことなく、たがいに表裏・別心なく兄弟と同様のごとく相談したい」

といっている。

そういっていながら一方では、「五大老」の一人・宇喜多秀家の、家臣間に起こってい

た派閥抗争に単独で口を挟み、火に油をそそぐかのような内訌を惹起《ひきおこ》した、と『宇喜多秀家記』『慶長見聞書』などにある。家康は万が一の場合をおもんぱかり、三成の与党となるかもしれない宇喜多家の戦力を、削いでおこうと企てたのである。詳しくは、後述する。

他人《ひと》の弱味につけこみ、私恩を売り、他日、事に臨んでその恩返しを要求する――家康のみならず乱世に生きる者の、一般的ともいえる常套手段であった。

家康の謀略の手は、さらに西日本を代表する毛利家にも及んだ。

これはあまり知られていないが、「五大老」の一人・毛利輝元にははじめ実子がなく、従弟（元就の四男・穂井田元清《ほいだもときよ》の子）の秀元《ひでもと》を養って世嗣《よつぎ》としていたが、のちに実子（秀就《ひでなり》）が生まれた。秀元は世嗣の座を追われて別家させられたが、その所領の定まる前に秀吉が死去。目まぐるしい政局の中で、輝元もその措置を講じずにいたのであった。

秀元の胸中はいかばかりであったか、いまとなっては推し量るしかないが、そうした中途半端の現状を藤堂高虎、堺の商人で己れの支持者である今井宗薫《いまいそうくん》から聞いた家康は、この問題は重大事である、と声高に叫んだ。

そして毛利家の外交僧で、伊予の大名でもあった安国寺恵瓊、老臣の福原広俊《ひろとし》を召し寄せると、両名を叱責するとともに、急遽、秀元の所領を決定するよう迫ったのである。秀元は防長二国に二十万石を分与され、山口に居を定めたが、結局、秀元にすれば家康は大恩人となる。

家康は堀尾吉晴にも、越前府中十五万石を加封。本領の遠江浜松十二万石を長子忠氏《ただうじ》に譲らせた。家康の配慮＝調略は実に巧妙、かつ広範囲におよぶ。豊臣政権の「五大老」の地位を十二分に活用し、自身に被せられていた包囲網を順次、取り除いていくとともに、孤立状態から脱すると、有力大名を味方とすべく多彩な方策を実行に移していった。

このまま家康のなすがままに放置していれば、豊臣政権はその藩屏《はんぺい》たる恩顧の大名家を、利害打算によって次々と一本釣りにされ、それに従わない者は実力で家康に各個撃破された公算が高い。家康のやり方は根が臆病なだけに、堅実《オーソドックス》で、鉄壁にも似た重厚な攻め方であった。現に、閏三月二十三日、家康はときの日本の政庁・伏見城へ入城した。

奈良の興福寺の多聞院英俊《たもんいんえいしゅん》は、

「これによって徳川どのは天下殿になられた」

と評価している。

さらに家康は九月七日、重陽《ちょうよう》の節句を賀すると称し、大坂城に入ると、以前は北政所が使っていた西の丸に、そのまま居座った。

なおも、家康殺害を企てたという理由で、浅野長政と土方雄久《ひじかたかつひさ》、大野治長《はるなが》らを流罪や閉居にすると、浅野らと共謀したと噂された前田利長を討伐すべく、遠征軍の編成に着手する。この間、佐和山に蟄居していた三成は沈黙を守っていたが、その腹中はすでに家康打倒に定まっていた。

家康の恫喝

「豊臣家中を二分し、一方に乗る——」

家康の、天下奪取の基本戦略はこれに尽きた。

しかしながら、分断された豊家《ほうけ》の一方＝武断派諸侯が、すべからく徳川家に服従するとは限らず、また、そうした風を装っていようとも、心の底の真偽のほどは定かではない。

そこでこの堅牢複雑な男は、最も効率のよい敵味方識別法を用いた。

仮想敵国を創出しては、これを討つという大号令を発する。その過程で、諸侯の去就を見定めようというのだ。当然のことながら、この段階で家康は三成の挙兵をまったく想定していなかった。政治の中枢は家康の掌中にあり、豊臣政権正統の証ともいうべき主人の秀頼すら、人質同然に抱えていたのである。

しかも拠るべきところは、天下一の大坂城であった。

三成——他の諸侯であろうとも——が、挙兵の素振りでもみせようものなら家康は、六歳にして従二位権中納言・秀頼公の代理と称し、豊臣家「五大老」筆頭の立場で、全国諸侯を従え、瞬時にその不心得者を討ったであろう。

およそ武将たる者はこの時代（否、鎌倉幕府の一所懸命このかた）、自領の保全だけが生きる目的であったといってよく、間違いなく敗北するとわかっている戦いに、参戦する者は皆無といってよかった。

だからこそ三成も、表向きは家康の意見に従い、佐和山に蟄居し、嫡子の重家を人質に差し出したのである。ついでながら、重家は関ヶ原の戦いまで大坂城にあり、父・三成の死後、宗享《そうきょう》との法号にて出家した。すでにみたように『霊牌日鑑《れいばいにっかん》』を執筆し、貞享《じょうきょう》三年（一六八六）に亡くなっている。

家康の、敵味方の識別法は恫喝そのものであり、対象者を縮み上がらせるほどに厳格をきわめた。これまで家康のために骨を折ってきた細川忠興にさえ、亡き前田利家との姻戚を口実に、その嫡子利長との謀叛を疑う問責をおこなったほどである。

ちなみに、「利長に謀叛の疑あり」と家康に密告したのは、「五奉行」の一人・増田長盛であった。長盛に謀議の仲間と名指しされた浅野長政は本領の甲斐へ、大野治長は下野の結城秀康の許へ、土方雄久は常陸太田（現・茨城県常陸太田市）の佐竹義宣の許へ、各々追放、蟄居させられたことは、すでに前章で触れている。

前田利長への処分について、家康はまず、伏見にいた細川家の老臣・松井康之《やすゆき》を呼び、厳しい調子で問責を開始する。事態をはじめて知った細川家では仰天し、急遽、忠興本人が大坂に赴き、家康へ弁明につとめて、ようやく異心なきことを誓い、許された。

家康は忠興にたいする不信を解いたが、その裏には忠興が家康の意を汲み、密かに前田利長の許に使者を遣わして、家康に速やかに陳謝するよう勧めた一事があった、ともいわれている。

『前田創業記』によると、忠興からの密書を受け取った利長は、いわれなき濡れ衣で加賀征伐を企てた家康に激怒。いそぎ兵を集めると、城砦を修築し、防備を堅固に迎撃態勢を敷いた。利長はこのとき、三十八歳。歴戦の将として、亡き父・利家に従って武功を積み、秀吉の好意もあって従三位権中納言の位にあった。

前田家では評定の席上、家臣たちの意見は二派に割れた。

利長の言を壮志とし、家康のいいがかりを許せぬとする者。あくまで主家の安泰を願って、家康に膝を屈すべしとする者――場合によっては、かつての小田原北条氏のごとく、評定に刻を費やし、いずれとも決せぬまま、前田家は家康の軍勢を迎えたかもしれない。

この危機を救ったのは、芳春院《ほうしゅんいん》――つまり利長の実母であった。利家の妻は、わが子の利長に、そなたの器量では家康どのには勝てぬ、といい切り、経験《キャリア》、貫禄、実兵力などの差を一つひとつ挙げ、前田家を滅亡させぬよう、ここは降参すべしと諫言した。

利長とて意地がある。面子《メンツ》もあっただろう。そこで家臣たちには戦備を整えつつも、家康への陳弁につとめるよう指示し、前田家の家老・横山長知が大坂に派遣されることとなった。家康はいう。前田家に異心がなくば、その証として芳春院を人質として江戸に差し出すように、また、徳川秀忠の次女を、利長の弟・前田利常に娶らせること――この二つは家康個人の要求であって、豊臣家の「大老」としてのそれでないのは明白であった。

秀吉の遺法をさんざんに蹂躙《じゅうりん》しながら、それでいて他人をあからさまな濡れ衣で窮地に追う。家康のこのやり口は、受ける側にすればなん人とも許し難く、また、やりきれなさに激しく懊悩したことであろう。利長はわが身を裂かれる思いであった。

家康の無法な横車をゆるせば、父の遺言にも背くことになる。だが、利長は俗にいう〝加賀百万石〟――実質八十三万五千石の安泰の道を選んだ。

この時、次弟（利家の次男）の利政《としまさ》は、兄の決断に承服しなかった。

「われらが起《た》てば、反徳川の諸侯は一斉に決起するであろう」

利政はそう説いたというが、十二分にあり得ることであった。

家康が大坂を空けて加賀へ発向すれば、その機会を逃すことなく三成は、各地に反徳川の狼煙をあげる。さしもの家康とて、その収拾には難渋したに違いなかった。

もっとも、家康もそれを懸念すればこそ、細川忠興に裏面工作の労をとらせ、他方で、お家第一とする保守的な前田家家臣には、恫喝をこめて応対したのである。

家康は前田利長の器量を、おそらくは読んでいたのであろう。

弟の利政についても同様に、入念な調査をしていたはずである。利政は能登に二十一万石、父の死去にともない、一万五千石を分与されていた。妻は蒲生氏郷の娘。彼の武者振りは、若き日の利家に瓜ふたつと称されていた。母の江戸入りを阻止できなかったが、利政は関ヶ原の戦いでは己れの所信を鮮明にしている。敗戦の後、所領は没収されたが、兄利長から捨て扶持を得て、のちには上京し妻と平穏に暮らした、と伝えられている。

ともあれ、五大老の一人・前田利長は、家康の前に膝を屈した。

嵐の前

徳川家の将士は、主君の武威の昂揚を素直に喜んだが、家康は手をゆるめなかった。

前田家を屈服させた威を、豊臣政権内で大いに誇示すると、糾弾の矛先を、次には会津中納言こと上杉景勝に向けた。

「五大老」が発足した当初、一説に五人は家康、前田利家、毛利輝元、宇喜多秀家、小早川隆景《たかかげ》であり、隆景の死後に上杉景勝が補充され、利家の後を利長が襲ったという。

上杉景勝が家康、伊達政宗を牽制する布石《シフト》として、亡き蒲生氏郷にかわって後方の地・会津を、秀吉から拝領した経緯についてはすでにふれた。このおり上杉家は一躍、百二十万石の大大名となった。

だが、この新任の「五大老」は、中央の政局が武断派と文治派の対立で内証をふかめ、不安定となっているのをいいことに、秀吉の死後の慶長四年（一五九九）八月、伏見を発して会津に帰国。同月十日に会津若松の居城に到着してからは、ついぞ上洛をせずに新領地の経営にかかりっきりであった。上杉景勝は若松城のほか、二十八もの城砦を修築したばかりか、牢人を雇い入れるなどして着々と軍備をととのえた。

この上杉氏の動向を、

「景勝に謀叛の企てあり」

と家康に注進したのが、出羽仙北《せんぼく》郡（現・秋田県中央部）の領主・戸沢政盛《とざわまさもり》と上杉家の旧領・越後に入封した堀秀治《ひではる》（小田原征伐の陣中で病没した秀政の長男）であった。

わけても秀治は、景勝が越後の一揆を煽動している、と主張した。この両名の通報が翌年、家康をして上杉征伐の大号令となり、それがそのまま関ヶ原の戦いの引き金となるのだが……。慶長四年十月二十二日付で、家康が景勝におくった書状が現存している。

文中には、上杉征伐の素振りも語られてはいない。むしろ、

「大坂表は無事だから、安心されたい。会津の仕置に多忙だと聞くが、もっともなことである」

と述べているくらいだ。

家康はまったく食えぬ男である。この間、三成の動静を探るため、柴田左近という者を佐和山城へ派遣してもいる。三成は柴田を手厚くもてなし、無論、軍備の気配すらみせずに、土産物まで与えて帰したという。

明けて慶長五年、家康は五十九歳となる。一方の三成は、四十一歳。

いよいよ日本史上空前の、〝天下分け目〟の関ヶ原の戦いがこの年の九月に勃発する。

俗説によればこの間、上杉家の家老・直江兼続と石田三成とのあいだで、

「東西から家康を挟み討ちに――」

との対家康戦をめぐる共同謀議がなされたという。

兼続は上杉謙信の愛弟子のような人物。共同謀議には、規模《スケール》も大きく夢もあるが、残念ながらこれらは史実とはいえない。

もっとも、三成は兼続とは同じ永禄三年（一五六〇）の生まれであり、二人はともに主君の補佐役であるうえに、双方ともに目から鼻に抜ける秀才。容姿も涼やかであった。

この当時の武将としては十分すぎるほどの漢学の教養もあり、対座して雑談をしても、お互いに楽しかったに違いない。

（こんなにも似た者がいようとは……）

三成と兼続は、まるで鏡の中の己れと対峙するように、相手の心中がうかがえたことであろう。二人はなぜ、かくも似てみえたのであろうか。理由は明らかであった。

この時代の多くの武将になかった、異質の価値観を共有していたからである。後世の言葉では、これを〝正義〟といった。当時では〝節義〟、あるいは忠義・忠誠ともいっている。己れの信ずる生き方、多くは自身の主君のために生死をかえりみずに働く――主従の関係では、「武士は二君にまみえず」といった江戸期の儒教道徳に近いかもしれない。

だが、こうした〝正義〟は戦国乱世においては、異端の思想でしかなかった。

乱世の百年では、強者に傾くのが〝正義〟であり、よほどの感情的対立が主従にないかぎり、「去留《きょりゅう》（去ること、留《とど》まること）の自由」は保証されていた。

先の藤堂高虎について述べたくだりでもみたように、この時代の基本は生き残ることであり、諸侯であれば〝家名〟を存続させて領土を保全し、〝家〟を発展させることのほかに目的はなかった。家康も同断であったことは、記憶しておいていただければと思う。

つまり、生き残るには、強者＝勝つ方につかねばならない。そこには〝正義〟や〝節義〟

といったものは通用しなかったのである。そうでない例外としては、地縁・血縁のしがらみゆえに、一族が玉砕せねばならない、といった境遇ぐらいであったろうか。

蛇足を加えると、このころの戦闘員たる武士の多くは、読み書きが危うく、もとより漢籍の読める者はさて、十人に一人いたであろうか。たとえば、

「節義」

という漢字はもとよりわからなかったが、その意味——志を高く持して義を守り、義を貫く、と聞いても、この説明そのものを理解し得ない者が大半であったろう。

では、家康はどうであったか。蛇足ついでにここでみておきたい。彼が学問といえるものに関心を示したのは、意外と遅かったようだ。

学問は〝真似ぶ〟から

文禄五年（一五九六）二月、源家相伝の軍書四十八冊を、阿部正勝《まさかつ》（家康の関東入部に際して、伊豆国市原に五千石を拝領）に命じて書写させたとの伝えが、そのはやい例として挙げられている。もとより家康は今川家での人質時代、多少なりとも学問は積んでいた。

今川家は海内《かいだい》きっての名家であり、京都文化の輸入にも熱心で、当主の今川義元は武将

としてはめずらしく、公家文化の熱狂的崇拝者であった。眉を描き薄化粧をして、お歯黒まで施していたほどだ。

家康はこの義元の姪を妻に迎えたが、一方で義元の叔父で、今川家に重きをなす太原雪斎《たいげんせっさい》という僧に、学問を学んだとの伝承があるにはあった。

だが、雪斎は学問や諸芸に堪能であるばかりか、法衣を馬上になびかせて、義元にかわって軍配を振る軍事の才能をも有していた。人質の松平竹千代こと家康との接点は、身分上というよりも、人種が相違するほどの距離をもっており、実際には考え難い。

強いていうならば、雪斎が住持をしていた臨済寺に通って、寺の僧たちにわずかばかりの――三体千文字の手本をみながらの――習字程度を学んだにすぎなかったのではあるまいか。論より証拠で、家康は終生、漢詩も創れず、古詩にも明るかったとの記録はない。

ただ、なにごとにつけて〝物まねび〟の好きな家康は、学問が〝真似ぶ〟ことからはじまる、という初歩ぐらいは寺の僧だちからも聞きかじっていたであろう。

ただただ、ひたすら〝真似る〟――これこそが、家康の学問の基本姿勢だった。

「独創は危険だ」

とは家康もいっていないが、それに近い言動は、その生涯にわたって繰り返している。

どうして、独創や創意工夫を危ういとみるのか。家康は今川義元をみ、織田信長をみて学んだようである。智恵は諸刃《もろは》の剣のようなもので、敵を倒すには有効だが、わが身をも慢心させ、傷つけることにもなりかねない。得意の手筋、発想は得てして型にはまりやすく、敵に読まれてしまう危険性が高かった。そうなれば、裏をかかれるのは必定である。

「それに比べると、〝物まねび〟はよい――」

家康にいわせれば、古今東西のよき事例を調べ、個々《ケース》の対処方法《バイケース》でそれを真似れば、一つの癖におちいることがない。戦略・戦術にも均衡《バランス》が生じ、敵につけ入る隙を与えなくてすむ。

この人物ほど、己れに自信を持たなかった（持ってなかった）人も歴史上、稀有ではなかったか、と思えるほどの謙虚さを家康は持っていた。

「わしの才覚など、たかが知れている」

そうわり切ったとき、家康はそれとひきかえに、古今東西の〝歴史〟と〝人物〟から、無限にひとしい智恵を得ることができるようになった。

家康の侍医として、側近く仕えた板坂卜斎《ぼくさい》によると、家康という人は、

根本、詩作・歌・連歌は御嫌ひにて、論語・中庸・史記・漢書・六韜《りくとう》・三略・貞観政要《じょうがんせいよう》。和本は延喜式《えんぎしき》・東鑑《あずまかがみ》（吾妻鏡）なり。其の他色々。大明にては高祖（劉邦《りゅうほう》）の寛仁大度《かんじんたいど》を

御ほめ、張良《ちょうりょう》・韓信《かんしん》・太公望《たいこうぼう》・文王《ぶんおう》・周公《しゅうこう》、日本にては（源）頼朝と、常々御咄《はなし》なされ候。
（『慶長記』）

との好みがあったようだ。

なお、右の『貞観政要』は唐の太宗《たいそう》が、群臣と政治上の得失を論じた言葉を集めたもので、政治家・経営者必読の書といっていい。『吾妻鏡』は鎌倉幕府の事跡を編述したものであり、〝物まねび〟を好む家康らしい愛読書といってよかったろう。

『六韜』『三略』は、ともに中国の古典兵法書で、前者は太公望の撰と伝えられ、六巻六十篇の構成。後者は黄石公《こうせきこう》が張良（前漢帝国を築いた軍師）に授けたという兵書で、上・中・下の三巻からなっていた。

注目すべきは、前述の〝正義〟（節義）を、家康はどうやら知っていたらしいことである。『論語』や『中庸』はいわずと知れた儒教の経典であり、家康は己れへの包囲網を打ち破るべく、種々工作をおこなっていた慶長四年（一五九九）、木版（伏見版）で『孔子家語《こうしけご》』（諸書を基とした孔子の言行録）を、『六韜』『三略』とともに刊行している。

おそらく家康麾下《きか》の諸将に読ませ、武断派の中にも配られたのであろう。吝嗇な家康にしては、気前のいいことをしたものである。

余談ながら家康は、その後も漢籍の古典刊行をつづけている。

関ヶ原の戦いのあった年にも『貞観政要《じょうがんせいよう》』を刊行し、慶長十年には『吾妻鏡』と『周易《しゅうえき》』を、翌十一年には〝武経七書〟を世におくり、元和元年（一六一五）には『大蔵一覧集《だいぞういちらんしゅう》』、同二年には『群書治要《ぐんしょちよう》』を各々刊行した。

少し後のことになるが、大坂冬の陣を仕掛けた慶長十九年（一六一四）の三月、家康は居住していた駿府に五山の僧を呼び、出題して高僧たちに作文をさせたことがあった。


政を為すに徳を以《もっ》てす。譬《たと》へば北辰の其の所に居て、衆星の之に共《むか》ふが如し。

（『論語』為政篇）


家康はその意味を質したのだが、高僧たちは、

「今の天下が静かに治まっているのは、あたかも北辰（北極星）が動かないで、天の中心になっているかのようだ」

との趣旨を、判で押したように述べた。

すると家康はそれらの答案をみて、次のように批評したという。

「これでは面白くない。余は『論語』の文章の主眼が、〝徳〟によって政治をおこなえば、

天下が安定するというところにあるのは承知している。だからこそ、その〝徳〟とはどのようなものであるのかを、論じてほしかったのじゃ」

家康は乱世を泰平の世にするには、学問の力が必要であると認識していた。戦国生き残りの武士たちが、〝節義〟すら理解できぬというのでは統治上、困るのである。

そこで家康は、それまでは国禁扱いとなっていた学問の公開・普及を推進した。

慶長十年から、家康の許に出仕するようになった林羅山（のちの林家の始祖）は、それ以前、京都に在って市中で、学問の公開講座を開いていたという。『論語』などを分かりやすく教え、講釈し、幾許《いくばく》かの講師料を貰って生活していたというのだが、学問の一般公開を禁じてきた公家たちの反感を一身に受け、とくに儒学の家柄であった清原秀賢《ひでかた》は、これを伝統的な国法に触れる所為と断じ、家康に厳禁を訴え出た。

が、家康は笑って、これを黙殺したという。

戦国武将たちの無学には、情報非公開の壁のあった事実も忘れてはなるまい。

利害打算と治国平天下

とはいっても、家康は格別、家臣たちに学問を奨励することはなかった。

むしろ心情的には、山河に獣を追い、魚を河川で獲って暮らす中世気質の三河者を、その元締めとして保護するのに工夫を重ねていたようにもみえる。武将たちの間で流行していた茶の湯も、自らすすんでやろうとはせず、家臣たちにも決して手を染めさせなかった。

「わしの好む侍は、智略才能の士ではない。これらはあるに越したことはないが、なくとも事は欠かぬ。最も大切なのはひたむきさである。これこそは知能をもつにまさる」

彼は己れの家臣に、儒教道徳を単純明快にしたような、一途な〝実直さ〟を望んだ。

「三河者の心映え」

などとも称賛している。

隣国の尾張は一国ことごとくが、あたかも商人《あきんど》でもあるがごとく、主君への奉公を露骨なまでに、功利的にとらえる功名主義の横溢があった。家康はそうした風潮が三河に流入するのを警戒した。尾張風に染まらず、純朴であることを求めている。そして、物事の本質を個人レベルで考えるような家臣を、意図的に育てようとはしなかった。

三河の部将たちは、戦闘指揮官としては各々に優れており、家康に代わって戦術・作戦を策定はしても、それらが自己の栄達にどのように繋がるのか——すでに一般化していた戦国武士の生き残りの発想で、直截《ちょくせつ》に考えようとはしなかった。

つまり、政治感覚に乏しかったといえる。

「侍は主人の馬前で死ねばよい」

大久保彦左衛門のみならず、徳川家を一つの運命共同体とみなしていたのである。

徳川家には松平を称していた土豪時代から、〝広溜り〟と呼ばれる場所があった。主だった家臣たちが集まり、御家の大事について意見を吐露する場で、主君の家康は出席しない。が、参加者からそれとなく聞いて、〝広溜り〟の雰囲気を把握し、自身の最終的判断の参考とした。

そうしたことが一面において、徳川家の閉鎖性、固陋《ころう》一様の家風・料簡を育み、進取性に富む重臣・石川数正の出奔に繋がったともいえる。

「他国者をみれば、盗っ人と思え――」

徳川の家人たちは徹底していた。

家康は儒教の精神ではなく、ただ、形としての実直さを求めた。これは彼が三河者の固《こ》陋《ろう》さを愛するがゆえに、自身が新事物や現象をあたまから警戒し、ときにはまったくの頬被りで、逃げ隠れしようとする姿勢において、家臣たちにも増して、濃厚な三河者であったことを物語っている。ために徳川家は、主人家康もその家臣たちも、他の大名家から好まれることが薄かった。逆に、心証を害する事柄は多かったようだ。

家康はそれを承知している。さればこそ、徳川家において最も三河者らしくない、本多正信、井伊直政といった謀才の将を人選し、諸侯との接触役とした。先にみた七将への家康書簡の、「井伊兵部少輔」とあるのは、徳川四天王の一人・井伊直政のことである。

直政は、関ヶ原の戦いでは島津勢を追撃して、主将島津義弘の影武者を演じた副将格の島津豊久《とよひさ》（義弘の甥・弟家久の子）を討ち取っている。そして戦後、石田三成の旧領地・近江佐和山で十八万石を得たが、慶長七年（一六〇二）二月、関ヶ原での戦傷がもとでこの世を去った。ときに、四十二歳。石田治部少輔三成より、一歳の年少であった。

ついでに記すと、徳川四天王に次ぐ名声を得ていた大久保忠世（彦左衛門の長兄・文禄三年〈一五九四〉、六十三歳で死去）の官名が、三成の上位にあたる治部大輔である。

――家康と三成の差は明白であった。

官位、石高、総合的実力――いずれをとろうとも、三成は家康に比肩すべくもない。もし、三成が冷徹に時勢を読んで、外征と無用の建築などで民力を衰えさせ、豊臣政権が民衆の怨嗟の的となっていること、早晩、政権内部が分裂するであろうことなどに気付き、佐和山に蟄居したまま鳴りをひそめていれば、この男ほど有能な官僚は徳川家にも見当たらず、必ずや一波乱はあっても、家康から改めて政局の中枢へ招聘されたに違いなかった。戦国武将の大半は、三成の立場ならそうしたはずである。

利口な者なら、関ヶ原はやらない博奕《ばくち》だった。己れの生き残りだけを考える――それのできなかったところに、石田三成がこの時代の人物の中で、異彩を放った理由があった。利害打算でなく、三成は観念で動いた。儒教の『大学』でいうところの治国平天下の道をめざす、〝正義〟（節義）といった観念が三成を刺激し、突き動かした。同じ観念は、教養として直江兼続にも認められ、盟友の大谷吉継にも感じられ、亡き蒲生氏郷にもあった。

その意味で、関ヶ原の戦いは正義派対利害打算派の、一騎討ちであったともいえる。

正義派の軍団は、家康とは反対に、将士各々が儒教風の洗礼を受けていた。

なぜ戦うのかの高邁な目的意識をもち、それを成し遂げようとする主人に惚れ込んだ家来たちは、各々の生命《いのち》を理想に賭け、一糸乱れぬ進退に徹した。戦場に臨めば彼らは、どの大名の家来よりも必死の勇を振るって働くはずであった。

ともあれ、理想に殉じようとする軍団と、単純明快に已れの利益を第一義とする勢力とでは、どちらが強く、勝るものであろうか。

――ふと、思い出した挿話がある。

上杉謙信という、生涯を鮮烈な美意識によって貫いた、あるいは、病的なまでに義侠心に富んだ名将の下で育成された上杉家臣団は、已れたちこそ戦国最強を自負していたが、この集団の長は謙信に英才教育をほどこされ、当時、秀逸な大名として知られた上杉景勝であり、その補佐役が直江兼続であった。

秀吉生前のことである。伏見城の詰めの間に諸侯が集まったおり、伊達政宗が懐中から、新鋳の大判を取り出して自慢した。この時分としては珍品である。諸侯が手にとってまじまじと眺め合うなかで、ひとり兼続は末座にあり、大判を手にせず、まわされてくると白扇を開いて大判をすくいあげ、扇子上で羽根をつくように大判を弾ませた。

政宗はその仕草を、兼続の謙虚さと勘違いしたようだ。

「山城（兼続）、手にとってみてもよいのだぞ、遠慮するな」

と声をかけた。ところが兼続は、

「ご冗談はおやめなされ」

ときっぱり。それがしは不肖ながらも、上杉家の軍配を預かる身にござる。その軍配をとる手に、このような下らぬものを触れさせるわけには参らぬ、といい切った。

そして揚げ句の果てに、扇子上の大判をそのまま、政宗の膝元に放り投げたのであった。

奥州の梟雄《きょうゆう》として恐れられた伊達政宗を、まったく眼中にしなかったことでは、兼続は蒲生氏郷と並んだかもしれない。

兼続の「直江状」

この兼続と三成が、家康打倒のための共同謀議をおこなったとする説は、今日、多くの史書で否定されている。三成が兼続に宛てたとされる慶長四年の二通の書状も、文体を検討したかぎり、後世の偽造と見なして間違いはなさそうだ。

さらに、三成と兼続が東西から挙兵して、家康を挟撃すべく企てた――その証拠として、兼続が家康の詰問に返答したとされる、いわゆる「直江状」なるものも偽作とされている。

ついでながらこの「直江状」は、上杉家が会津百二十万石の領土を、ことごとく要塞化するような動きを示し、このことに不審を抱いた家康の許へ、慶長五年（一六〇〇）正月、上杉家の家臣・藤田信吉《のぶよし》（もと武田氏麾下、のち景勝に仕えて越後長島城主）が、年賀の挨拶に上洛したことが発端だ、と伝えられてきた。

このおり、藤田は家康から景勝の上洛を促され、帰国後、上洛を主君景勝に進言したところ、景勝―兼続主従は藤田が家康と通じたと判断。捕縛しようとしたが、藤田は危うく難を逃れ、会津を脱出して江戸の徳川秀忠を頼り、やがて、彼の口から秀忠に、そして家康へと景勝謀叛の報が伝えられていったという。

ついでながら、藤田はその後、関ヶ原の戦いののち、家康に仕えて下野国で一万五千石を領有。ただし、大坂夏の陣で指揮の過《ミス》ちを責められて改易となっている。一説には自殺して果てた、とも伝えられていた。

それはさておき、世にいう「直江状」は、徳川氏と上杉氏が向い合った状況の下に、家康が相国寺の僧で兼続と親交のあった――かつては家康の問罪使をつとめた――西笑承兌《せいしようしようたい》に命じ、主君景勝の上洛と誓書提出を勧告する目的で、兼続に宛てて送らせたものの返書――つまり、兼続が家康に宛てた、宣戦布告の書状として名高い。

兼続はその書状で、家康の横暴を堂々と論難し、胸のすくような反論を開陳した。

なかでも、武具類の整備を咎めた家康に、上方武士は茶の湯道具の蒐集に精を出しているが、田舎武士はそのような風流には縁がないので、律義に弓矢・鉄砲をつとめているとの論述。景勝の上洛拒否については、故太閤殿下の直命で許されているところで、景勝と同等の「五大老」の身である家康から命令される筋合いはない、と突き放したくだりはなかなかのものである。

しかも、最後の一文が振るっている。

内府様または中納言様御下向の由に候由、万端御下向次第に仕《つかまつ》る可《べ》く候。

いずれ、家康やその嗣子の秀忠が会津に攻め寄せるとのことだから、万事はそのおりに決着をつけようではないか、というのだ。

実力日本一、天下衆目の一致するところの次期天下人たらん家康にたいして、これほど激越かつ手際の鮮やかな返答をした武将は、古今に稀であったろう。亡き上杉謙信が乗り移ったかのような、兼続の気魄の凄ましさが伝わってこようというもの。

「直江状」自体は、後世の偽作であるのは間違いないが、兼続にこのおりの心情を吐露させれば、やはり、同じ返答となったのではあるまいか。その証左に、家康は「直江状」に触発されたかのように、慶長五年六月、軍勢を率いて大坂城をあとにした。

さて、三成と兼続が、あらかじめ交渉を持っていたか、否かである。

東西呼応の精緻な作戦計画の立案はともかく、家康にどのように対処していくのか、意見の交換くらいはあったであろうし、西軍編成を準備した三成は、当然のことに盟友の兼続を頼りともしたであろう。

このおり上杉の全軍を束ねる兼続は、家康らの軍勢を迎撃すべく、いかなる戦略・戦術を策定していたであろうか。おそらく、秀忠の軍勢を上田城に釘づけにした真田昌幸のように、家康勢をあらかじめ予定した主戦場（たとえば、革籠原《かわごはら》）に誘導し、まずは三方に伏せた主力でもって痛撃して、緒戦で徳川勢に打撃を与える作戦を採用したかと思われる。敵軍を自領に迎える間際、速戦で叩くのは謙信以来の上杉戦法であった。戦国の猛兵・越後勢＝上杉軍は信長の死後、合戦らしい合戦もしておらず、無傷のままであったから、決して机上の空論ではなかったはずだ。

家康を一蹴し、その後、長期戦に持ち込めば、三成の行動もきわめて容易になったであろうし、上杉対徳川の開戦段階で三成が挙兵すれば、会津で硬直状態の家康は、満天下に劣勢とみなされたであろう。実際の関ヶ原の戦いがそうであったように、兵力数での形勢はより西軍有利に働いたに違いない。

しかしながら三成の挙兵は、あまりにもはやすぎた。そのため上杉征伐にむかった家康は、途中、下野の小山から軍を戻してしまった。

ところで、佐和山に隠棲した三成は、居城にあってひとり何を考えていたのだろうか。

「どうすれば、豊臣政権を存続し得るか……」

これのほかにはなかった。三成は完璧主義者である。徹底してその方法論を己れの頭脳で煮詰め、整理し、検討し抜いた。結果、

「やはり、豊臣政権存立のためには内府を除かねばならぬか——」

家康打倒を実現するには、日和見の諸侯が豊臣恩顧を色濃く残している間に、働きかけ

るのが肝要であった。家康はこの先、前田家につづいて残りの「五大老」を各個撃破し、その過程で己れにたいする叛乱軍の決起するのを待って、これを討って豊臣家そのものに痛撃を与え、簒奪の歩を進めてくるのは間違いなかった。

二者択一を迫られた人々

「内府はおそらく、短期決戦を望むであろう」

三成はどこまでも見透していた。

詳細は後述に譲るが、対家康戦法を、長期持久戦――具体的には、籠城戦を想定したのは三成であった。彼の脳裏には、亡き秀吉が家康と戦った小牧・長久手の戦いがあり、この戦いを再現すべく三成は計画を練ったのである。

「勝たずとも、敗北せねばよい。この戦《いくさ》、誰かが起こさねば、正義は未来永劫に地を払ってしまう」

よく、家康の二百五十余万石にたいし、三成の十九万石が対比され、この戦いは当初から勝負がついていた、などといわれるが、それはあまりにも素人の短慮にすぎる。

のちに西軍を結成する三成には、難攻不落といわれた天下の名城・大坂城が背後にあった。

大坂城《ここ》の御金蔵には、潤沢な軍資金が蓄積されていた。年間の金山・銀山の運上だけで十二万両を超えたというから、二百八十余万石の直轄領からの利益と独占化された海外貿易によって、豊臣家は世界でも屈指の財力を誇っていたことになる。

表高は二百五十余万石とはいえ、その実、開発途上の後進地域をあてがわれていた家康は、むしろ、財力にみるかぎり不利であったといっていい。

しかも、行政府の長官に等しかった三成は、その仕事柄、京都・大坂・堺・博多などの商人たちとも昵懇《じっこん》であった。表面には出にくいが、関ヶ原の戦いには、西の三成にしろ、東の家康にしても、豪商たちからの援助があったのである。

もっとも、東軍・西軍という呼び方から、西日本に属する京都・大坂・堺・博多の商人たちは、すべてが西軍を支援していたと考える人は多いが、事実は必ずしもそうではなかった。とくに京都の豪商たちは、積極的に家康側に荷担した。

これは、はやくから家康に接近していた茶屋四郎次郎や亀屋栄任《かめやえいにん》の働き、根回しがあったものと考えられる。彼ら商人たちにしてみても、家康と三成の戦いは、己れの生き残りを賭けて勝敗を見極めなければならない、二者択一の難問であった。

堺の商人の場合はさぞかし、心境も複雑であったろう。堺の出身者・小西行長が西軍の主力の一人であったことから、小西グループは西軍を支援し、堺の実力者の一人・天王寺屋宗凡《そうぼん》（津田宗及《そうぎゅう》の子）も西軍支持にまわった。三成が一時期、堺の代官をつとめていたという親近感もあって、全体としては西軍色が濃い。堺のいま一人の実力者である今井宗《そう》薫《くん》（今井宗久《そうきゅう》の子）は、独自の勘を働かせ、家康に接近。天王寺屋・小西グループは西軍に、今井グループは東軍支援といった具合に二派に分かれていた。

博多の商人では、島井宗室《そうしつ》は中立の立場をとっていたものの、神屋宗湛《そうたん》は堺の天王寺屋道叱《どうしつ》（天王寺屋宗凡《そうはん》の一族）を介して、三成に誼《よしみ》をつうじ西軍の軍資金徴募を担当している。その他、伊勢大湊《おおみなと》の豪商・角屋ははやくから家康と繋がりをもち、東軍を支援。商人ながらときには水軍の要員として、西軍の水軍団と戦った。

――加えて、鉄砲や大筒の製造である。

当時、わが国で一、二の鉄砲産地といえば〝国友村〟であった。『国友鉄砲記』によると、天文十三年（一五四四）、室町将軍の足利義晴（十二代）が管領・細川晴元に命じて、鉄砲一挺を国友村の鍛冶に下げ渡し、その製作を試みたのがはじまりだという。

ここは、三成の領国に含まれていた。主要兵器としての鉄砲を、少しでも多く入手したい家康は、敵将三成の支配下にある国友村に、鉄砲の発注をしている。

家康は密かに彦坂九兵衛光正、成瀬隼人正《はやとのしょう》正成《まさなり》を派遣し、国友鉄砲鍛冶に手を回して、一貫匁玉の大筒五挺、八百匁玉の大筒十挺を急ぎ製作するよう命じていた。慶長五年四月のことである。この注文を実際に製作鍛冶へ周旋したのは、同村の年寄・脇坂助太夫寿斎《じゅさい》であり、家康は関ヶ原戦後、この協力者の助太夫ら三名を総代に任じている。

三成はこうした家康の動きに対処して、家老の島左近に策を授け、兵をおくって阻止しようとした。そして一方で、また、三成は秀吉の定めた法度を守り、新規に鋳造するのを禁止する命令をも発している。

そうしておいて三成は、これからの家康との戦いに備えて、大筒五挺を用意している。石火矢《いしびや》（石火箭《かせん》）ともいい、陣地や柵内から発砲した。鉄砲も新式であった。国友の最新式の武器で、三成の軍勢は武装していたことがしれる。

三成の準備は着々とすすんでいた。だが、家康の行動＝上杉景勝征伐もまた、予想のほかにはやかった。家康は六月二日、在国の諸大名に軍令を発し、同十六日、自らも大坂を発して伏見城に入った。この間、会津討伐に向かうにあたり、豊臣秀頼から黄金二万両と米二万石を軍費として受け取っている。

五奉行のうち、増田長盛と長束正家は大坂に留まって秀頼の補佐にあたった。

家康麾下は三河の譜代の兵力が三千余、これと前後して東下した諸侯は秀吉恩顧の武将たちばかりであり、その総数およそ五万五千八百であった。六月十八日、伏見を発った家康は、近江―伊勢を経て、東海道を下り、七月二日、いったんは江戸城に戻った。

そして家康は予定のとおり、七月二十一日に江戸を発ち、武蔵の鳩谷を経由すると、二十二日に岩槻へと迫ったのである。

家康の出征と宇喜多秀家

――話の矛先を、三成の側に向けてみたい。

三成の挙兵に関する下準備については、先にも少しふれたが、肝心の軍勢を募ることにおいては、何事にも完璧を期そうとするこの行政官は、家康に尻尾《しっぽ》を摑まれるような失敗はやらなかった。が、これは逆にみれば、慎重に構えるあまりに、きわめて限られた範囲（時間・距離）での準備にならざるを得なかったことを表している。

家康が会津上杉家の征伐に出征するまで、三成から家康打倒の画策を耳うちされた可能性のある者といえば、石田家の重臣（侍大将）島左近、舞兵庫、蒲生蔵人郷舎《さといえ》をはじめ、大場土佐、大山伯耆《ほうき》、高野越中、蒲生将監《しょうげん》、北川平左衛門、渡辺勘兵衛といった臣下の諸将たち。

あるいは、実父の石田正継（近江国内三万石）、兄の正澄《まさずみ》（近江・河内両国内に二万五千石)、妹婿の熊谷直盛《くまがいなおもり》(豊後国安岐一万五千石)、娘婿の福原長堯《ながたか》(豊後国府内で六万石に半減)、娘婿の石川貞清(尾張国犬山十二万石)と外舅(妻の実父)である宇多下野守頼忠《よりただ》(大和・河内両国内に一万三千石)ぐらいではなかったろうか。

これがのちに、三成に災いした。と同時に、家康を地獄に突き落とすことにも繋がった。用意周到な家康は、己れが会津に向かえば、反徳川の旗が石田三成、大谷吉継らの手で挙がるのを必至とみなしていた。だが、その兵力たるや多くとも二万程度、まずは一万五千人を超えることはない、との判断であった。

家康のそうした判断の根拠は、後世の日本陸軍参謀本部が、『日本戦史』を編纂するにあたって用いた、軍役の計算方法と大差はなかった。

石高を百石につき三人の軍役で計算すると、十九万四千石の三成の動員可能兵力は六千人となる。これに同心する大名として、家康が見積もったのが大谷吉継(五万石、動員兵力千五百人)、小西行長(二十万石、同六千人)。ほかに勢いと血縁で、小大名の二、三が参加しようとも、会津征伐軍として編成した五万五千八百の軍勢とは、まるで勝負にならない。場合によっては軍勢を二分し、会津上杉攻撃と上方攻めを同時に実施してもよい、といったほどに家康は高を括《くく》っていた。この慎重な男をしてここまで安心させたのは、幾重にも張りめぐらせた情報網をもってさえ察知《キャッチ》できぬほど、三成が一切の外交通信を控えていたところに、最大の要因があった。

「決行するか否かは、あるいは宇喜多秀家の荷担次第であるかも知れぬ」

家康はかたわらの謀臣・本多正信に、そう洩らしたことがある。

備前岡山を居城とし、備前・美作・備中半国、さらに播州の三郡にまたがり、五十七万石を領有する「五大老」の一人、宇喜多秀家は動員兵力一万七千を持っていた。

その軍勢がそっくり三成方に荷担すれば、決してあなどれない勢力となろう。

だが家康は、こと宇喜多家については、

「参戦しようとも、驚くほどのことはあるまい」

と、密かに安心していた。前に少しふれている。

元亀三年（一五七二）生まれの当主秀家は、ときに二十九歳。一万を超える兵力を動かすには、まだ若すぎた。しかも、幼い頃から秀吉の下で育てられたため、他人の中で苦労した経験がなかった。家臣を思いやるといった細かい気遣いが苦手で、将才は豊かなのだが、政治力はいまひとつ。人柄の素直な分だけ、領国経営には不向きであった。

当人もそうした点は自覚していて、政事は重臣たちに任せ、自身は能や茶の湯などに専心。朝鮮の役のおりには、明の大軍を開城で破り、晋州城を陥落せしめて、武功光輝たるものをもちながら、世上では遊び好きな武家の貴公子と評判されていた。

五十七万四千石もの大封の政事《ほう》は、筆頭家老の長船《おさふね》紀伊守綱直《つななお》の専務であった。才智あり、武勇もあるうえに熱心なキリシタンで、節義も人一倍といった人物であったから、これまでそつなくやってきたが、長船の政権は一面、あまりにも長きにわたり過ぎた。

加えるに、戦国武将の常で、長船は人間にたいする好悪の感情が強烈であった。

当然のごとく、反長船派が誕生する。二万四千余石を領有する宇喜多左京亮が、その首領株となった。とはいえ、長船政権はさしたる失敗もなく安定していたから、反対派といえども当初は、単なる批判勢力でしかなかったようだ。

ところが、情勢が一変した。慶長三年（一五九八）、当の長船が病死したのである。一説によると反対派による毒殺ともいわれている。そのうえ、後任に左京亮が就任したから、宇喜多家は大混乱となった。左京亮がいま少し政治に長けていれば、それまでの主流派には時間をかけて粛清・整理といった報復人事を、行うべきであったろう。

だが、時代を反映してか、この人物は露骨きわまりない情実人事をすぐさま断行し、主要部署《ポスト》を自派で固めると、長船派であった人々をことごとく放逐した。

余談ながら、この左京亮は後年、坂崎出羽守直盛《さかざきでわのかみなおもり》と改名する。関ヶ原で家康につき、石見浜田二万石を与えられ、のちに石見津和野に四万石を領有した。

彼は大坂夏の陣のおり、家康の孫娘・千姫を大坂城から警護し、その後、千姫の新たな婚礼話を進めながら、途中で別の本多忠刻《ただとき》に輿入れが決まったおり、面子をつぶされ、揉《もめ》事《ごと》を起こそうとして、未然に殺されたといわれている。坂崎家は断絶した。

そもそもその性格が、並はずれて激しかったのだろう。この坂崎直盛＝左京亮に、関ヶ原の前に旧長船派の生き残りである中村刑部が、抗争の火蓋を切って落とした。

秀家に直訴したのである。が、この若き主君は、内政に優柔不断であった。

「その方の申すこと、わからぬではない。したが、時機を待つがよい」

これを知って、左京亮は激昂した。

秀家に刑部の引き渡しを求めたことから、他の大名家からも、両派の調停をかって出る者が幾人か出たが、それがかえって左京亮の心情を逆なでする結果となった。

家康の攻勢、三成の不利

秀家は刑部引き渡しを拒絶した。すると左京亮らは、武装して備前島屋敷（現・大阪市都島区）に籠城。白昼、公然と主家に宣戦布告をしたのであった。

この辺りは、いかにもこの時代の息吹きを感じる。

事態が天下に表明されたからには、秀家も放ってはおけない。面子の問題もあった。秀家は以前より、三成とは仲がいい。家康の存在を危惧する同志でもあったが、不幸にしてこの時、中央の政界に三成はいなかった。

そこで秀家は背に腹はかえられず、「五大老」筆頭の家康に、正式に調停を依頼した。

この事件はどのようにみても、左京亮ら武装籠城側に非があった。

主君にたいする反逆は、戦国時代であろうとも極刑＝切腹ものである。ところが、裁断に乗り出した家康は、むしろ彼ら籠城組を保護するかのような立場をとった。表向きは蟄居処分にしたものの、左京亮らを関東の地に囲い、密かに扶持米までおくっている。

吝嗇の家康にしては思い切ったものだが、これで宇喜多家の力を分散・減少できれば、安いものと計算したのであろう。籠城組には、歴戦の強者たちが多かった。あたかも、織田信雄の勢力の弱体化を企図した秀吉が、信雄にその重臣たちを始末させた謀略にも似ている。

「三成など、恐れるには足らぬ」

そう踏んでいた家康は、上杉征伐の途上、後続の情報――とりわけて七月二十四日、下野国小山（現・栃木県小山市）の宿に到着し、上方に残してきた伏見城守将・鳥井彦右衛門元忠からの飛報――に接し、顔色を変えた。

使者は、彦右衛門の家臣・浜島無手右衛門《むてえもん》である。

予期したように、三成が挙兵したという。

だが、問題はその兵力にあった。十万近い人数が、結集しつつあるというのだ。

「よもや……、間違いではあるまいか……」

家康は卒倒せんばかりであった。目の前が瞬時に、真っ暗となる。

周りに家臣がいなければ、へなへなとその場に倒れ込んでしまったろう。心底、このときほど三成の恐ろしさを、骨身に染みるほど思い知らされたことはなかったはずだ。

（――あ奴め、太閤の再来かも知れぬ）

家康の恐怖は、織田信長、豊臣秀吉、蒲生氏郷といった自らとは異なる流れにたいする、劣等感と不可解さゆえに、一層、強烈となっていた。

一足す一が二になれば、家康とて十分に理解できた。

ところが、これらの武将たちは、一足す一を十にも二十にもしてしまう。きらびやかな雰囲気、勢いといったものを自在に生み出し、動かして天下の人心を掌握した。

家康は憑かれたように、無意識のまま手指の爪を嚙み始める。

やがて西軍となり、対等の軍事力となる三成方が、どうして十万もの兵力に膨れあがったのであろうか。家康は懸命に、その謎解きをしていたようだ。

――家康の疑問に答えるため、話を会津出陣の時点に戻すことを許されたい。

七月二日のことである。この日、越前敦賀城主・大谷吉継は、家康の会津遠征に従うべく、北陸勢（総勢一千余）を率いて、美濃の垂井《たるい》に到着した。軍令はすでに発せられていて、出陣のとり決めもかねての約定により、吉継は三成の子・石田重家（あるいは、重家はすでに大坂城に人質としてあったから、重家の弟・重成かもしれない）を会津に同道すべく、使者の金崎椿斎《ちんさい》を佐和山に派遣した。

垂井から佐和山までは、距離にして三十五、六キロの道程である。

三成は慎重で、表面上は家康に恭順の意を表し、使者を家康の許におくって、会津征伐の労をねぎらうと、わが子をも従軍させてほしいと願い出ていた。家康はこれを許可していたが、三成は盟友ともいうべき大谷吉継にも、

「わしの代理で、子供を会津征伐に参加させたい。ついては貴殿に同道させてもらいたい」

と依頼していた。

つまり、三成はこの時点まで吉継をも欺いていたことになる。

この時代、武士の人間関係は主従関係が主であり、ほかには親子・夫婦の結びつきがあるくらいで、後世にいう朋友、親友といった関係は未成熟であった。

秀吉と前田利家にみたように、〝友情〟という概念は先に挙げた〝節義〟にも増して、不可解なものであったといってよい。同性間の情も、同性愛くらいしかなかった。そうし

た時代に、三成と吉継は奇妙な友情で結ばれていた。これは特筆すべきかもしれない。

それでも三成は、ぎりぎりの段階まで、吉継に挙兵を語らなかったのである。

しかし、家康が鈴鹿峠を越え、伊勢関宿《せきじゅく》に駒をすすめると、三成は家臣・樫原《かしわばら》彦右衛門を使者として垂井に遣わし、吉継を佐和山に迎え、深夜におよんで密議をこらした。

呼ばれた吉継は、己れの全身から血のひくのを感じたのではあるまいか。

「近年の内府（家康）の所業をみるに、太閤殿下の遺命に背《そむ》くばかりか、嗣子秀頼公をないがしろにすることははなはだしい。これを放置しておけば、豊臣の天下が早晩、家康のものとなるのは火をみるよりも明白である。われら幼少の頃より、太閤殿下の大恩を被りし者としては、これを拱手傍観するわけには参らぬであろう。内府東下の機に乗じ、これを討滅しようと思う」

三成は胸のうちを開陳した。論旨は実に、堂々としている。

さすがの吉継も、圧倒されそうになったが、そこは思慮深い戦略家である。

「確かに、内府どのの所業たるや専横のきわみ。許し難いものがある。だが、いまは必ずしも、秀頼公を廃すべく画策がなされているとは思えぬ。それに今日の内府どのの勢威に、誰一人として対抗しようとする者はいまい。それに比し、貴公は加藤主計《かずえ》（清正）をはじめ、諸将の恨みを買うこと久しい。もし、いま事を挙げれば彼らは、治部少憎しと内府どのに与《くみ》して敵にまわるであろう。それでは豊家《ほうけ》を二分することとなり、かえって天下の静謐《せいひつ》を乱す者と指弾され、貴公の志を実現するのは困難となろう。この刑部が東下しようとしたのも、実のところは徳川家と上杉家を調停しようと思ったからだ」

大谷吉継の荷担

吉継は時期尚早とみてとったが、それですんなり引き下がる三成ではなかった。

「わが行動は、ひとえに豊家の将来を思案してのこと。もとより、わが身のためではない。この機を逸して好機はもはやおとずれまい」

自説を主張し、譲ろうとはしなかった。

二人はしばらく口論したであろうが、説得はむずかしい、と悟った吉継は七月七日、とりあえず三成に別れを告げると垂井に帰陣した。

しかしながら、吉継は三成説得を諦めたのではなかった。垂井に留まること三日、その間にこの地に一万二千石を領する平塚因幡守為広《ためひろ》（三成派）を佐和山に派遣して、再三にわたって三成の説得を試みている。が、三成はついに吉継の言い分を聞き入れなかった。

吉継にとって、〝友情〟をためされるときがきた。ある野史には、このおり吉継は、秀吉在世中の茶会での挿話《エピソード》を思い出したという。

この頃、奇病にかかっていた吉継は、皮膚に異変を生じ、顔面が崩れるという苦しい状態にあった。白い薄布を顔面に掛けて、己れの醜貌をさらすまいと懸命に努めていたが、ある茶会の席上、これがかえって仇になったという。

回されて吉継の前にきた茶碗に、はずみで、顔から何かが落ちた。

居並ぶ諸侯はそれに気付き、吉継の次に茶碗を回された者は、茶を飲む真似だけして次へ、そして次へと茶碗は回されていく。

吉継の心中での羞恥《しゅうち》、無念はいかばかりであったろうか。居たたまれなかったに違いない。やがて茶碗が、三成の前に回されてきた。彼は作法どおりにそれを手にすると、ことごとく飲み干してしまったのである。

吉継はそれをみて、

「この男のためなら、わしは生命《いのち》も要《い》らぬ」

そう心に決したという。実話か否かは不明である。いくらなんでも、こうした話題《トピック》だけで、二人は友情を温めてきたわけでもあるまい。が、二人は、

「断金の交《まじ》わり」（『天野遺語《あまのいご》』）

とすら表現されていた。

なかでも三成は、吉継の軍事の才を高く評価してきた。

かつて秀吉が、百万の軍勢の軍配をとらせてみたい、と評したほどの男である。三成にとって家康打倒に、吉継は不可欠の存在であった。それだけにまた、吉継には、わしが荷担せねばあるいは三成も思いとどまるかもしれぬ、といった思いもあったのだろう。

だが、三成はついに自説を曲げなかった。結局、吉継が折れた。

「信頼があればこそ、治部少は密謀をうちあけてくれたのだ。忠告を容れられぬとて、見捨てるのは武道の筋目ではない。治部少と行をともにしよう」

だが、このおりの吉継の変貌は、単に三成への友情・義理からだけではなかったはずだ。吉継も三成同様に、豊臣家への報恩としてその政権を守るため、いつの日かは家康を倒さればならない、とこころ密かに思っていたのではあるまいか。

「治部少が敗死すれば、いったい、誰が内府を誅せよう――」

吉継の慧眼には、目を覆い、耳を塞いで、わが身の安全をはかり、家康に追随する諸侯の姿があった。家康は増長する。そしていずれは、従二位さま（秀頼）を……。

将来のことまで、吉継は考え尽くしたはずだ。また、己れの寿命についても、思いをめぐらせたかと思われる。

吉継が「五奉行」に列していない理由の一つに、持病の悪化が取り沙汰されていた。この時期、髪が抜け、視力もほとんど失われていて、歩行もままにならなくなっていたという。のちの関ヶ原の戦いでは、竹輿に乗って参戦・采配したほどである。

「死ぬならば、治部少とともに死のう」

吉継が決心したとき、かたわらにいた平塚為広が、吉継の言葉に大きく頷くと、

「望んで望めぬ大決戦でござるよ。たとえ生命《いのち》果てようとも、義戦に参じることができれば思い残すことなど、些《いささ》かもござらぬて――」

といったという。

蛇足ながら、為広は己れの言葉通り関ヶ原において戦死をとげている。が、吉継にせよ為広にしても、三成を戴いては勝ち目は薄い、との計算ぐらいはできたはずだ。吉継が三成に呈した苦言が、『落穂集』に収録されている。おそらく、そのとおりであったろう。

惣じて其許《そこもと》（三成）には、諸人へ対し申されての時宜《じぎ》（適当な時期）、作法、共に殊《こと》の外《ほか》、へいくわいに候。

「へいくわい」とは、横着の意。豊臣家の官僚として辣腕を振るってきた三成には、彼の家来が主人に抱くほどの人望が、諸侯の間では薄かった。これは三成が好悪を明確にする

人物で、また、己れを曲げなかった性癖からも十分にうかがえた。

家康もそうした事を熟知している。ゆえに三成を首領としたのでは、せいぜい一万五千程度の決起とみなしていたのだが、当の三成も自己の短所・欠点はわきまえていたようだ。

縦横学の達人・恵瓊

三成は吉継が思い悩んでいる間に、使者を西へ遣わし、一人の人物を秘密裡に佐和山へ招いた。もしも、この人物がここで登場しなければ、関ヶ原の戦いは西軍決起――それ自体が不可能であったろう。

この人物は家康も、まったく慮外《ノーマーク》であった。

世にも、不思議な大名がいたのである。出自は決して卑しくはない。鎌倉幕府―足利政権とひきつづき安芸一国に号令してきた守護大名・武田氏の直流で、甲斐の武田家とは同族にあたる。室町期には若狭の守護・武田氏を、分家として配したほどの名門でもあった。

ところが下剋上の風波を真正面にうけ、衰弱していたところへ、周防《すおう》・長門《ながと》両国を本拠とする大内氏の勢力が伸張し、その配下として着々と勢力を蓄えていた毛利元就《もとなり》に、ときの主・武田元繁《もとしげ》は敗れて戦死を遂げた。永正《えいしょう》十四年（一五一七）のことである。

元繁の死は名門武田家の家運を大きく傾け、次代の武田光和《みつかず》が病死すると（天文三年＝一五三四）、お定まりの〝お家騒動〟が勃発した。光和の甥（弟の子）信重《のぶしげ》と光和の弟・信実《のぶざね》が家督を奪い合い、それに毛利氏がつけ入って、居城の銀山城（広島・武田山）が落城。信重は自害し、信実は出雲に出奔した。安芸の武田氏は事実上、このときに滅亡したといっていい。

この落城騒ぎの最中、信重の遺児で四歳（五歳とも）であった竹若丸が、家臣の戸坂《へさか》氏にともなわれて安芸・安国寺に逃げのびた。この幼童にとって、毛利氏は仇敵であったといえる。竹若丸は名門家の末裔らしく、その容貌は清高《せいこう》、その性情は俊邁《しゅんまい》と呼ぶに値する逸材であったが、なぜか家を再興する道を選ばずに学問僧の道を歩んだ。そして、臨済禅の五つの本山の一・東福寺二百十三世住持となる名僧・竺雲恵心《じくうんえしん》の弟子となっている。師の一字を得て、諱《いみな》を恵瓊《えけい》と称した。この僧侶は、還俗《げんぞく》せぬまま大名となったのだが、そうした例は他にはあるまい。少し、その軌跡をみておきたい。

恵瓊は学殖を認められ、京都にのぼってさらに学問を積み、中央の五山禅林の人となり、元亀二年（一五七一）、「首座」の位置にのぼった。三十代になると、郷里の安芸・安国寺の住持も兼ねるようになり、のちには東福寺二百十五世住持にもなっている。

ところで、恵瓊は安国寺によほどの執着があったのであろう。先々、栄達を重ねても、

この寺の住持の座は手放さず、ついには自らの名を、

「安国寺恵瓊」

と記すようになった。

この恵瓊が一躍、その名を天下に知らしめるようになるのは、天正元年（一五七三）、織田信長の末路＝「高ころびにあふのけにころばれ候づる」と豊臣秀吉の将来＝「藤吉郎、さりとてはの者にて候」を、的中させた頃からであった。このことは、すでに触れている。

中国地方十ヵ国をほぼ制した毛利家では、衰微していた朝廷や将軍の住まう京都をはじめ、諸国との外交上の交渉ごとを、尊崇する僧侶に委託する方法が半ば公然化していた。

恵心がその長官ともいうべき地位にあったため、弟子の恵瓊もその使い走りをするようになり、京都の権威的存在とも因縁が生じるようになって、やがては、その才を買われて一人前の外交僧として、活躍する場を与えられる。

恵心の時代は、まだ織田信長が京都に勢力を伸ばすにいたっていない。恵瓊が登場するようになって、織田氏の勢力が注目されるようになる。

恵瓊は抜群の頭脳に持ち前の淀みない弁舌をもって、また、目的を達するまでは手をやすめぬ執拗さ、根気で、外交の相手方をときに屈服させ、ときには毛利氏寄りに妥協させて、確実に外交僧（使僧）としての実績を積んでいった。

その成果ゆえに、恵瓊は毛利家において独特の地位を得る。

元就の死後は、その次男の吉川《きっかわ》元春と三男・小早川隆景を助け、その帷幄《いあく》にあって、ときには窮地に立った毛利家を外交戦で救ったこともしばしばであった（元就の長男の隆元は、永禄六年＝一五六三に急死している）。

なかでも元亀三年の備前出陣では、備前の大半と美作《みまさか》の一部、播磨の海岸部に勢力を張る宇喜多直家《なおいえ》（秀家の実父）を降参させた外交交渉は出色であった。

恵瓊はその後も、室町幕府最後の将軍・足利義昭とも折衝して、備後鞆《とも》ノ津《つ》に将軍義昭を迎え、小松寺に幕府らしきものを開かせ、次いで、四キロも離れた西方の山田（現・福山市熊野）に、地侍の屋敷を召し上げて〝将軍御所〟を構築している。

そうしておいて、天正四年十一月、毛利家の本拠・吉田城での首脳会議で、恵瓊は将軍東上策を説き、明春を期して軍勢を京へすすめる計画を決定に導いた。恵瓊の弁舌は当主の毛利輝元《てるもと》（隆元の嫡男）、その叔父・吉川元春、小早川隆景をも沈黙させる。

将軍義昭を擁しての上洛戦――毛利家では内海水軍と山陽道軍、山陰道軍の三道併進策を企画・立案した。恵瓊はすぐさま丹波地方の土豪懐柔に着手、また、本願寺門徒衆の協力もとりつけている。

ところがそこへ、織田軍の西進が伝えられた。上洛戦はご破算となり、恵瓊はやって来た織田家中国方面軍の司令官・羽柴秀吉と交渉する立場となる。

「版図の半分までは、削ることになってもやむを得まい」

毛利家の宰相ともいうべき小早川隆景に、胸の内を披歴され、恵瓊は独断で最前線の高松城主・清水宗治に切腹させることを働きかけ、秀吉との間で講和への道をつけた。

おりから本能寺の変が起こり、信長は横死し、秀吉が〝中国大返し〟を演じるのだが、恵瓊の並外れた聡明さは、地方の覇王・毛利氏に仕えるだけでは満足できず、信長の死後、天下取りへ食指を動かした秀吉に接近、ついには独立した大名となったところに如実に示されていた。

恵瓊は秀吉との間で、毛利家の領土を改めて決定するにあたっても、独断専行して話をまとめ、人質に元就晩年の子で、小早川隆景の養子となっていた小早川元総《もとふさ》と吉川元春の末子・経言《つねいえ》（のちの広家）を差し出した。元総は秀吉の寵を得て秀包《ひでかね》と名を改めて側近くに仕えたが、吉川経言はわずかな期間で国許に帰されている。

経言はこの年、二十三歳。自我のつよい性格で、かぶき者を気取る軽薄さがうかがえた。

宣戦布告

一方、所領を削られた形になった毛利家では、秀吉にぶつけるべき怒りを恵瓊に向けた。彼の頭が優れた風貌をもってなお、鉢の大きい、〝頭でっかち〟であったところから、

「鉢ひらきのようなる正慶小僧めが！」

と、陰口を叩いた。「正慶」は恵瓊の別称である。

やがて、四国征伐が開始された。天正十三年の六月である。

毛利家は秀吉の命により、小早川隆景が主力となって、吉川元長（元春の嗣子）とともに伊予を攻め、恵瓊は毛利軍と大坂を、そして四国討伐軍の主将・羽柴秀長（秀吉の弟）の間を往来し、相互の連絡と情報の収集・分析にあたった。

この役によって、小早川隆景は伊予国三十五万石を与えられ、隆景は多年の労に報いるために、恵瓊に領内・和気郡（松山市北部）に二万三千石を分与したのである。隆景はその後、九州筑前に国替えとなるが、恵瓊は十五年ものあいだ伊予の地にありつづけ、しかも、少しずつながら加増されて、慶長五年（一六〇〇）には六万石となっていた。

また、伊予のほかにも、安芸安国寺に与えられていた一万一千五百石があり、慶長三年

には東福寺第二百二十四世住持として、再度、同寺を采配し、同五年には南禅寺住持となって、中央禅林最高の位をきわめている。

おそらく、当時のわが国における、最高の頭脳といっても過言ではあるまい。

僧でありながら大名であり、同時に毛利家の政治・外交顧問で、さらには豊臣政権の頭脳《ブレーン》でもあったのだ。

――その恵瓊が、六十を二つ三つ超えた身体を駕龍に乗せ、佐和山に急行した。

「わしのこの手で、この国の歴史を今一度、塗り替えてみせようぞ」

恵瓊の大いなる野心、とでもいえばいいのであろうか。かつて、今少しのところで天下一統のならなかった毛利家の蹉跌を乗り越え、秀吉に天下を取らせた自負を呼び戻し、恵瓊は今度は三成を援けて、己れの演出による〝天下〟を改めて創り出してみたかった。

七月十一、十二の両日――おそらくは佐和山城において三成、吉継、恵瓊らの謀議がなされたはずである。

この席上では、諸国を豊臣、徳川方に分類し、諸侯に檄を発して参集を待ち、曖昧な態度に終始する大名には、大坂在住の妻子を人質として、一方では会津上杉家との連絡を密に、東西呼応して戦うことなどが話し合われた。

それにしても、三成は恐ろしいばかりに幸運な男といわねばならない。

〝天下分け目〟の一大決戦に臨むこの官僚武将は、それまでの歴史で幾人となかった大局観の持ち主、吉継と恵瓊――同時に二人もその帷幕《いばく》に迎え得たのであるから。

「要《かなめ》となるのは、安国寺どの、貴殿にござるぞ」

三成はつよく念を押した。

〝へいくわい者〟として人望に難のある三成は、吉継の助言もあり豊臣方の総大将に、家康に次ぐ身代百二十万余石をもつ毛利輝元を担ぐ計画を立案した。

輝元もはや、四十八歳になっている。とりわけて器量のある大将ではなく、人妻を強奪して側室とし、その夫を殺すというような非道な行いをしていたが、外部の見映えは、さすがに大毛利の嫡流である。温厚そうに、ものいいも柔らかにみえた。

「彼《か》の方《かた》を戴ければ、副将には宇喜多宰相どのを……」

三成は決定した事項については、淀みなく短時間に処理をしていった。

その的確なこと、素早さは比類がない。

秀吉が生前に、「余と似たる者」と激賞した三成だけのことはある。十二日中には前田玄以・増田長盛・長束正家の三奉行を勧誘。連署でもって、毛利輝元の上坂《じょうはん》を促す書簡を準備した。次いで、三成の兄・石田正澄《まさずみ》を近江の愛知《えち》川に派遣。関所を急造し、東下する諸大名を説得している。

十万規模の動員を企画・立案し、実施できる者といえば、この時期、やはり三成であったろう。三成は秀吉の秘書官として若い時分から、日本全土を視野にいれた行政・財務・人事の仕事に携わってきた。

使者を美濃岐阜城に遣わし、城主・織田秀信（三法師・信長の嫡孫）を説得し、上杉家の直江兼続にも書状を送っている。

「越後を、上杉家に返そう」

というのである、決戦に勝てば――。

――そのためには、越後に一揆を起こすよう提案した。

七月十五日、現役の三奉行の命によって、大坂への出入り口がすべて厳重に警固され、いわば戒厳令が敷かれて、諸大名たちの妻子の本領への帰国が禁止された。この日、木津川には毛利水軍が到着して川面を埋め尽くし、毛利輝元が大坂に華々しく入城している。

翌日には、土佐二十余万石の長宗我部盛親《もりちか》が、軍兵六千を率いて大坂に到着した。

七月十七日、三奉行と「大老」の宇喜多秀家が改めて協議し、毛利輝元を総大将に推戴すると、家康の留守居役として大坂城西の丸にあった佐野綱正《さのつなまさ》を追放。ここを総大将輝元の居所と定めた。いよいよ、関ヶ原である。

第五章

〝天下分け目〟の戦い

西軍の作戦要綱

余談ながら、大坂城を追い出された家康の家臣・佐野綱正の後日譚にふれておきたい。いよいよ会津出陣となったとき、家康は事前に佐野を召し寄せて、次のように命じた。

「そちは大坂城に残ってほしい。そして、この西の丸の留守居をつとめよ。そちを見込んでのことじゃ、女どもを頼むぞ」

家康としては、たとえ三成の挙兵を促すための遠征とはいえ、表向きは豊臣秀頼にかわり、「大老」筆頭として自らが会津征伐にいくことになっている。

よもや側室たちを引き連れ、東下するわけにもいかない。家康のみならず遠征軍の諸侯も、秀頼への忠節の証として「質」である妻子を大坂に残していた。家康ひとりがこの掟《おきて》を反古《ほご》にはできない。が、この男にも身内への情はある。否、常日頃、感情を押し殺して生きているだけに、こういう時ほど情が深かったのかもしれない。

佐野はこのとき、四十七歳。以前は豊臣秀次の家臣として、鉄砲隊の隊長に任じていたこともあった。他国者に偏見をもつ家康が召し抱えた一事をもってしても、佐野の才覚、機転の利きようは推し量れよう。ただ、彼自身にとっては、この主君からの依頼ははなはだ迷惑であった。武士は戦場に出てこそ武士であり、本領だと思い込んでいる。内心、きわめて不服ではあったが、とにかく命令であるがゆえに、これを承《う》けた。

そして三成が挙兵すると、佐野は巧みに徳川家の婦人たちを保護して、やがて大坂城を脱出。大和国に逃れて、土地の知る辺に彼女らを預けた。

「まずは、これでよし――」

佐野は一人で引き返すと、伏見城に入城し、奮戦してあっぱれな戦死を遂げた。

ところが戦後、家康はこうした佐野の行為に激怒する。家禄を没収して、その子にはわずかばかりの扶持米を改めて与えた。家康のいい分はこうである。

「綱正の討死は一見、忠に似ている。が、これは決して忠とはいえぬ。わしは女どもを綱正に預けたのである。それを保護すべき者が、途中で、わしの見も知らぬ他人に預け、己れ一人の武功を挙げるために、身勝手な振る舞いに及んだに過ぎぬ。許せぬ所業である」

いかにも、家康らしい。

さて、三成である。七月十七日、彼は三奉行を指図して、連署にもとづく家康の、太閤殿下の遺令に違背《いはい》せる事項十三ヵ条を列挙した書状を、家康の許におくりつけた。

これはいうまでもなく、家康に突きつけた三成の宣戦布告状であった。

以下、今風に四つばかり読み下す。

一、五人の奉行と五人の大老が誓書を認《したた》め、血判を押していか程もたたぬのに、奉行のうちの二人（三成と浅野長政）を追い出したのは許せない。
一、大老五人のうち、前田利家が死去したのにつけ入り、次には上杉景勝を討つべく、利家の子・前田利長を追いつめたのは、これまた許せぬ振る舞いである。
一、景勝に科《とが》がないにもかかわらず、誓書の約を違《たが》え、太閤殿下の置目《おきめ》に反し、景勝を討つというのは嘆かわしいことなので、種々、意見を開陳したが、家康が許容せず、会津征伐に出かけたのは言語道断である。
一、「五大老が連判すべきところを、家康一人で署判しているのは曲事であろう。

また、三奉行はこの条書に、次のような檄文を添えて諸大名に公布した。

さっそく申し入れるが、こんど会津発向のことは、内府公（家康）が大老や奉行ととりかわした誓書、および、太閤さまの御置目にそむかれ、秀頼さまを見すてて、出馬なされたのだから、われらはいろいろと相談した末に、これに敵対せざるを得なくなった次第である。内府公が誓約に違背した条々は、別紙にあげたとおりである。この旨を、もっともと思し召され、太閤さまの御恩賞をお忘れなくば、秀頼さまにたいして御忠節あるべし。

なお、この日に、毛利輝元と宇喜多秀家の二大老が連署のうえで、同様の檄文を前田利長にもおくっている。おそらくこの檄文は、豊臣氏とかかわりのある全国の諸侯にも送付されたことであろう。

この檄文に呼応して大坂に参集したのは、多くは近畿・山陽・九州地方の大名であった。毛利輝元をはじめとし、毛利秀元《ひでもと》（輝元の養子）、吉川広家《ひろいえ》、毛利秀包《ひでかね》、宇喜多秀家、小早川秀秋、増田長盛、小西行長、安国寺恵瓊、長束正家、島津義弘、島津豊久、長宗我部盛親、鍋島勝茂《かつしげ》、生駒親正《ちかまさ》、蜂須賀家政《いえまさ》、伊東祐兵《すけたけ》、高橋元種《もとたね》、脇坂安治《やすはる》、秋月種長《たねなが》、多賀秀種《ひでたね》、木下重賢《しげかた》、毛利高政《たかまさ》、相良頼房《よりふさ》、高橋直次《なおつぐ》、横浜茂勝《しげかつ》、藤掛永勝《ふじかけながかつ》、畠山正之《まさゆき》、山崎定勝《さだかつ》、赤坂則房《のりふさ》、堅田広澄《ひろずみ》、川尻直次《なおつぐ》、谷衛友《もりとも》、福原長堯《ながたか》ら、その兵数は九万三千七百余人に達した。

崩れる「五奉行」の足並み

副将に任じられた宇喜多秀家は、諸将を大坂城の大広間に集めると軍議を催したが、そこで自ら切り出した。

「今日われわれは、数万の大軍を擁している。にもかかわらず、敵勢の攻め来るを待つというのは、どうみても上策とはいえまい。家康はこのまま会津を攻めるか、退いて江戸を守るか、はたまた西上して参るか、このうちのいずれかであろう。ついては、当方は境を越えて兵を出し、敵の機先を制すのが得策であろう」

結集した諸将はこれに賛同し、次なる作戦が議せられ、決定した。

一、総大将・毛利輝元と増田長盛は、大坂に在城し豊臣秀頼公を補佐する。
二、副将・宇喜多秀家と石田三成、長束正家は、諸将とともに美濃・尾張方面へ進出して家康の動向をうかがい、以後の行動を決定する。
三、大谷吉継は北陸方面の攻略を担当する。
四、家康が西上する場合は、毛利輝元は大坂から美濃・尾張方面に進軍し、宇喜多秀家ともども全軍を指揮し、敵と勝敗を決する。

これらがその後の、西軍の作戦要綱となった。一、二、三については、ほぼ予定したとおりに決行されたが、四はついに実行されることはなかった。

ついでながら、三成が信濃の真田昌幸の許に、味方陣営への誘いかけをはじめておこなったのも、同じ七月十七日のことであった。この日付の、三奉行の連署状が現存している。真田昌幸の許へもたらされたのが、同月二十一日、昌幸とその子・信之と信繁（俗名にいう幸村）が下野の犬伏《いぬぶし》に到着した時であった。

信繁の妻は、大谷吉継の娘であり、三成―吉継系統《ライン》は信繁とは強く結ばれていた。ところが、これにたいして昌幸の長子・信之は、妻が家康の腹心で〝徳川四天王〟の一人・本多忠勝の娘――しかも、家康の養女の名目で真田家に嫁にきていたのである。

三奉行の連署による書状が届けられた犬伏では、真田父子三人の密談がおこなわれ、結果、昌幸―信繁父子は西軍の三成方に、信之は東軍の家康方に、各々つくこととなった。

昌幸は、三成が事前に何の相談もせずに、いきなり三奉行の連署状で「秀頼さまへの忠節」を訴えてきたことに、少なからず不満をもったようだが、甲斐・信濃・上野の三ヵ国を恩賞として約束され、荷担を決断した。なにしろ昌幸は、三万八千石の小大名に過ぎなかったのであるから、狂喜してもおかしくはなかったろう。

それにしてもなぜ、三成はここまでして、真田家の抱き込みにやっきとなったのか。

確かに、信州上田城主・真田昌幸は、無類の戦《いくさ》巧者として知られていた。ときに五十四歳で、脂ののりきった年齢である。信州の小豪族に生まれ、乱世中、最も離合集散のはげしい土豪林立の中で成人し、謀略の限りを尽くして、領土を増やして生きのびてきた。

信州の一土豪にすぎなかった父・幸隆《ゆきたか》（幸綱）は、甲斐の武田信玄の幕下に参画して大活躍。昌幸の兄二人は長篠・設楽原の戦いで戦死したものの、武田家が次代の勝頼で滅亡しても、昌幸は北条氏、上杉氏の間をうまく立ち回りつつ、信州上田城主となり、北条氏の守る上野国沼田城も攻略、支配した。その過程で、徳川の軍勢とも矛を交えている。

すでに東海の覇王として独自の勢力を形成していた家康に、昌幸は徹底して抵抗。もはや芸術の域に達しているといっていい巧緻な軍配で、ついには徳川方に潰滅的打撃を与えるにいたっていた。

秀吉にとって家康が、最後まで遠慮と畏怖のすてきれない天敵であったとすれば、徳川家にとってはこの信州の小豪族こそが、まさに天敵であったといえる。

とはいえ、三成はこの武辺絶妙の昌幸の手腕だけを求めて、連日にわたる書簡攻勢をかけたのではなかった。狙いとするところは、その立地にあったといえる。

すでに会津に向かった上杉征伐軍＝のちの東軍の諸侯は、東海道にひしめいており、この街道から会津との連絡をとるのは不可能に近かった。

上田城はもう一本の横断街道＝中山道《なかせんどう》における、上方と会津を結ぶ連絡中継地に位置していた。戦略上ぜひとも、確保しておかねばならない要所であった。

昌幸の次男信繁（幸村）は、かつては上杉家に人質として預けられていたこともある。三成にとっては好都合な、会津＝兼続への中継者を意味していた。

俗説がいうような、事前の具体的な密約こそなかったものの、家康打倒に立ち上がった三成にとっては、かねて昵懇の兼続は同じ目標をもつ同志であり、これから動き出す豊臣軍＝西軍と会津上杉軍は、先々は連合軍となる運命共同体であった。三成は挙兵の以前から、この中山道の確保、上杉氏との連合を細々と考えていたのであった。

家康はもう少し、三成なる人物をよく観察すべきであったかもしれない。

三成の挙兵計画はその立ち上がりにおいて、完璧ともいえる成果を挙げた。さすがにこの人らしいスケールの壮大さ、手堅さが感じられる。

「家康を討つならば、正々堂々と旗鼓《きこ》をすすめ、天下にその非を鳴らしたいものよ」

三成にとって関ヶ原の戦いは、単なる私怨の合戦ではなかった。

義は必ず勝利し、不義は滅びることを、天下の人心に身をもって示し、無明の乱世に道理の灯をともさねばならない。具体的な三成の作戦は、心象《イメージ》としておそらく、小牧・長久手の戦いを想定していたはずだ。

家康が三成を暗殺しようとしなかったように、三成もまた小手先の合戦で天下の変わらぬことを知っていた。十七年ばかり前、主君信長を本能寺に封殺した明智光秀は、〝三日天下〃（実質十一日間）で潰え去っている。このことは、人々の記憶にもあたらしい。

しかし、数多い人間の中には、物事の本質を歴史の流れの中でとらえるのではなく、目先の事物、状況だけで判断してしまう者も、これまたいつの時代にも存在した。

「闇討ちであろうとも、家康を仕止めれば勝ちではないか――」

五奉行から失脚した浅野長政にも、そうした雰囲気はうかがえたが、現職三奉行の中の長束大蔵少輔正家にすら、その主張はみうけられた。

この年、四十を過ぎたこの有能な官僚は、近江水口に十二万石を領有する大名であったが、見掛けは神主のような印象を人々に与え、自身も武張ったことは苦手といい、肝も三成ほどにはすわっていなかった。

けれども、秀吉への恩顧は人一倍つよくもっている。なにしろ、丹羽長秀の家来という陪臣ながら、経理の才を認められ、五奉行にまで抜擢されたのである。人間、思いつめると恐ろしいもので、長束は日増しに加わる家康の圧迫に、精神的に追いつめられ、家康が会津征伐に東下を開始したとき、一挙に暗殺という手段でことを解決しようと企てた。

家康が大津城（城主・京極高次）を出発し、近江石部の宿に夜営した七月十八日、正家は家康の宿所を訪れ、翌朝の饗応を申し入れた。家康はこの申し入れを受けたが、伊勢の代官・篠山資家《ささやますけいえ》の注進によって、結局は遁走している。長束の暗殺計画は水泡に帰した。

同二十日にも四日市で、家康は桑名城主・氏家行広《うじいえゆきひろ》（三成派）の饗応を疑い、夜になって船で脱出している。

長束は暗殺行為の反省をしたのか否か、いずれにせよ、以後は三成の指示に無条件に従うようになった。ところが、長束と同じく文治派に属する増田右衛門尉《うえもんのじょう》長盛の動向が、この頃から怪しくなってくる。否、もともと怪しかったというべきか。

三成の思惑違い

増田長盛は秀吉によって、二百石の身分から引き上げられ、ついには大名となって今日にいたったが、幼い秀頼を補佐する立場からも、当然ながら武断派を嫌い、文治派の一員としてその追い落としにも荷担。三成の最盛期には、同輩ながらその腰巾着に徹していた。

ところが、三成が佐和山へ閉居させられると、増田は家康の家来にでもなったかのように振る舞い、家康の横車に徹底して抵抗もせず、黙認する傾向すらみせたのである。

それでいて内心、家康のやり口には憤り、長束をつかまえては愚痴をこぼした。

三成が挙兵計画を携えて大坂に乗り込んでくると、すぐさまそれに順応。家康を糾弾する「内府ちかひの条々」（十三ヵ条）にも進んで連署した。そして、

「治部少、わしはこたびの義戦、粉骨して働きたい」

と、掛け声も勇ましかった。

が、やがて日本最大の軍事力を擁する家康を敵に回すことに、増田は怖気をふるい始める。勝利すればよいが、敗れればすべてを失ってしまう。増田は悶々としたあげく、二股外交を決意した。三成を援けながら、家康とも密かに誼《よしみ》を通じておこうというのだ。

三成の挙兵を風説として伝え、大谷吉継の荷担を匂わせ、情勢が明確になり次第にお知らせします、といった密書を、家康の幕僚・永井右近大夫《うこんのたいふ》直勝《なおかつ》の許に届けている。

増田が難解なのは、自身に三成を売ったとの意識のないところにあった。家康に送った密書の内容は、家康のもつ情報網によって得られるそれと、なんら質的に相違するものではない。すなわち、第一級の機密を漏洩しているのではない、と増田はいうのである。

西軍の主将たる三成は、衷心からこのたびの挙兵を豊臣家の義戦と位置づけ、西軍参加の諸将にもそうした意識の涵養《かんよう》をはかってきた。

だが、こうした道徳律は移ろいやすい人心を、繋ぎとめておくだけの魅力には乏しかった。戦国乱世を成り上がってきた諸将にとっては、恩賞こそがすべてであったといってよい。それを承知していながら、三成は「豊臣恩顧の大名は西軍として戦うべし」と主張し、奮戦を期待した。それがやがて昇華して、間違いなく彼ら大名たちは、西軍について戦ってくれる、との確信にも似た手応えとなっていった。

無論、三成も諸侯が望むであろう恩賞を約束し、利で諸侯の功名心に訴える工作はしている。だが、己れの身中の純然たる〝正義〟（節義）は、諸侯たちの胸奥にもあるはず、との希望的観測があるため、ややもするとそれらにたいする詰めを甘くした。

しかし、家康は違った。この男はそうした〝思惑〟〝願望〟といった類のものを、生涯かけて、自身の中で濾過してきたようなところがある。

思惑を抱いて武田信玄と戦った三方ヶ原で惨敗を喫し、信長亡きあとの天下取りにも出遅れてしまった。嗣子の信康を第二位《ナンバーツー》の酒井忠次の讒言によって失い、宿将・石川数正には主人でありながら見捨てられている。現実の世界がいかに思惑どおりに行かず、また、期待どおりのものとかけ離れて推移するものか、をこの歴戦の将は骨身に刻んでいた。

――この感慨は、領土に対する見方にも表れていた。

三成は三十五万石を超える大身になれるところを、己れの思惑から拒み、あたら栄達をふいにしてしまったことがある。

筑前・筑後に五十二万余石を領有していた、小早川秀秋に事の発端はあった。

秀吉は生前、己れの肉親が少なかったため、正室北政所の縁者をことごとく厚遇し、政権の重要な要《かなめ》としたが、北政所の兄・木下家定《いえさだ》も重宝がられた一人で、本人は播州姫路に二万五千石を領していた。石高が小さい。あまり出来物ではなかったのだろう。

もっとも、ここが北政所の実家《さと》であったことは間違いない。

この家定には幾人かの男子があったが、そのうち、五男の秀俊《ひでとし》（のちの秀秋）は秀吉の養子となり、一時期、豊臣家の二代目を継ぐのではないか、と目されたこともあった。

だが、秀俊は性格が凡庸で思慮のない、そのうえに短気者で、学問もしなければ武芸もうけつけないという、若者に育ってしまった。そのため、人々の期待は薄れた。

それでも、官位だけは昇進し、参議に任ぜられて左衛門督《さえもんのかみ》（唐名で金吾《きんご》）を兼ね、ついには権中納言となり、従三位にのぼった。

文禄元年（一五九二）には、中納言となっている。

「金吾中納言」

などと呼ばれたものの、翌文禄二年に秀吉に実子（秀頼）が生まれると、秀秋は豊臣家を出て、しかるべき有力大名の養子となる羽目になった。

秀吉は毛利輝元に実子がなかったことに注目、ここへ秀秋を押しつけようとした。

それを知って驚いたのが、毛利家の宰相・小早川隆景であった。

「あのような阿呆、毛利家には入れられぬ」

といったかどうかはともかく、秀秋の軽躁《けいそう》ぶりは有名であったから、それを阻止すべく隆景は、この阿呆を已れの小早川家で引き受けた。小早川秀秋の誕生である。

秀秋は太閤秀吉の後ろ楯もあり、第二次朝鮮出兵では総大将となったが、もとよりそうした器ではない。周囲の者がいかに取り繕うとも、悪行の数々が包みかくせず、軍目付を通して秀吉の知るところとなった。激怒した秀吉は秀秋を召還し、三十五万七千石（一説に三十三万六千石）を取り上げると、越前北ノ庄十二万石に減知して、すぐさま封じる処置をとった——この話は少し歪曲されており、史実は朝鮮出兵の兵站《へいたん》基地を新たに作るための処置であったのだが、空けた筑前・筑後の所領をみて、秀吉は誰よりも目をかけていた三成にどうか、と思い至る場面があったという。

慶長三年（一五九八）五月下旬、すなわち秀吉の亡くなる三ヵ月前のことらしい。

「その方に筑前と筑後の両国を与え、九州の物主《ものぬし》としてやろう」

秀吉がいうと、喜ぶかと思われた三成はにべもなく、

「遠国に領土を戴きましても、勤めに不自由でございます」

と、即座に断ってしまった。

三成は地方の巨領よりも、石高は少なくとも、中央に所領のある方が出処進退に都合もよく、秀吉側近としての地位や豊家の権威を代理する権限は、領国・石高を上回るとみた。

だが、それは泰平の世のこと——秀吉が老い、後継者秀頼が幼いという政権の不安定な

現実を直視すれば、これは受けておくべきであったろう。代理人を九州の領地へ派遣してもよかったはずだ。三成にもと「五奉行」の肩書とともに、三十五万余石の実力が備わっていれば、当然のことながら諸侯への押し出しも違っていたはずだ。関ヶ原の決戦前夜、あるいは当日、三成はそうしたことを、嫌というほど思い知らされることになる。

三成は減封された秀秋に同情し、小早川家に派生した多数の牢人の世話を焼き、石田家にもそうした牢人を引き受け、召し抱えた。三成は秀秋を豊臣家の縁者であり、最大恩顧の大名と見なし、当然のことのようにその活躍ぶりを、それなりに期待していた。

けれども、秀秋本人は違った。もと養父（秀吉）は実子秀頼かわいさに、自分を放逐した人であり、減封をして恥をかかせた権力者、としてしかみていなかったようだ。

「太閤殿下に比べ、有難きは内府どのよ」

秀吉の死後、慶長四年（一五九九）二月、家康は小早川家の領地を元に復した。

理由を太閤の遺言といい張ったが、そうした事実はなかった。

家康は、なにが人の心をとらえ得るのか、心憎いばかりに知り尽くしていたのである。

本性からの涙

この家康という複雑きわまりない人物を知る、歴史的一日があった。

会津征伐の出陣第一日目、正確には慶長五年（一六〇〇）六月十七日、伏見城での家康の行動である。前日の夕刻、伏見に到着した家康は、伏見在番の諸侯や家臣たちに謁見を許さず、早々と床をのべさせると眠りについた。

緊張感と船旅の疲労が、重なったためであろう。

これが三成であれば、身体の無理を押してでも諸将と面接し、少しでも機嫌をとりむすぶべく努力をしたであろう。が、一方の家康は一世一代の大勝負を目前に、そうした配慮を小事とばかり切り捨てられる、ふてぶてしさを持っていた。

まずは、己れの体力と気力――疲れにたいして用心深い家康は、過労が人間の判断を得てして誤らせ、智恵を消極的にすることを知っていた。

ぐっすり眠った翌朝、家康は城内を散歩する。このときの家康の様子を、侍医であった板坂卜斎は自著『慶長記』（『板坂卜斎覚書』）に、次のように書き残している。

一、六月十六日大坂御立。十七日、伏見に御滞留。十七日に千畳敷の座敷へ出御《しゅつぎょ》。御機嫌よく四方を御ながめ、座敷にたたせられ、御一人にこにこと御笑い御座成され候。

（天下がいよいよ、わしのものとなるか……）

秀吉の死によって、思いも寄らなかった政権奪取の可能性が生じた。

長年の忍苦、辛抱を重ねて、待ちの姿勢に徹してきた甲斐があった。そうした家康の本音が、「にこにこ」と一人笑う風景となったのであろう。

家康はひとしきり、秀吉が晩年に、天下の富を傾けて築いた金殿玉楼を眺め、堪能すると、鳥居彦右衛門元忠を呼びにやらせた。家康が大坂城西の丸に移って以来、伏見城の城代は彦右衛門がつとめてきた。家康より三歳年長のこの老将は、家康が今川家の人質として駿府に養われていたとき、傅役《もりやく》として従っている。

天文二十年（一五五一）というから、家康十歳の頃からで、家臣としての経歴も長い。

彦右衛門の父は、家康留守の岡崎城を守った鳥居忠吉《ただよし》である。人柄は律義で朴訥《ぼくとつ》、ふと思うのだが、家康の理想とした典型的な三河者気質は、大久保彦左衛門ではなく、あるいはこの彦右衛門を見本《モデル》としていたのではあるまいか。今川義元の上洛戦にも参加し、大高城の守備にも参加。姉川の合戦、三方ヶ原の戦い、長篠・設楽原の役にも従軍している。

小田原攻めでは、支城の岩槻城を陥す武功もあげていた。

彦右衛門の兄・鳥居忠広は、三方ヶ原の戦いで家康をかばって戦死を遂げている。徳川家にあってはその成功、経歴《キャリア》は一族の忠節もあって、別格扱いの待遇であったといってよい。それでいながら、この老将は下総四万石の大名となっても、かたくなに朝廷の官位を拒み、日本唯一の無官の大名として、家康の代官をもって任じていた。

家康は出陣に先駆けて彦右衛門を召すと、上杉征伐の真の目的、そして連鎖して発生するであろう畿内での叛乱について語った。

「わしはその人数を二万以下、実際は一万五千あたりとみておる。だが、伏見城は上方での徳川家の唯一の拠点だ。それだけに、治部少らは限られた人数の中から、最大のものを割いて、ここに殺到してくるであろう」

されば、陥ることもあり得る。家康は一語一語を噛みしめるようにいい、最後に、

「――彦右、この城をたのむ」

といった。死んでくれ、というに等しい。

なにしろ、伏見城の戦略的価値は、守り抜くこと、そしてその落城の仕方にあった。

さすがは徳川内府どのの城よ、と敵味方ともに戦慄するばかりの死闘を演じなければならない。奮戦し、落城のおりは玉砕あるのみ。

万一、利口な城将を置いて、なまじ巧妙に立ちまわられ、敵と妥協でもされたのでは、徳川家の威信は地に堕ちてしまう。かつての「一のをとな」＝酒井忠次や二の家老・石川数正であれば、やりかねない、と家康は内心で思っていた。彼らなら己れの勢力を恃み、将来を見通し、いよいよとなれば降伏も十分にあり得ることであった。

が、それでは困るのだ。

このたびの伏見城の一戦は、敗北とわかっていても愚直に防戦に努め、死力を尽くして、三河武士のなんたるかを、満天下に示してくれなければならない。副将たちにもそうした律義者を配していた。しかし城方に残せる兵力は、せいぜい千八百どまりであった。

「承知いたしました」

彦右衛門は皺《しわ》の深い面をあげ、微笑してみせた。

この夜、家康は彦右衛門と二人で膝を交えるようにして、酒をくみかわしている。

思い出話に花が咲き、二人は大いに時を過ごした。

「もう、この辺で……」

彦右衛門が座を立ってさがったのは、真夜中であった。

人間、最後は寿命が勝負じゃ、と思い定め、人一倍健康に気遣ってきた家康にしては、めずらしいことであった。最後に、

「殿、思えば長い主従の縁《えにし》でございましたなァ。これにて今生《こんじょう》の別れとさせていただきまする」

彦右衛門が深々と頭を下げると、家康は言葉を返せなかった。

下膨《しもぶくれ》の、贅肉のたっぷりついた顔一杯に、大粒の涙を光らせ、いまにも大声をあげて泣き出しそうにしている。喉もとから出そうになる音声を呑み込みながら、家康は彦右衛門に向かって、顔を小さく上下させるのが、やっといった有り様であった。

おりから、膳部役の井伊直政が顔を出した。とっさに彦右衛門は直政に顔を向け、次のように大声で叱咤すると、そのまま姿を廊下に消した、と史書にある。

「さても殿にはお年を召され、心が弱くなられたか。この大事の戦《いくさ》に、われわれ家人が五百や千、生命《いのち》を捨てようが、何を悲しまれることがあろうや――」

彦右衛門の背中に、家康の慟哭《どうこく》が伝わってきた。

おそらく家康は、顔を覆って泣いていたのであろう。その涙を拭い切るまでには、さぞかし時がかかったに違いない。泣きじゃくり、鼻をすりあげ、そして手指の爪を噛んで、この男は上方での最後の仕事をやり終えたのである。

――これが、家康であった。

三成の定めた関ヶ原

関ヶ原の戦いにいたる過程を、以上のようにあらためて検証してみると、これまで繰り返しいわれてきた家康の描いた脚本《シナリオ》どおり——覇権奪取の野望に燃えた家康が、巧妙な政治工作をもって豊臣家臣団を切り崩し、一方、謀略によって反家康派の急先鋒・三成を罠にはめて挙兵させ、実力をもってこれを討った——というのは、どうも一方的で、かつ結果からだけの見方であったように思われる。

確かに、家康は三成を誘った。問題は誘導された側の三成であったろう。

この切れ者は、それを待っていたのである。

慶長五年(一六〇〇)九月十二日というから、関ヶ原の三日前の日付で、三成が増田長盛に宛てた書状によれば、三成は十九万四千石の知行を傾け、全私財を投げうって挙兵の準備をほぼ終えていた。

『多聞院日記』によると、三成は近江に三十万石の知行を与えられていたともある。

これは父・石田隠岐守正継《まさつぐ》の所領三万石や、兄の石田木工頭《もくのかみ》正澄の所領二万五千石を加え、そのほか、三成が代官をつとめる豊臣家の采配地をも含めていたのであろう。

三成は多分、これらの収入をことごとく、この一挙に投入したはずである。

彼の最大の持ち味は、壮大な構想力とその計画・立案の確かさ、実務の迅速なことにあった。三成はかつて小牧・長久手の戦いを、秀吉の側近、幕僚として経験している。

つづく朝鮮出兵の動員計画では、ほとんど独力でこれを準備し、出陣の諸侯に部署を割り当て、全軍を有効に渡海させた実績も蓄積していた。合戦の用意をさせれば、三成は決して家康の幕僚らに劣らなかった。否、動員規模でははるかに上回っていたといっていい。

上杉家、真田家と連絡し、中山道を押さえて東西挙兵の態勢を整え、西軍の編成を完了した三成は、このとき、すでに両軍の予定戦域をもほぼ確定しつつあった。

西軍挙兵を知った家康は、これにどう対処するか。とるべき方法は、三つしかなかった。まずは、とりあえず会津征伐という既定の方針にのっとる。次に、即座に江戸へ戻って守備に徹する。第三は、反転して西上する、であった。

三成はこの中でも、会津攻めの続行はほとんどないとみていた。

正面の敵・上杉家に加え、信州に真田昌幸、常陸には三成の盟友・佐竹義宣《さたけよしのぶ》がいる。会津征伐が長期化すれば、東軍は東下する西軍に挟まれて、哀れ奥州の地に壊滅するであろう。歴戦の将たる家康が、そうした愚策をとるはずがなかった。

あるのは江戸防御か、反転西上の二者択一――なかでも、江戸に引き揚げて防衛をもっぱらとしてくれれば、三成にとってはこれ以上の喜びはなかったろう。

家康が閉塞すれば、その間に天下諸侯の動揺を鎮め、武断派を粛清し、家康方の枝葉を刈りとって、秀吉の小田原攻めのように、時間をかけて江戸に攻め下ればよかった。やがて秀頼が成人すれば、豊臣政権は遺漏なく継承され、世人にも認められるであろう。

「わしが家康であれば、取って返し、西上して一大決戦を挑むであろう」

そういったのは三成か、大谷吉継であったろうか。三成の真田昌幸への書状には、

内府、会津・佐竹を敵に仕《つかま》つられ、僅《わず》かに三万、四万の人数を持ち、分国十五の城を抱き、廿日《はつか》路上《あが》る事、成る物に候や。〈中略〉主の人数一万、上方勢二万ばかり語らい上り候とも、尾・三の間にて討ち取るべき儀、誠に天の与へに候。然《しか》れば、会津・佐竹・貴殿は関東へ袴《はかま》着けて乱入あるべしと存じ候。


「尾・三の間」とは、尾張と三河の国境《くにざかい》、あるいはその周辺を指す。

すなわち、かつての小牧・長久手の戦域を、三成は明らかに意識していた。

また、彼が佐竹義宣に宛てた書簡にも、

「家康うろたへ上《あが》り候はば、尾州三州之間にて討ち果たすべくの儀、案中に候」

とあり、三成ははやくから、この作戦を繰り返し練っていたものと思われる。「尾・三の間」で討ち取る前提として、畿内に残る家康方の拠点を各個撃破し、次いで伊勢、美濃、北陸の三方面から尾張に進攻するべく作戦を立案しつつ、家康勢を迎え討つ最終的な要塞構築を開始していた。これについては、後述に譲りたい。

——ところで、家康である。

七月二日、一度は江戸城に入った家康は、八日になって四天王の一・榊原康政を先鋒に任じて出陣させ、同月二十一日、〝上方争乱〟の風説を知りつつも会津征伐に出発した。

この出発は以前から予定されていたもので、三成にたいする備えを怠っていたわけではない。なにしろ、このおりに家康はまだ、三成挙兵の確証を耳にしていなかった。彼の動きがにわかに鈍くなったのは、七月二十三日、下総の古河《こが》においてであり、この日、会津征伐の中止を指令している。

そして翌二十四日、家康は下野小山（現・栃木県小山市）に着陣した。

家康の誤算

この日まで家康は、周りの諸将にたいして、微笑を絶やしていない。

下膨した分厚い顔面に、終始、にこやかに笑みを湛《たた》えていた。

このことは、この人物にかぎって、きわめて奇異な現象といえる。

信長や秀吉は終生、己れの感情に素直であり、嬉しければ大いにはしゃぎ、怒ればそれこそ雷を落とす勢いを示した。それがまた二人の鮮烈な印象ともなり、華やいた雰囲気をもかもし出したのだが、家康は生まれてこのかた、感情の平衡を保つことを己れに課してきたような男であった。そのせいか、ややもすればくすんだ茶色といったような色合いが、いつしかこの人物の顔色となっていた。普段は激することもないが、微笑だにしない。

先に記したように、板坂卜斎が伏見城で、「お一人ににこと御笑い」とわざわざ書き留めたのも、めずらしかったからである。以来、家康は笑みを絶やさずにここまできた。よほど機嫌がよかったのであろう。これには、二つの理由が考えられた。

一つは、己れが従えて北上する諸侯への気配りである。これから合戦に臨むというのに、鎧冑も着けず、ゆったりと輿に乗る様は、諸侯をして「さすがは内府どの」との心象を、大きく増幅することを意味していた。いずれ反転し、西上して三成の一党を討つにしても、己れの下知ひとつで諸侯が働いてくれねば、敵につけいられる隙を与えかねない。

いま一つは、天下を手中にする日がいよいよ迫ったことへの、実感であったろう。空想することや夢見ることから、ほど遠いこの苦労人にもようやく、天下が目前に実感できたのであろう。家康は懸命に、こうした己れの上ついた気持ちを抑えようとしてはいたのだろうが、隠しても出るのが色というものである。

ところが小山にいたって家康は、一瞬にして笑みを消した。三成挙兵の兆しに関しては、増田長盛からすでに密書が届いている。

一説には、長束正家、前田玄以からも同様の知らせがあったといい、蜂須賀家政、生駒一正からも、昨二十三日に書状がもたらされていた。

が、それらの通牒は、いずれも具体性に欠けており、小山に届けられた忠臣・鳥居彦右衛門の手紙によって、家康ははじめて西軍の具体的な動向、全貌を掴んだのであった。

去る七月十八日、大坂城の西軍総大将・毛利輝元の名で、伏見城明け渡しを命じる使者が鳥居彦右衛門の許を訪れたが、彦右衛門は開城を拒否。翌十九日から、西軍の伏見城攻撃が開始された。ついで二十二日、西軍の主力が伏見城外へ到着した。

副将・宇喜多秀家（東方口）以下、副将格の小早川秀秋（東北口）、島津義弘（西北口）、毛利秀元（西方口）、このほか長束正家、毛利秀包、同勝信・同勝永、安国寺恵瓊、吉川広家、鍋島勝茂、長宗我部盛親、小西行長、秋月種長、福原長堯、木下重賢《しげかた》・同延俊《のぶとし》、龍造寺高房《たかふさ》（隆信《たかのぶ》の孫）らの諸将が参加し、その兵力は四万余を数えた。

西軍兵力を最高で二万と見積もった家康の思案を越え、伏見城攻めだけでも四万を超える将兵が動員されたのである。急転西上、乾坤一擲《けんこんいってき》の決戦に及び、それで一切の決着を狙った家康の目算は、明らかに狂いが生じた。

なお、あわよくば伏見騒擾《そうじょう》中に西上し、城方とともに挟撃をもくろんだが、それも二十九日、近江佐和山から伏見に到着した三成によって、いともあっさりと破綻させられてしまった。三成は西軍の、緒戦勝利にこだわった。

その熱意に押されたのか、長束正家が矢文をもって、城内の甲賀衆に、

「内応し、城内に放火をせずば、汝らの妻子たちを磔《はりつけ》にする――」

と内訌《ないこう》を迫った結果、八月一日早暁（午前零時）、城内に火の手が上がった。

この日の午後三時頃、伏見城は落城した。西軍の緒戦における、輝かしい一勝であった。

もっとも、鳥居彦右衛門が家康に書状を発送したのは、開戦前夜――この落城の結果はまだ伝わっていなかったものの、慧《さと》い家康は西軍の動向を判断し、伏見落城を見越した。

（――下手をすれば、虻蜂《あぶはち》取らずになるやも知れぬ）

家康は爪を噛みながら、必死の面持ちで策をめぐらすが、妙案はすぐには出てこない。

いつものことである。すぐさま、徳川家の将士だけが召集され、軍議が開かれた。

徳川家のこの運命共同体然とした評定は、はやくから定着している。

五ヵ国の太守となった頃から、家康はそれまでにも増して評定の場で、自論を口にしな

くなった。黙して家臣たちのやり取りに耳を傾け、己れの意にそう意見が出ると、それに賛成する形で結論を導き出した。

家康はきわめて臆病ではあったが、他の小心者と大きく異なったのは、震えながらも智恵をふりしぼり、周囲の者の意見を全身を耳にして聞き、あらゆる場面を想定して、己れと軍団の安全の限界を推し量れるところにあった。

剣の道でいう〝見切り〟において、家康には鍛え抜いた五十余年の体験と歴史があり、はた目にはそれが超凡の豪胆さとも映ったのである。出席者の顔も、一様に蒼白となっていた。彼らにはすでに、東軍という存在も眼中にはなかったろう。

（いかにしてこの危機から、お家を守るか）

こうした身勝手さ、底意地の悪さは三河者の特有で、劫《こう》を経た土豪あがりの、集団の図太さでもあった。家康は久しぶりに、狂奔しそうになる己れの本性を、人知れず懸命に抑えねばならなかった。

（ここが窮途《きゅうと》ぞ、まさに「死地」、激してはならぬ）

己れにそういい聞かせながら、家康は冷静を装いつつ家臣たちの論議を聞いたが、出てくる意見はいかにも三河者らしい、発想のものばかりであった。

福島正則への根回し

謀臣の本多正信すらがいう。

「この陣中にある大名は、大半が豊臣家の家来でござる。彼らはほとんどの者が妻子を大坂に残しており、今やその妻子は治部少の手のうちにある」

したがって、いつ寝返ってもおかしくはない、信じられない、と正信はいうのである。

「――まず、会津征伐軍をこの地で解散し、諸侯を各々の領地へ帰し、しかるのちに去就を定かにさせるが肝要かと……。上方勢には、当家が一手にこれを迎え討つ覚悟が必要かと存ずる」

正信が口にしたのは、関八州を固め、その後に西軍を迎えて、箱根で一挙に殲滅するといった戦術であった。いかにも三河者の因循姑息な作戦といってよい。用心深いといえば、家康もこの部類に入るであろう。だが、家康は正信の意見になびかなかった。

（なにを今さら……）

といった気持ちがつよい。

信長・秀吉亡きあと、一体、誰に遠慮がいるというのか。いまや己れに匹敵するだけの実力、戦歴をもつ武将は、この世にはいないのである。この機を逃しては生涯、天下に覇を唱えることができないことを、家康は知っていた。

「佐渡（正信）どのには、なにを弱気なことをいわれるか」

勢いよく膝をすすめたのは、井伊直政であった。

ものごとには、勢いというものがある。今、この勢いに乗って怒濤のごとく西上すれば、われらは決して敗れはしない、と直政はいい切った。

十年も以前の家康であれば、正信の言を採用したかもしれない。否、つい先年の前田利家の存命中であっても、家康は関八州という殻に閉じ籠ったであろう。

家康とは、そういう男なのである。

「――殿、今こそ決断なされる秋《とき》ですぞ。好機だ、と天がそのように申してござる」

直政は野戦の将としても有能であったが、武辺一本槍の多い三河軍団にあって、正信に伍して外交を担当してきただけに、この軍団にはめずらしく広い視野をもち、諸侯間の事情にも通じていたばかりか、ひとかどの見識を備えていた。

ややあって家康は、無言で頷く。直政の言葉を容れたのであった。

そうなると、明日に予定している諸侯との軍議が、大きな意味をもつことになる。

会津征伐軍を解散させるわけにはいかない。全軍を西上させねばならなかった。が、この度の遠征の名分は、豊臣家に仇なす会津の上杉家を、豊家の大老筆頭である家康が、秀頼に代わって討つことにあった。遠征が中止となれば、諸侯は滞陣する根拠を失う。

（かかる事態にいたるのであれば、主計頭を同道すべきであった……）

家康は内心で、従軍を望んでいた加藤清正を、あえて九州へ帰らせた己れの措置を今さらのように悔やんだ。

（むつかしい局面だ）

と、さしもの家康も思う。

敵軍は豊臣秀頼を擁し、大坂城を本営としている。この幼児は諸侯にとって主《あるじ》である。その家臣たる諸侯を利で誘い、自己保全の本能に訴えて、いわば徳川の私兵にしなければ勝算はない。至難の業《わざ》だ、と正信あたりは思ったろう。

けれども、家康のふてぶてしさは、「ものごとには建て前と本音がある」とばかりに、利をもって誘う要点《ポイント》を、福島正則に絞ることで活路を見いだした点にあった。福島正則は加藤清正よりも、より単純で激烈な武将であった。

正則は母が秀吉の母（大政所）の妹であった縁で、幼少の頃から秀吉の許で育てられ、秀吉が柴田勝家を降した賤ヶ岳の戦いでは、〝七本槍〟の筆頭にあげられて一躍、五千石の加増を得た人物であったことはすでに述べている。

そして正則と清正は、豊臣政権を担う武断派の首領株でもあった。

この両名が、三成ら文治派と妥協する道を策していれば、あるいは豊臣政権の寿命も大きく伸びたに違いない。秀吉にとって不幸であったのは、最も身近なこの二人の血縁者が、揃いも揃って粗忽者《そこつもの》であったことだろう。

彼らは確かに、戦《いくさ》では役に立った。戦場に臨めば正則も清正も、他人には決してひけをとらない。どのように厳しい戦局にあっても、彼ら二人は、父にも等しい秀吉の賛辞を得たい一心から、無邪気なまでに懸命に働いた。だが、豊臣政権が安定してくると、戦そのものがなくなり、粗暴一点張りの二人の存在は目立って影が薄くなる。

清正は辺境の肥後熊本に、一方の正則は賤ヶ岳の後、近江栗太郡、河内八上郡内に封じられ、小牧・長久手の戦い後は、伊予国五郡十一万三千二百石、九州征伐では清正同様に肥後に追いやられかけて、文禄四年（一五九五）にようやく、尾張清洲城に二十四万石の抜擢をうけた。

秀吉の狙いは、万一、家康が箱根の嶮を越え、東海道筋の恩顧の大名を踏み倒して、上方へ出ようとしたとき、正則の清洲城をもってその前進を阻止する心算であった。

だからこそ、羽柴姓も許し、侍従ともしたのである。

しかしながら当の正則は、そうした秀吉の〝公〟の配慮より、秀吉側近の三成が已れを疎略に扱うばかりか、秀吉に讒言《ざんげん》したと〝私〟の部分で恨みを抱いた。

小山評定

その感情の根源をたどれば、やはり嫉妬《しっと》ということになろうか。

正則は清正とともに、三成を殺害しようと図って果たせなかった私怨を、まんまと家康の掌《てのひら》にのせられ、利用されてしまった。

家康は会津征伐軍をそのまま解散せず、傘下の東軍として西上させるために、この豊臣一族の大名が率先して、己れの作戦を支持してくれる方策を考えた。

明日の軍議で開口一番、諸将の去就を問わねばならない。

敵につく諸将がいれば、直ちに国許へ帰り戦支度をするがよい、邪魔だては致さぬ、と家康は見得を切るつもりだ。諸将はおそらく、進退に窮するであろう。

（諸侯は首を垂れ、固唾《かたず》を呑《の》み、決して面《おもて》はあげまい。しばらくは黙したままであろう。軍議の場は水をうったように、静まりかえるに違いない。皆は発言するのを恐れ、口火を切る勇気などない）

と、家康はみている。

万に一つ、東軍が西軍に敗れたとき、家康の方針にいちはやく賛同した者は、一族ことごとくが誅殺されるであろう。したがって、こういった場で発言することの恐ろしさ、人間の弱さというものに、家康は最も精通していた。これまで家康も、その押し黙る群れの一人であったのだから。

軍議の席の諸将は右顧左眄《うこさべん》し、人々の顔色を盗み見、腹の内を探り合う。心臓は高鳴り、場の昂奮は次第に増幅され、諸将は己れの代わりに発言する人間をひたすら待ち望む。

勝負はこのとき、最初に口を開いた者の一言で決まる。

「わしは内府どのに、同意はできぬ」

仮にも福島正則がそういえば、諸将はたちまち不戦論に傾き、その瞬間に東軍は瓦解する。勢いは去って、諸大名は散り散りとなろう。そうなれば、好むと否とにかかわらず、徳川家は関東の絶対防衛という守勢に立たざるを得なくなるのは明白であった。

なにぶんにも会津征伐軍は、借りものの集団である。家康はひどく余裕のない表情で、稀世の謀略家・黒田長政、細川忠興、藤堂高虎らの智恵にすがろうとした。

実際に正則を説いたのは、黒田長政である。

豊臣政権創設期の功臣・黒田官兵衛（如水）の嗣子である長政は、武辺好みから正則とは親しく、彼のものごとの本質を見ぬく眼力は、策士という言葉がよく似合った。

「治部少の挙兵は、豊家の名を借りた己れの天下取りじゃ。たばかられてはなるまいぞ」

長政は、正則が三成に向ける異常なまでの憎悪を刺激し、対決への決意を迫った。

「――されば、おぬしが明日の評定で、諸侯に先駆けて内府どのにお味方申し上げる、と大声で切り出せば大勢は決しよう」

正則にどの程度の、時代認識と理解があったかは疑わしいが、この物狂いの直情人にもたった一つ、西軍＝三成が勝利すれば、いずれはその政権下で己れの居場所はなくなり、自分は抹殺されるであろう、との判断はあったようだ。

（ならば、いっそのこと――）

単純なだけに、決断もはやい。黒田長政はこの正則説得の功により、後日、いちはやく筑前一国五十二万三千石を家康から与えられている（それまでは豊前中津に十八万石）。

遠征軍の各陣営には、各々の経路《ルート》をもって、三成挙兵の報がもたらされつつあった。

彼らは大きく動揺した。挙兵の西軍は豊臣家そのもの――官軍に刃向かえば、賊軍になるとの思いが、上は大名から下は一兵卒まで、拭い去ることができなかったのである。

徳川家、このたび滅亡ともつぱら申し触れ候。主人はいづれへ、御付きなされ候ふや、なにとぞ大坂へ御付きあれかしなどと、末々にてはつぶやき申し候ふあいだ、過半、大坂方の心持になり申し候。（『平尾氏劄記《さっき》』）

——運命の朝がめぐってきた。

諸侯は昨夜来、一睡もせずに家臣たちと討議をつづけていたが、自家の浮沈がかかった難題に、たやすく答えの出ようはずもない。いずれの大名の顔にも、不安と焦燥の翳りがあった。

軍議の冒頭で発言したのは、山岡道阿弥《どうあみ》、岡江雪《こうせつ》という、もと秀吉のお伽《とぎ》衆であった老茶人で、家康に代わって経過を説明し、そのうえで、在大坂の諸侯の妻子たちの件、諸侯の西軍加勢勝手たるべきことなどを語った。

多くの史書にはこの席上、激昂した福島正則が立ち上がって、家康への荷担を表明したとあるが、別の記録では、最初の発言者を上杉義春《よしはる》（入庵）とするものもある。

義春は能登国七尾城主・畠山義続《よしつぐ》の次男で、越後国上条《じょうじょう》の上杉家を相続していた。いわゆる名門の出で、この頃は隠居していたが、かつては上杉謙信に信任されていただけに、家康は対会津工作を担当させる心づもりで、この人物を陣中に同道していたのであろう。

われら妻子を大坂に置くは、秀頼公の御為であり、治部少輔に利させるためにあらず。

ここは些《いささ》かも妻子を思わず、内府どのにお味方申すべし。

この発言とて、あるいは家康側の根回しの結果であったかもしれない。

万一、福島正則が発言をためらうようであれば、家康はそれまでに懐柔してあった諸侯に順次口を開かせ、場の雰囲気を徳川擁護、徹底抗戦に向ける手筈も整えていたのだろう。

家康ほどの慎重な人なら、それぐらいの周到な下準備はしてしかるべきだ。現に、上杉義春に引きずられるように、正則が発言したのをうけて、第三番目に黒田長政が、

「われら一同の覚悟、かくのごとし。内府どのにはご安心あれ」

とたたみかけた、との記録もある。

つづいて、数人の諸侯が異口同音に開陳。〝小山評定〟は瞬く間に、西軍との対戦が決定された。思いやると、諸侯も哀れである。

大名の中には、妻子をおもんぱかって、すぐにも大坂へ戻りたかった者もいたであろう。勝敗に確たる見通しのもてぬ者、家康敗北を予想する者もいたかもしれない。

それら諸侯たちの思いも、一場の雰囲気、勢い、一時の激情の波にさらわれて、気付いてみれば一様に家康の許に打ち寄せられていたのである。

山内一豊の発言

軍議はつづいて、正則や池田輝政が先鋒となり尾張清洲に向かい、家康は会津上杉家にたいする措置を講じてのち、軍勢を西へすすめる方針を決定した。

このおり、突如、立ち上がって予想外の発言をした大名がいた。遠州掛川五万一千石の城主・山内一豊である。

この人物は、賢妻によって後世に名を残したが、この度の上杉征伐でも七月二十四日、その妻は上方の情勢を編笠の緒《お》に、こよりにした密書（笠の緒の文）を巻いて夫にとどけ、夫の手を経由して家康にみせ、大いにほめられる一事を成していた。

一豊は、妻のお陰でのちに土佐二十万石を手中にした、とやっかまれることになるが、真の功名はこの〝小山評定〟における、一豊自身の次の発言によった。

「東海道を馳せのぼるには、城と兵糧が必要でござろう。それがし、居城掛川を内府どのに明け渡し、進上申し上げる」

それを聞いた諸侯は一様に、ハッとしたが、この一豊の発言は重大な意味をもっていた。

もし、東海道筋の城主が各々、自分の領土に固守すれば、東軍は尾張に着くまでに長い月日を費やすことになったろう。その大名としての権利を、一豊は家康に進呈するというのだ。発言の重大さに気づいた東海道筋に城をもつ諸侯が、いずれも自らの城を提供する旨を発言。家康は一豊のひと言によって、労せずして海道筋の主要な城を傘下に収めることができた。

これらの城は、もとはといえば秀吉が、関東へ移した家康にたいする押さえとして配置したものであったことは、すでに述べたとおりである。

あの世の秀吉は、開いた口がふさがらなかったであろう。

まさに人の世とは、こういうものなのかもしれない。彼らは各々の、分限を知っていた。寄らば大樹の陰で、主人なくして独立を維持できなかったのも、また真実であった。

この時点で関ヶ原の戦いは、決着がついていたともいえる。

いささか蛇足かもしれないが、このおりの一豊のできすぎた発言について、新井白石の『藩翰譜《はんかんふ》』には、次のような証言が載っている。

堀尾信濃守忠氏《ただうじ》はいまだ年若けれども、才智ある人なりしかば、一豊、常に親《したし》みて家の事大小となく此人《この》と謀《はか》る。上方の軍起りて（三成の挙兵）徳川殿の御陣に召されしとき、まず堀尾が陣に往《ゆ》きて、此の度の事、如何にや思ふと問ふに、忠氏、われは我が城に兵粮つけて内府へ参《まい》らせ、人質をば吉田の城に入れて、自らは先陣して軍《いくさ》せんと思ふといふ。一豊、此の儀尤《もっと》も然るべしと、同じく打ち連れて参り、福島味方に参るべしと云ひしに続きて、一豊進み出て、堀尾が云ひし様に申す。堀尾・山内連れて帰るとき、今日は一豊、日頃の律義に相違しければ、忠氏いふべき言葉もなかりしとて、堀尾大いに笑ひしかば、山内も同じく笑ひて帰りしといふ。

忠氏は堀尾吉晴の子で、このときは浜松十一万二千石の城主であった。浜松と掛川は近いということもあって、両者は以前から往き来があったが、小山でも陣屋が隣り合わせ、軍議にも二人は揃って、家康の本陣に行っている。

右の『藩翰譜』は、そのおりのことを記していた。二人は道すがら、当日の軍議について話していたが、そのうち話題が三成攻撃に及んだとき、忠氏が述べた意見を一豊は真剣に聞いていた。それが、わが城に兵糧をつけて、内府に進上するというもので、軍議の席では忠氏が発言する前に、一豊が己れの意見にしてしまったというわけだ。

忠氏とすれば、こうしたことはあえて公の場で口にしなくとも、その場にいたって実行すればよい、と考えていたのかもしれないが、形の上では、一豊にまんまと出し抜かれてしまったことになる。『山内一豊武功記』によると、関ヶ原の戦いにおいて、

――御家の士関原《せきがはら》の働《はたらき》なし。

とあるように、目立った功のなかった一豊が、一挙に三倍増もの恩賞を得たのは、先の「笠の緒の文」と、このときの一言によるものであったといっていい。

いかなる急場、土壇場にあろうとも、図太くなにかを摑んで、あるいは災いを転じて福となせる人物はいるものだが、山内一豊も、もし関ヶ原の戦いがなければ、その分限は決して十万石を超えはしなかったろう。同じ勝ち馬に乗るにしろ、積極的か否かでは、成果に大きく違いのでる事実を、この人物はわれわれに教えてくれる（堀尾忠氏は戦後、出雲松江二十四万石を拝領した）。

――八月五日、家康は江戸城に帰着した。

上杉勢は会津の国境を戦場と想定して待ち構えていたが、家康は直前で軍兵を急転。後方の伊達政宗、最上義光《もがみよしあき》の軍団もあり、さしもの直江兼続も追撃することはできなかった。

小山を撤収して以来、連日のように家康は、天下六十余州の諸侯に精力的に書状を発し、東軍参加の兵を募るとともに、すでに西軍に味方している者の、叛意を促すべくやっきとなっていた。彼の江戸滞在は、二十六日にも及んでいる。

思うに、勝利の確信のもてない家康は、最後まで確実な勝利への証が得られなければ、あるいはこのまま江戸を離れずに、本多正信が唱えた関八州防衛策に傾いたかもしれない。

慎重な家康のことだから、ありえぬことではなかった。

他方、伏見城を陥して意気あがる西軍は、別働隊を細川幽斎《ゆうさい》（忠興の実父）の拠る田辺城、京極高次《たかつぐ》が籠る大津城に急派。畿内をほぼ平定すると、三方向に軍勢を展開し東進した。事実上の総大将・三成は、八月九日、兵六千を率いて美濃の垂井に到着している。

大垣城に入ったのが、同月十一日のこと。

三成はこのとき、小山評定に参加した真田父子からの通報もあり、東軍の動向を的確に把握するとともに、東海道を西上する東軍の進軍速度が思いのほかはやいことで、当初、予定した「尾・三の間」の設定戦域を、美濃の関ヶ原付近に軌道修正。前衛の司令部を大垣城においた。

三成の秘策

もっとも、三成の小牧・長久手を手本《モデル》とした作戦計画＝長期戦に備えて、西軍の主要拠点とすべく修築をすすめていた、関ヶ原西南・松尾山（標高二百九十三メートル）の旧城趾は、着々と要塞化が完成しつつあった。

「本来ならば、後方の城砦とすべきであったが、やむを得まい……」

三成はこの松尾新城を中心として、西軍の長期布陣を画策した。

これも通史の思い込みだが、三成は家康によって関ヶ原に誘い込まれた、とするのは大きな誤りである。最初に、関ヶ原に注目したのは三成側であり、この地における長期持久戦こそが、三成の基本戦略構想であった。

関ヶ原は北に伊吹山系が裾野を広げ、西には笹尾山と天満山が連なり、西南方向には松尾山、東南には南宮山《なんぐう》が屹立《きつりつ》している。東西四キロ、南北二キロの盆地である。

この狭隘《きょうあい》（せまくて窮屈）を東西に中山道が貫通し、中央付近で西北方向へ北国街道《ほっこくかいどう》が分離、東南方向へは伊勢街道が枝を分かっていた。往昔、この地に律令制のもと〝三関〟の一つ、不破関が設けられていたことでも知られるように、この地は古来、日本列島の大動脈を、東西に遮断する要衝の地であった。

なかでも、四方が望める松尾山にいちはやく着目した三成は、やはりただの官僚ではなかった。かつて実施された調査の報告によれば、この山の中腹から山頂にかけて、幾つも趾《あし》（城の土台）が確認されている。城郭の全体規模も四万平方メートルにも及ぶという。

ここは、美濃国大垣城主（三万四千石）・伊藤盛正《もりまさ》の領内であった。

盛正の父は、美濃舟岡城主であったこともある秀吉恩顧の大名。前年の慶長四年（一五九九）に致仕して、あとを盛正が継承していた。盛正はかねてからの三成党で、挙兵と同時に三成に通じていた。この盛正は戦後、領地をことごとく没収され、追放されて前田家に仕官したが、元和九年（一六二三）三月に没したと伝えられている。

松尾山には以前に、信長の義弟・浅井長政の築いた山城があった。信長はこれを打ち毀したのだが、三成はこの城趾《じょうし》を工夫して、短期間に築城工事をおこなったようだ。

関ヶ原の戦いの後、この松尾山新城を奪った稲葉正成《いなばまさなり》について、『寛政重修諸家譜』所収の「稲葉家譜」には、次のような記述がある。

九月十四日、正成、諸士と相議《あいぎ》し、兵を率いて美濃国におもむき松尾山の新城にいり、その城主・伊藤長門守某（盛正）を追い払う。

三成のこの戦略を裏付ける史料が、『古今消息集《こきんしょうそくしゅう》』（国立公文書館・内閣文庫蔵）に写しではあるが現存する。先にもふれた合戦前夜の増田長盛への、三成の密書だが、その中に、

江濃の境目《さかいめ》、松尾の御城、いずれの御番所にも、中国衆入れおかるべき御分別もっともにて候。

とある。

つまり、近江と美濃の国境に近い松尾の城に、「中国衆」を入れたい、というのが三成の構想であった。問題はこの場合の、「中国衆」であろう。

周知のように、関ヶ原合戦の当日、ここには小早川秀秋が入っている。確かに秀秋は、毛利元就の三男・小早川隆景の養子であるから、「中国衆」といえぬことはない。が、秀秋は関ヶ原の直前に、家康のおかげで筑前名島の城主に返り咲いていたから、普通であれば「筑前衆」とすべきであろう。

合戦の日、南宮山には毛利秀元や吉川広家が入っていた。三成は彼らに、松尾新城に入ってほしかったのであろうか。筆者はこの密書が、大坂城にあった増田長盛に宛てられているのに注目したい。この密書の後半で三成は、

「敵陣二十日のうちに敗り候わん」

と断じている。

三成は当面は応急措置として、しかるべき人物を松尾山《ここ》に入れ、最終的には西軍総大将の毛利輝元の出馬を要請し、彼にこの〝新城〟に入ってもらう腹づもりではなかったか。

そして二十日も籠城すれば、畿内各所に散在する別働隊も、陸続と関ヶ原に集結してく

る。それによって東軍を圧倒し、さらに豊臣秀頼を、たとえば佐和山城まですすめれば、東軍中からは裏切る者が続出。家康は勢力の均衡《バランス》を失って、ついには潰走する――三成はそう計算していたのではないか。

増田長盛への密書の内容は、そうであってこそ符合するように思われる。

家康は、こうした三成の秘計をどこまで察知していたであろうか。松尾新城は他にその存在が流布されていなかっただけに、ごく内密にすすめられた計画であった。多分、家康は江戸を発するまで、松尾新城には気付いてはいまい。が、このたびの決戦が、毛利輝元の出方によって大きく変化することだけは、熟知していたはずだ。

関ヶ原勝敗の鍵は、毛利輝元が握っていたといっても過言ではない。さらに正確を期せば、輝元を担いでいた二人の男が、その命運を担っていたのである。

ひとりは三成の盟友・安国寺恵瓊、そしていま一人が吉川広家《きっかわひろいえ》であった。この両名の毛利家における立場は、まさしく豊臣家の三成と清正・正則の関係に酷似していた。

恵瓊と吉川広家

すでにふれたように、毛利家では輝元の叔父である吉川元春と小早川隆景の両者は、なにかと対照的であった。

寒中に咲く梅花にたとえられ、ともすればすぐ、

「叶わずば討死するまでよ」

と口走る元春は、勇猛一途で短慮であり、春風になびく楊柳《ようりゅう》に比せられた隆景は、いわゆる覇気に欠けて人の目に映った。

普通であれば、こうした二頭は並び立たないものだが、いずれも一級の武将である元春と隆景の兄弟は、各々の主張する領分を分担し、相互に尊重し合い、毛利家の両輪として絶妙の組み合わせ《コンビネーション》を保った。ところが、九州の役で元春とその嗣子・元長《もとなが》が相次いで病没。〝大毛利〟の運営は、ひとり隆景の双肩にかかった。

秀吉は隆景に絶大の信頼を寄せ、坂東を家康に、坂西を輝元・隆景に任せて、豊臣政権の東西の均衡《バランス》をとろうとまで考えた。隆景さえあれば西国の毛利氏は、力量においても徳川氏に太刀打ち可能と踏んでいたわけだ。この勢力均衡の上に、秀吉は次期政権の維持を委ねようと策したのだが、人の寿命はままならない。慶長二年（一五九七）六月十二日、隆景はこの世を去ってしまう。六十五歳であった。秀吉の目論見は潰えたが、それは同時に、補佐官たる三成の次期政権構想を大幅に、修正することにも繋がった。

三成は大毛利の運営を、安国寺恵瓊をもって代行せしめようとした。恵瓊は小早川隆景

の協調路線、平和路線の継承者といってよく、これまでも隆景とともに、吉川元春の武闘論を退け、外交政策を一貫して押しすすめてきている。当然の選択であったといえよう。

関心をひくのは、この時分の元春―元長の後継者・吉川広家である。彼は抵抗するかとみれば、きわめて素直に三成―恵瓊の線《ライン》を受け入れていた。認めたばかりか、自らも積極的に両者にとり入ろうとしている。『吉川家文書』をみていると、国許からわざわざ雪舟《せっしゅう》の屛風をとり寄せて三成に贈り、さらには秀頼に馬を贈るための取りなしを依頼したり、伏見に在った娘を秀吉に謁見できるように、と頼み込んだりしている。

ところでこの広家という人、存外、軽忽《けいこつ》ではなかったろうか。多少の、証左はある。

二十歳前後のある時期、石見国の旧族・小笠原氏から広家を養子に迎えたい、との話が吉川家に持ち込まれた。このとき小笠原家では内紛があったため、存命中の父・元春も従兄弟の輝元もこれに反対した。にもかかわらず、ひとり広家はこの婿入り話を実現しようとやっきとなった。そのおりの言い分が、この男らしい。

「それがしは吉川家の末子《ばっし》。わずかに、百五十貫の所領しか戴いておりませぬ。このまま吉川家の家来と異ならぬ境涯におかれることを思えば、小なりとはいえ、独自の勢力をもつ小笠原家に参りとうござる」

広家には残念ながら、この婿入りはまとまらなかった。が、数年後、父と長兄の死によって思いもかけず、広家に吉川家の跡目を継ぐ幸運が訪れた。広家は隆景の存命中、つとめて自我を抑えたが、隆景が他界し、凡庸な輝元を補佐して、大毛利を運営していかねばならない重要な地位《ポスト》を占めると、広家の頓狂な本性は早々に表面化した。

その如実な例が、慶長四年七月十八日、天下衆目の中、京都伏見城下で、「五奉行」の浅野長政と大喧嘩を演じたことであろう。

ひとつ間違えば、毛利家はそれを理由に取り潰されかねなかったのだが、広家は持病の癇癖を爆発させ、見境のない行状に及ぼうとした。このとき、広家に肩入れしたのが家康であり、以前から親交のあった黒田如水―長政父子であった。

この一事からも当然のことながら、広家は家康側に立つべき人間であったことが知れる。広家は、家康の会津征伐に従軍すべく、七月五日、居城の出雲富田《とだ》を出陣し、同十三日、播州明石《あかし》の浜に着いた。恵瓊からの急使に出会ったのは、このときである。広家は三成の企てを、この地ではじめて知らされた。

家康を頼り、武断派に連なる黒田長政と昵懇《じっこん》の広家は、西軍必敗と読み、毛利輝元の荷担を阻止しようとしたが、輝元は七月十五日に広島を発ち、翌十六日には大坂木津の私邸に入り、十七日には大坂城西の丸に移って、西軍の盟主となってしまった。

輝元は、秀吉における山崎の合戦を己れが演じることで、次代の毛利政権樹立を夢に描いていたのであろうか。十一歳で毛利宗家を継ぎ、二人の優秀な叔父によって家は大過なく運営されてきた。ために輝元は、善良な上辺《うわべ》だけが取り柄の主人となってしまったようだ。広家は輝元の顔をみて、より一層、恵瓊を憎悪した。

朝鮮出兵では、己れの武功を取り上げてもらえず、

「抜け駆けは、兵家の常ぞ」

とばかりに先駆けて勝利した戦も、軍法違反と決めつけられ、これらの報告者であった恵瓊に対する憎しみには深いものがあった。

広家にすれば、ようやく自己を取り巻く政情も一変し、本音を思いのままに吐けるようになったかと思うと、一方でその背景たる毛利宗家が、いまや瓦解の淵にあったのである。

家康の密約

広家は激昂し、恵瓊に論争を挑んで、輝元を翻意させようとした。

が、恵瓊には弁舌でかなうはずもなく、上品で鷹揚な宗家は一度決定したからには、と西軍総大将の地位を降りようとはしなかった。

それどころか輝元は、四国・九州において、毛利単独の領地拡張まで考えていた（拙著

『謀略！　大坂城』参照）。

やむなく広家は、毛利家内の自派（元春以来の武断派）と会合を重ね、裏切りを確約する密使を、家康側の謀略担当ともいうべき黒田長政の許へ派遣した。

第一回の密使は、小山にあった家康に密書を手渡したともいわれるが、石橋を叩いて渡る家康は、この広家の言を素直に容れず、自らも額に汗して、盛んに諸侯へ書状を発した。

その数は七月に三十四通、八月に九十三通、九月には三十四通と、それまでの年間平均十通前後に比べると格段の差がある（秀吉亡きあとの、前年の慶長四年は四十一通）。

家臣の本多正信や井伊直政、本多忠勝らもこれに数倍する量の書状を発送している。

家康派の黒田長政や藤堂高虎、細川忠興らの発した書状も加えると、戦国時代で最も多くの〝親書《ダイレクトメール》〟が行き交った時期といえそうだ。

もっとも、こうした〝誘い〟の書簡には各々の格《ランク》があった。

誰が何を語って〝誘い〟、あるいはどのような保証をしたのかによって、その後の対応にも雲泥の差がついた。わけても、家康自筆の書状を手にすれば、間違いのない確約の証となったが、その他の者の約束では、ときには知らぬ存ぜぬで無効とされる場合も少なくなかった。好例が、吉川広家である。彼は黒田長政と書簡を往復。戦闘への不参加を家康に密約し、そのみかえりに三ヵ条からなる起請文を受け取った。

一、輝元に対し、いささか以《もっ》て内府御如在《にょざい》あるまじく候事
一、御両人、別して内府に対せられ、御忠節の上は、以来内府御如在存ぜらるまじく候
一、御忠節相極め候はば、内府直《じき》の墨付、輝元へ取候て進ずべく候事、つけたり、御分国の事、申すに及ばず、只今のごとく相違あるまじく候事

広家の粗忽さは、この起請文の差し出し人が、内府（家康）その人ではなく、井伊直政・本多忠勝の両名であったことを、重視しなかったところにある。周知のように広家は、九月十五日の関ヶ原の決戦当日、密約を守って兵を動かさず、東軍勝利の功労者となった。

「これで毛利家も安泰というもの――」

黒田長政を信じ、井伊・本多の言を家康の言と疑わなかった広家は、関ヶ原の決戦後、大坂城の開城は一戦したうえで、と主張する毛利秀元らの抗戦論を抑え込み、即刻、輝元を大坂城から退城させた。

ところが、家康の論功行賞において、毛利家の安芸広島をはじめとする八ヵ国百二十万五千石は、ことごとくを没収と決定される。

「約束が違うではないか」

広家が気色ばんでも、すべてはあとの祭りであった。

その理由は、家康のお墨付きを広家が得ていなかったからである。

毛利家の手許には、八月八日付の家康の自筆による、

「――輝元とは、兄弟のように思っている」

と記された文書が残されていただけであった。

家康は、敵を徹底して追い詰めることはしない。窮鼠かえって猫を噛む、のたとえを知っていたからである。広家には、中国地方に一、二ヵ国を与えると裁定。広家は己れの迂闊さを恥じ、宗家を没落させた責任から、その領地を輝元に下されるよう懸命の周旋をこころみた。そして、ようやくにして得たのが、家康自筆による次の誓書であった。

敬白　起請文前書の事
一、周防・長門両国進めおき候事
一、御父子身命異儀あるまじき事
一、虚説などこれあるについては、糺明《きゅうめい》を遂ぐべき事
右の条々、もし偽るにおいては、梵天帝釈《ぼんてんたいしゃく》、四大天王、惣じて日本国中六十余州の大小神《しん》祇《ぎ》、別して伊豆、箱根両所権現、三嶋大明神、八幡大菩薩、天満大自在天神の御罰を蒙る

べきものなり。

仍《よ》つて起請文《きしょうもん》、件《くだん》の如《ごと》し。

慶長五年
　十月十日　　家康(花押)
　安芸中納言殿
　毛利藤七郎殿

書中の安芸中納言は、輝元のこと。藤七郎とは秀就である。

この家康の誓書によって、周防・長門の二国（三十六万九千石）を毛利家は与えられ、輝元父子の生命《いのち》は保証された。虚説流言に動かされず、約定を実行する旨を家康自身が誓ったからである。

同様のことは、奥州の覇者・伊達政宗にもいえた。

かつて奥州全域を支配する勢いを示しながら、天下人秀吉に膝を屈した政宗は、関ヶ原の戦前、七十余万石の大名となって、上杉、佐竹の両家と併立していた。万一、政宗に西軍へ荷担されては、三家合わせて二百万石を超える勢力は、優にそれだけで江戸を陥《おと》しかねない。そこで家康は、東軍勝利の暁には百万石を与える、と政宗に約束したという。

真贋諸説あるが、三十四歳の政宗も家康の約束手形を安易に信用したことでは、吉川広家となんらかわることがなかったといえよう。

念を押さず、結局は空手形に終わってしまった。

家康、江戸発向

――話が、九月一日に戻る。家康はようやくにして江戸を出陣した。

当初は八月二十六日を予定していたのだが、上杉景勝を牽制するための外交政略に、ことのほか手間取ったための遅延であった。

この頃、上方各地では東軍側の城砦が次々と陥落し、西軍の気勢が大いに上がるとともに、徐々にではあったが、西軍の実態も明らかとなっていた。

正真正銘の戦意を露わにしているのは、やはり石田三成、小西行長、宇喜多秀家、それに誤算を招いた毛利輝元を担ぎ出した張本人ともいうべき――安国寺恵瓊ぐらいである事実も、突きとめられた。

「わしが右府公（信長）なれば、単騎で東海道を疾風のごとく馳せのぼり、乾坤一擲、治部少の軍勢を迎えて雌雄を決するであろう。だが、わしにはそのような真似はできぬ。わしはあくまで、わし自身が納得ゆくまで準備をしてから出陣したい」

出陣するや否や、上杉景勝・直江兼続の軍勢が、あるいは江戸へ乱入するかもしれない。そうした懸念を家康は抱きつづけたが、なにごとにも〝機〟というものがある。なまじ時を過ごせば、先鋒として出撃中の東軍内の和が乱れ、せっかくの勢いが減少しかねない。

「とりあえずは、手当てもできたであろう」

そう判断したうえで、家康は重い腰をあげた。『慶長記』によると、重鎮の石川家成《いえなり》はこの九月一日の出陣を、方位が悪いといって反対したとある。

「この日は西塞《ふさ》がりの日で、大事の門出にいかがなものでしょうか」

家成の言葉に、家康の返答は明快であった。

「西方はすでに塞がっている。今日、わしがそれを開けにいくのだ」

総勢三万二千。これとは別に、嗣子秀忠を主将とする三万八千の大軍が中山道へ振り分けられ進軍した。筆者は思うのだが、この別働軍は家康との間でしめし合わせ、あえて緩慢な速度でもって西上したのではあるまいか。それこそ、きわめて低い確率ではあるが、上杉勢が結城秀康を主将に伊達や最上も参加している重囲を破り、江戸に迫ったおりには反転、挟撃する作戦があったのではないだろうか。

これより先の八月十四日、東軍先鋒の諸将――福島正則・黒田長政・池田輝政・浅野幸長・細川忠興・加藤嘉明・藤堂高虎・生駒一正・山内一豊・桑山元晴・一柳直盛・堀尾忠氏・田中吉政・有馬豊氏――らは、東軍の主要拠点・福島正則の清洲城に入城していた。

しばらくは家康を待っていたが、八月十九日、家康から差し向けられた使者・村越茂助(直吉《なおよし》)から、

「御出馬あるまじきにてはなく候へ共、各《おのおの》の手出しなく候故、御出馬無く候。手出しさへあらば急速(すみやかに)御出馬にて候はん」(『慶長記』)

との口上に接して、東軍先鋒は西軍に荷担した信長の嫡孫・織田秀信の拠る岐阜城(城兵六千五百)へ殺到した。家康は、東軍先鋒の諸将をすら心から信用していない。味方であることの、証《あかし》を求めたのであった。東軍先鋒は、兵力総数約三万五千である。

八月二十二日に木曾川畔で東西両軍の本格的な激突があり、二十三日には、東軍の岐阜城総攻撃が開始された。東軍は優柔不断の秀信に襲いかかり、一気に岐阜城を陥し、美濃赤坂まで進攻。垂井・関ヶ原周辺に、しきりと放火をおこなった。

もとより家康の出陣は、この一報を聞いてのちのことである。

「東軍は容易に、ここまでは出てこれまい」

三成は上杉家と対峙する東軍を前提として、その進攻速度を弾いていたが、東軍の急速反転に上杉勢が追撃しなかったため、己れの計算が根底から覆ってしまった。

（上杉勢は何をしていたのか――）

いうまでもなく、東軍先鋒と西軍全体では、その兵力数は三倍強も西軍側が勝っていた。

しかしながら、東軍先鋒にたいする家康同様に、味方を心底から信頼できない三成は、西軍諸将に東軍方拠点を攻略させることで、その事実を踏み絵にしようと考えた。

「東軍方の城砦を順次に落とせば、去就に迷っている大名とて、心が定まるであろう」

三成はそう判断し、西軍の団結を固め、戦意を高めて、全軍を運命共同体の意識にまで盛り上げようとした。東軍の進展速度を推し量り、まだ時間的余裕がある、と読めばこそ畿内周辺に諸軍を散在させたのであった。

西軍主力の毛利秀元・同勝永《かつなが》・安国寺恵瓊・吉川広家・鍋島勝茂・龍造寺高房・長宗我部盛親・長束正家ら三万余の軍勢は、八月二十四日にはじまった伊勢・安濃津城攻めに忙殺されており、彼らはさらに松坂城、長島城の攻略に駒をすすめていた。

だが、あまりにもはやい東軍の進出に、三成は急遽、西軍総大将・毛利輝元の出馬を要請するとともに、大谷吉継や脇坂安治らの軍勢を、関ヶ原付近に集結させるべく伝令を発せねばならなかった。

関ヶ原に集結した諸将

九月二日、北陸にあった大谷吉継―吉勝父子をはじめ、木下頼継《よりつぐ》（大谷吉継の二男）、平塚為広、戸田重政、脇坂安治、朽木《くつき》元綱、小川祐忠《すけただ》らが、関ヶ原西南の山中村周辺に到着。一日遅れて、宇喜多秀家の八千が美濃路に入り、大垣城に入城してきた。

同七日、伊勢方面に展開中の毛利秀元ら三万の軍勢が、関ヶ原東南の南宮山周辺に布陣する。一度、佐和山城に戻った三成が、再び大垣城に入ったのは翌八日のことであった。

「この機に戦えば、勝利は疑いない」

三成は思ったに違いない。

東軍の総勢は四万であり、西軍が明らかに上回っているし、彼らの命令系統に乱れのあることも三成は知っていた。

だが一方で、なにごとにも完璧を期すこの才人は、ここで戦って勝利しても、家康に関八州に籠られては厄介だ、と考えた。このたびの一大決戦は、家康の西上を待って包囲殲滅し、その首級をあげて、豊臣政権の先々の禍根を絶つことにあった。

「――左衛門大夫《さえもんのたいふ》（福島正則）ごときを、誅せんがための戦ではない」

とも思ったろう。

三成は、自軍中の主立った諸侯が、東軍と通じているのもすでに承知していた。知りながらも、時間の経過とともにこれら諸侯を、西軍一途の心に変えられると信じて疑わなかった。こうしたところにも、事態を観念的に、また、思惑によってみてしまう、彼の悪い癖がでていたように思われる。

そのいい見本が、伏見城攻略に参加後、病気と称して近江で形勢を傍観していた小早川秀秋が、九月十四日、松尾山に布陣したときの対応であった。

三成は主力軍を形成する宇喜多秀家と同様に、秀秋に大垣城に入るよう要請した。もし、この通りになっていれば、三成の監視下、秀秋も裏切れず、翌十五日の関ヶ原での決戦は、まったく異なった展開となった可能性は高い。が、西軍の多くの諸侯から、日和見主義者と見なされていた秀秋は、

「それがしにはとかくの噂がある。戦場で身の潔白を示し、のちに大垣に入城したい」

と答えて、かねてより三成が最も重要視していた、関ヶ原を俯瞰《ふかん》する松尾山に登ってしまった。この秀秋に三成は、不安を感じつつもあえて抗弁していない。

三成は秀秋の去就を案じるあまり、多忙な合い間を縫って松尾山まで馬を走らせ、秀秋の老臣・平岡頼勝《よりかつ》とも会っている。これは三成の脳裏に、秀秋が裏切るやも知れない、と

の不安が去来していた事実を物語っていよう。平岡には十五日当日の作戦計画を示し、狼煙を合図に、小早川隊の東軍への背面攻撃を了承させている。

また、『関原軍記大成《せきがはらぐんきたいせい》』によれば、三成・安国寺恵瓊・大谷吉継・小西行長・長束正家ら五名の連署による誓書が、大谷吉継の手で秀秋の陣営に届けられもした。

一、秀頼が十五歳になるまでの間、秀秋を関白とする。
一、従前の筑前のほか、播磨一国を上方賄い料として加増する。
一、老臣・稲葉正成、平岡頼勝に、近江において十万石宛《ずつ》を与える。
一、黄金三百枚を、当座の音物《いんもつ》として稲葉・平岡両人に与える。

ただし、こうした文書は、他の史料には見られないので信憑性はきわめて乏しい。が、三成側に、これに近い何らかの接近《アプローチ》があったであろうことは、十二分に考えられた。

これにたいして、家康側では十四日付で本多忠勝・井伊直政による、平岡・稲葉に宛てた誓書があり、

一、秀秋に家康は、これまでのこと（西軍荷担）を根にもってはいない。

一、平岡・稲葉の忠勤ぶりにたいし、家康は如在《じょざい》には扱わない。
一、忠節を尽くせば、秀秋には上方において二国を進上したい。

とある。いずれをとるにしても、秀秋とすれば去就を定めかねる状況にあった。十九歳の暗愚なこの凡将は、己れが「関白」となることに魅力を感じていたという。先にも記したが、三成が松尾山の秀秋陣を訪ねたおり、直接、本人に会っていれば、秀秋はその場で西軍荷担を決心したかもしれない。三成は老臣たちに拒まれたのか、または、確認するだけでよしとしたのかは定かではないが、最終の好機を逸したのは確かであった。

ただ、小早川勢が西軍に荷担していても、家康に勝利できたか否かは断定の外である。なにしろ、三成の迂闊さは、家康の清洲城到着（九月十一日）を、摑んでいなかったところにも明らかであった。さらに三成は、西軍の陣立てに懸命であったばかりに、敵の総大将が十三日（十二日ともいう）、岐阜の最前線にあったことも知らなかったようである。三成は中山道を進軍中の秀忠軍が、真田昌幸の巧妙な抵抗戦によって、依然、信州上田を離れられずにいる情報を摑んでいた。なお、福島正則ら東軍先鋒が、八月十四日の着陣以来、一ヵ月も足止めされているのもみているのだ。

関ヶ原へ、西軍動く

「内府は上杉勢に背後を脅かされ、江戸出陣が遅れた。別働隊も信州に留まっている。決戦は九月も下旬になるであろう」

三成はそのように考え、すでにみた増田長盛への密書で、「二十日のうちにも敗りて候はん」と告げたのであった。

ところが家康は九月十四日、岐阜を発して長良川を渡り、正午頃には東軍最前線の赤坂に到着。直ちに軍議を開いて、三成らの拠る大垣城に押さえの兵を残し、東軍主力を佐和山城攻略に向ける方針を決定した。

三成の戦略は、当初の「尾・三の間」から、修正して関ヶ原へと予定戦域を移している。包囲殲滅すべく関ヶ原の高地も、すでに確保していた。それを横目に素通りされては、全体の戦略構想が崩壊してしまう。

まだ、西軍別働隊は大津城攻略にかかっており、この十四日夜半には開城させたものの、西軍中でも精鋭といわれた立花宗茂、毛利家中最も戦意を示していた毛利元康（元就の八男）ら一万五千は、いまだ関ヶ原に到着していない。

三成は家康の出現に驚愕しつつ、誘われるようにして関ヶ原に出た。彼はこの日、島津義弘が家康本陣を攻撃するように、と主張したのを退けている。

「あくまで正々堂々、白昼のもとで家康を倒す」

それが三成の根底にあったのだから、当然であったろう。

だが、面子を潰されたと思った義弘は、決戦の当日、島津勢を中立の局外に置くことになる。義弘は事前に、三成の戦略構想を聞いていなかったのであろうか。想像の域は出ないが、否というべきであったろう。

三成は翌十五日、関ヶ原での一大決戦が、即勝敗が決するとは断定していなかったのではあるまいか。小牧・長久手の戦いも、先に仕掛けた秀吉方が敗れている。

「家康は攻撃してこぬのではないか」

西軍が東軍よりはやく要地を押さえれば、東軍は現在の地点を動かぬかもしれない、と三成はかなりの確率で判じていたように思われる。

午後七時頃、三成は娘婿の福原長堯に兵四千九百を預けて大垣城に残し、四万数千の主力軍を関ヶ原に集結させた。大垣城から関ヶ原まで十六キロ。西軍は暗闇の中を、馬の口を藁でしぼり、息をひそめて、激しく降る雨のぬかるみに足をとられながら移動した。

十五日午前一時過ぎ、西軍主力は関ヶ原に着き、その後、全軍の配置が完了したのは午前四時頃であった。決戦直前の西軍の配置は、およそ次のとおりである。

栗原山　長宗我部盛親　六千六百六十人
同・岡ヶ鼻　長束正家　一千五百人、安国寺恵瓊　一千八百人
松尾山　小早川秀秋　一万五千六百七十人
南宮山と北方山麓　毛利秀元・古川広家　一万六千人
山中村と東方高地　大谷吉継　一千五百人、脇坂安治　九百九十人、朽木元綱　六百人、
　小川祐忠　二千百人、赤座直保　六百人、平塚為広　三百六十人、
　木下頼継　七百五十人、戸田重政　三百人
天満山　宇喜多秀家　一万七千二百二十人
同・北方丘腹　小西行長　六千人
小池村　島津義弘　八百人、同豊久　八百五十八人
笹尾山付近　石田三成・蒲生郷舎《さといえ》・島左近　五千八百二十人
その他　伊藤盛正《もりまさ》　九百人、岸田忠氏　三百人、織田信高・川尻直次　三百人、糟屋宗孝《むねたか》
　三百六十人、豊臣家臣　約一千人——合計八万二千人

家康がこの動静を知ったのは、午前二時頃であった。福島正則、西尾光教《みつのり》（曾根二万石）らの使者によって、西軍移動の第一報をうけた。家康は持久戦が味方に不利だ、と百も承知していた。すぐさま、東軍を関ヶ原にすすめる。家康の命令下、西軍を追って十五日の午前三時頃から、東軍は順次、中山道を西にすすんで関ヶ原に向かった。彼らは西軍と異なり、仮眠をとっており、休息の時間も持つことができた。その数、七万五千人。雨もあがりかけていた。

徳川家康　約三万人、福島正則　六千人、黒田長政　五千四百人、細川忠興　五千百人、井伊直政　三千六百人、本多忠勝　五百人、京極高知《たかとも》　三千人、松平忠吉　三千人、加藤嘉明　三千人、田中吉政　三千人、筒井定次　二千八百五十人、藤堂高虎　二千四百九十人、寺沢広高　二千人、生駒一正　一千八百三十人、金森長近　一千百四十人、古田重勝一千二十人、織田有楽《うらく》　四百五十人、有馬則頼《のりより》　三百人、分部光嘉《わけべみつよし》　三百人

このほか、南宮山に備えたのが池田輝政　四千五百六十人、浅野幸長　六千五百人、山内一豊　二千五十八人、有馬豊氏　九百人

岡山に待機したのが堀尾忠氏　五千四百人、中村一栄《かずひで》　四千三百五十人

曾根には水野勝成《かつなり》　九百人、西尾光教《みつのり》　六百人
長松には一柳直盛　一千五百人――計二万六千人
家康は関ヶ原へ急進の命令を下すと、食事をしてから笠をかぶり、自らも関ヶ原におもむいた。東軍の先鋒隊が、関ヶ原に到着したのは十五日の明け方である。諸部隊は、直ちに丸山から関ヶ原の西端付近にわたって展開。夜来の雨はやみつつあったが、たちこめている霧が晴れるのを、彼らはひたすら待った。
家康は、関ヶ原の東南にある桃配《ももくばり》山に本陣を据える。西軍の主将・石田三成の本陣までは、約四キロの距離であった。前にも記したように、関ヶ原は東西四キロ、南北二キロの狭隘な盆地――ここに東西およそ二十万の大軍がひしめき合い、やがて死闘を展開する。
明治十八年（一八八五）、来日した独逸《ドイツ》陸軍の戦術家クレメンス・ヴィルヘルム・ヤコブ・メッケルは、関ヶ原を視察したあと、東西両軍の布陣・兵力などを比較し、西軍が勝利すべき戦いであった、と主張したといわれる。が、西軍側に、戦闘傍観者と裏切り者が多かったため、実戦力がきわめて劣る結果となったことは、周知のとおりであった。

決戦

降りつづいていた霧雨は、夜明けとともにあがったものの、視界は広がらなかった。

午前八時、その霧もようやく散りはじめた。

徳川四天王の一人・井伊直政は、家康の家臣として、戦いの口火は己れが切らねばならぬ、と必死に思い込み、すでに東軍先鋒と決定している福島正則隊の側をすり抜けるようにして、東軍の最前線に突出。正面の敵である宇喜多秀家の隊へ向って、鉄砲を撃ち掛けた。この砲声が、まさに戦闘開始の合図となった。

と、同時に、この砲声が轟かねば、あるいは徳川家の面目は地に落ちていたかもしれない。一説に、徳川軍主力は秀忠の率いていた別働隊であったともいわれ、なるほど改めてこの日の戦いを検証すると、家康直属軍は他の東軍諸隊と比べて、さほどめざましい働きをしていない。見方を変えれば、関ヶ原の戦いは所詮、豊臣政権の文治派対武断派の内部抗争につきたことを、物語っていたともいえる。

――『常山紀談』や『古郷《ふるさと》物語』には、次のような挿話が載っていた。

徳川の幕藩体制に入ってからのことだが、筑前福岡藩の黒田長政の家臣たちが、六、七人集まって、四方山話をしたところ、話題が過ぎ去りし関ヶ原の思い出におよんだ。

彼ら黒田家は武断派で、決戦当日は石田三成の隊と激突した。

「石田が士《さむらい》大将、鬼神をも欺《あざむ》くという島左近のその日の有り様、馬に打ち乗り、麾《さしずばた》を振り上げてかかれ、かかれと叱咤していたが、あの声は耳朶《じだ》に付いて今も離れない。なお目の前にあるようである」

一人の家臣が怖気をふるいながら回想したまではよかったが、印象深く瞼に焼きついているはずの、左近の〝物具《もののぐ》〟が具体的に思い出せない。ある者は真っ黒の具足、兜《かぶと》の立物も指し物もなかったといい、またある者は陣羽織も柿色、否、鼠色とまちまちの記憶であった。その座にあった者は、改めて記憶の糸をたぐってみるが、どうも判然としない。

そこで、かつて三成に仕え、牢人の後に黒田家へ再仕官した者を呼び寄せ、左近のあの日の装いを問い質《ただ》すこととなった。

「左近どのは、兜の立物、矢の天衝《てんつき》、溜塗《ためぬり》の革胴の鎧に、木綿浅黄《あさぎ》の陣羽織を召しておられました」

一座の人々はこれを聞いて、一様に驚嘆する。

なぜなら、彼らは左近の軍勢に迫りつつも、その勇猛さに押され、混乱し、とてもその装いまでは覚えていられなかったことを悟ったからだ。原文にこうあった。

「――ヨクウロタエタルヨ、口惜シキ事ナリ」

並び居る者たちは一瞬、気を沈ませたに違いない。それを見かねたのであろう、黒田家中でも〝剛の者〟として聞こえた一人が、次のように弁明した。

「服装を見間違えたのは、われながら恥ずかしいことだ。だが、左近どのが率いていた百人はいずれも勇士で、わずか七十人ばかりは柵際に残し、三十人ばかりを左右に立てて、麾をとって下知した有り様は、いまだに忘れられない。三十人ばかりの将兵たちは、いよいよ槍が接しようという絶妙のきわに、さっと引き揚げ、われらがそれを追いかけると、近くまで引き寄せ、七十余名が待ち構えていて、えいえいと声を上げて突きかかり、手の下に追い崩してすべて討ち取ってしまった。

今にして思えば、まことに身の毛もよだって、汗が吹き出る。このように酒を酌みかわして、心安い朋輩たちと物語するのとは大違いだ。友軍の人々も、ほとんどは恐怖に魂を失い申した。もし、あのとき、わが方が三成隊の横合いより鉄砲にて撃ちすくめなんだら、われらの首は、三成の士大将・左近どのが槍で差し貫かれていたであろう」

島左近の勇猛果敢な奮戦ぶりは、のちのちまでの語り草となった。

九月十五日、〝天下分け目〟の関ヶ原で、石田三成隊約六千は、笹尾の陣に二重の竹矢来《たけやらい》を設け、弓・銃の類を分厚く伏せ、開戦の鬨《とき》の声をきいた。西軍の事実上の主将である三成にたいして、当然のことながら、東軍の諸将は集中攻撃を仕掛けてきた。

開戦から一時間後、頃もよしとみてとった島左近は、馬上の人となるや右手に槍、もう一方の手に麾を握って、柵の口から打って出た。手勢は百人である。

まず、銃撃戦がはじまり、先鋒の兵の小競り合いがあってのち、東軍側では黒田隊が左近の率いる百人の前に出た。これに加藤嘉明、田中吉政、細川忠興らの軍勢がつづいた。

左近はこれを巧みに押し返し、拍子《タイミング》をはかっては巧妙にいなした。黒田隊は左近の魔術にでもかかったように、翻弄され、揚げ句の果てには「死地」へ嵌《は》められてしまった。

このとき、黒田隊の菅六之助という者が、別働の鉄砲隊を率いて、左近らをとらえる射程距離内の小丘に登っていなければ、黒田隊は全滅の可能性すらあったのである。

勝敗を分けたもの

石田隊（島左近）の横合いから、狙いすました鉄砲のつるべ撃ちにより、左近の率いた将士は次々と倒れていった。無論、馬上でその雄姿をさらしていた左近が、無傷であろうはずがない。狙い撃たれてもんどりをうち、馬から落ちた。ひどい出血であったが、左近は将士の肩に担がれつつ、的確に手勢を撤収し、柵内に退いている。

三成隊の陣地では、おりから五門の大筒が柵の前に前進移動し、一斉砲撃を開始したので、寄せ手の東軍は一時、後退を余儀なくされた。

開戦時、三成隊は三手（あるいは四手）に兵を分け、前方を左近が、中間を蒲生郷舎《さといえ》、舞《まい》兵庫（前名・前野兵庫）が各々分担・掌握し、山頂の後方は主将の三成が陣取っていたものの、この頃になると、もはや三成自身も陣頭に立って、奮戦せざるを得なくなっていた。が、それにしてもこの隊の強さは、群を抜いていた。

そして戦局は、午前十時となっても一進一退を繰り返し、容易に勝敗がみえない。

太田牛一の『関ヶ原軍記』に、次のようにある。

敵身（味）方押分而《おしわけて》鉄砲はなち、矢さけびの声天をひびかし地をうごかし、黒煙立て日中もくらやみと成、敵も身方も入合《いりあい》、⿰革固《ママ》をかたふけ、干戈《かんか》をぬき持、おつつまくりつ攻《せめ》戦《たたかい》、切先より火焔をふらし、日本国二つに分て爰《ここ》をせんと（先途《せんど》）ゝ生便敷《おびただしく》たゝかひ、数ヶ度の働此節《この》なり。

三成は、この期に及んでも旗幟を鮮明にしない西軍の三分の二の諸侯に、決断を促すためにも、戦局を押し切る必要に迫られていた。たとえ、家康が事前工作で彼らを眠らせていようとも、三成隊や大谷隊、宇喜多隊の優勢をみて、変心する者が出るやも知れない。逆にみれば、家康は次第にあせりの色を濃くしていたといえる。

西軍の多くの諸侯が攻撃を決断すれば、いかに家康に多年の経歴《キャリア》があろうとも、この一戦は捨てねばならなくなる。この局面の家康について、挿話《エピソード》が『慶長記』にみえる。

御馬廻りワか（若）きもの共いさみ、我も人も馬をのり廻し、御そなへしかとさたまらさる時、野々村四郎右衛門と申もの、家康公の御前へ馬をのりかけ候、（家康公は）御腹立候て、刀を抜き御はらいなされ候へは、野々村には御刀あたらす、御刀ぬかせられ候におどろき、野々村は乗《のり》てに（逃）けければ、御腹立ちのあまり、御そは（側）のもの門名長三郎と申《もうす》御小姓立のもののさしものを、さし物筒のきわより、き（斬）らせられ候へ共、身にはあたらす、真実にきせられ候はゝたまる事にはあるましきか、おどしに遊ばされ候ゆへなり。

家康は戦局が思わしくない状況に、いらいらし、周囲に当たりちらしていたのであろう。彼の姿が目に浮かぶようである。そうしたことのあって後、家康はそれまで本営としていた桃配山から、関ヶ原宿の東――後世、〝陣場野〟とよばれるようになる前衛に出た。

午前十一時、三成はかねてからの手筈どおりに、総攻撃の狼煙を上げる。

ここで西軍が一挙に突撃を敢行すれば、この一戦は西軍勝利に決していたに違いない。

だが、小早川秀秋一万五千も、毛利勢二万余も、ともに動かなかった。

西軍の優勢はまだ、つづいている。最後の勝敗の鍵は、吉川広家を通じて中立を約した毛利家ではなく、暗愚で、誰からも阿呆扱いにされてきた、弱冠十九歳の金吾中納言が握ることとなった。三成は幾度も使者をおくり、約束の実行を促した。

このとき家康はどうしたか。この〝天下分け目〟の土壇場で、これまでの五十九年、粒々辛苦を重ね覆ってきた、己れの分厚い鎧をかなぐり捨てた。否、本性が出たのである。

「金吾ごときに欺かれたか――」

周辺の者たちが驚くほどの大声を発し、顔面からは血の気を失い、呼吸があらくなる中、家康は狂ったように手指の爪を嚙みはじめた。

それでも家康は、逆上せんばかりの極限の状態にあってなお、大将の動揺が全軍に伝わることによる、敗勢を思う経験則は堅持していたようだ。

と同時に、東軍と五分ないしは、それ以上に戦っている西軍の一部をみて、西軍の日和見組が雪崩《なだれ》をうって攻撃に転ずる危険性や、支えにまわっている東軍が、ある瞬間に総崩れとなり頽勢が挽回できずに終わることなど、さまざまな想像を爪を嚙みながら思い浮かべた。時間がない。家康は気魄を込めて決断した。

「小早川勢に向け、鉄砲を撃ちかけよ」

聞く者の耳には、雷霆《らいてい》の走る音のような響きがともなった。

もはや、完全な恫喝であったといってよい。ひとつ間違えば、気分を害した秀秋が、家康軍に刃を向けかねなかった。が、家康は狂走しかける心の中で、秀秋の阿呆さ加減をぎりぎりまで読んでいたともいえる。

脅かせば驚嘆し、西軍に襲いかかるかも、と。万一、秀秋軍が矛を逆さまにして東軍に向けてくれれば、家康は逃げる腹づもりでもあった。

(その時はもう一度、関八州からやり直せばよい)

そうした気持ちも、働いていたであろう。

一斉に鉄砲を撃ちかけられ、慌てた小早川秀秋は瞬時に西軍を裏切り、味方のはずの陣営へ突撃を敢行。その連鎖反応で、西軍側の脇坂安治・朽木元綱《くつきもとつな》・小川祐忠《すけただ》・赤座直保《あかざなおやす》の四大名が東軍に寝返った。大谷吉継は応戦しつつ戦死。かくして、西軍は敗れた。

今日の時間にして、東軍優勢は午前十一時頃から始まり、午後二時すぎには大勢が決着したことになる。

終章

日本人最多の典型

関ヶ原の戦後

関ヶ原の戦いが行われたこの日、奥州においては、関ヶ原を長期戦とみた上杉景勝が、直江兼続に命じて最上義光の領土を攻め、大激闘の中で上杉勢が最上勢を圧勝していた。ところが、関ヶ原の勝敗により、上杉家はのちに百二十万石を三十万石に減封されることになる。上杉家の宰相兼続は、その後、関ヶ原については何一つ語ることなく、ただ一片の詩を残した。

雪夜炉を囲んで情さらに長し
吟遊あい会して古今を忘る
江南の良策求むる処無くんば
柴火煙中芋を焼《や》くの香り（原漢文）

雪の夜更けに、相許した詩友と語り合っていると、現在の時局などは忘れてしまって、情緒だけがいよいよ深くなる思いだ。自分の抱いた回天の大策は、ついに用いられなかったのであるから、もうそうしたことは忘れてしまおう。そして、この友と芋を焼いてその香でも楽しもうではないか——といった意である。

兼続は盟友・石田三成を思い浮かべたであろうか。戦後、兼続は黙々と移封となった米沢の領国経営——その実務に専念しつづけた。

「武士の魂である刀や槍に錆《さび》がなければ、なんの恥ずべきことがあろうか……」

そういって、藩財政の倹約を旨とし、漆《うるし》・青苧《あおそ》・桑・紅花といった換金性の高い作物の根付けを推奨して、多くの産業をおこした。その甲斐あって米沢藩上杉家は、兼続の死後、表高三十万石を実高五十一万七千余石にまで引きあげ、豊かな藩となった。

また兼続は、他方では多額の私財を投じて漢籍を収集し、慶長十二年（一六〇七）には、『文選《もんぜん》』十巻を刊行して文化事業に貢献している。ほかにも、論語なども出版した。

元和四年（一六一八）、領内に禅林寺《ぜんりんじ》（のち法泉寺《ほうせんじ》）を建立《こんりゅう》し、学僧・九山を招いて開祖となして、ここを藩の子弟の教育施設として藩学興隆をはかった。

学識において天下に隠れなき藤原惺窩《ふじわらせいか》は、兼続の第一印象を、

「成る程、人の云う如く、一天下の奸雄なり。然《しか》しまた器量に至《おい》ては是亦《これまた》天下の英俊なり」

と述べている。

一方、上杉家に牢人した門田造酒之丞《かどたみきのじょう》は、つぎのように兼続について回想した。

「直江山城守は大男にて百人にもすぐれたるもったいにて、学問・詩歌の達者、才智武道兼《かね》たる兵《つわもの》なり。恐《おそら》くは天下の御仕置にかかり候にも、あだむまじき仁体《じんてい》なり」(『常山紀談《じょうざんきだん》』)

直江山城守兼続は、決して織田信長、豊臣秀吉、徳川家康ほどには有名ではない。

だが、戦国武将の中で利害損失に左右されることなく、〝義〟と〝忠〟をもって働いた人物といえば、同時代、上杉謙信と石田三成、この兼続が代表格ではあるまいか。

兼続は元和五年十二月、江戸で死去している。享年は六十。主君の上杉景勝は、その四年後にこの世を去った。こちらは六十九歳であったという。

かつて、家康の前に膝を屈した「五大老」の一人・前田利長は、関ヶ原の戦いの前月（八月）さんざん大谷吉継に翻弄された揚げ句、軍勢を率いて東軍に参加すべく金沢を発ったのが九月十二日、ついに〝天下分け目〟の合戦には間に合わなかった。

しかし戦後、百十九万三千七百石を領有することになる。

蛇足ながら、米沢へ恙無《つつがな》く移封してのち、兼続は家康の謀臣・本多正信の二男である政重（正純の弟）を、自らの養子に迎えた。幕府の目付（監視）をすすんで受け入れ、あらぬ嫌疑を未然に防ごうとしたのだが、直江大和守勝吉《かつよし》を称した政重は、二年後には上杉家を去り、加賀前田家の筆頭家老（五万石）に迎えられている。

政重を改めて招いた利長の心中は、上杉家の兼続と同じであったろう。前田利長は慶長十九年五月まで生き、五十三歳でこの世を去った。

関ヶ原を離脱した西軍主将の石田三成は、その後どうしたのか。居城の佐和山城をめざしたがたどり着けず、近江の山中をさまよい、田中吉政の兵によって発見されてしまう。十月一日、三成は洛中を車に乗せられて引きまわされ、六条河原で処刑された。四十一歳。彼を捕縛した吉政は、筑後国柳川城主として三十二万石に栄転した。その後、慶長十四年二月に、六十二歳でこの世を去っている。

三成と一緒に、刑場の露と消えた安国寺恵瓊、小西行長はともに享年は不詳である。

宿敵三成たち三人の死を聞いた家康は、近習に次のように漏らしたという。

石田（三成）は日本の政務を取りたる者なり、小西も宇土《うと》の城主なり、安国寺またいやしむべき者にあらず。軍敗れて身の置處《おきどころ》なき姿となるも、大将の盛衰は古今に珍しからず。命をみだりに棄てざるは将の心とする所、和漢其《その》ためし多し。更《さら》に恥辱にあらず。

（『常山紀談』）

家康の論功行賞

戦後、悪人に徹した家康は、論功行賞に智謀のかぎりを尽くした。

毛利輝元を三十六万九千石に減封したことは、すでにふれている。

それ以外に減封された大名家が、上杉も含め五家で二百十六万三千余名。没収された家が八十八大名家で、四百十六万千余石。併せて、六百三十二万四千余石となった。

当時の天下六十余州は総石高にして千八百七十二万石余であるから、およそ三分の一が家康の懐に入ったことになる。無論、勝利に貢献した東軍諸将にも分配せねばならない。

やっかいなのは、態度不明の三十一家、合戦の前後や最中に寝返った大名家十二の処分であった。結局、中立のうち六家、寝返り組のうち二つを不可とした。

世間は、この戦後処理に目を奪われていたといってよい。その間に家康は、主人の豊臣秀頼が元服後にすわるべく、あえて空けておいた朝廷の最高官位「関白」に、さりげなく公卿の九条兼孝《かねたか》を再任するよう、後陽成天皇（第百七代）に奏請し、受け入れられている。

家康は豊臣家から、政権の法的根拠を奪ってしまった。

曹洞宗の禅僧・神龍院梵舜《ぼんしゅん》は、

「武家より摂家の返さる始なり。内府家康公申沙汰なり」

と喜びのほどを述べている。

が、その関白兼孝に安堵《あんど》した家禄は、わずかに千余石でしかなかった。徳川家の旗本の、最低水準《レベル》である。家康はあいかわらず、吝《しわ》かった。

その家康から旧領六十万石の安堵を外交で勝ち取った島津家は、たいしたものであったといえる。貧乏クジを引いたのは、その島津家に匿われていた逃亡者・宇喜多秀家であったろう。死一等は免じられたが、八丈島へ流罪となった。島での生活が五十年、秀家は明《めい》暦《れき》元年（一六五五）十一月にこの世を去っている。八十四歳であった。

小早川秀秋はどうしたか。約束通り、五十七万石を備前・美作（現・岡山県）に与えられたものの、当人は二年後に二十一歳で病没した。小早川家は断絶となったが、裏切り者の遺臣は皆目、再仕官がかなわなかったようだ。

福島正則は安芸広島四十九万八千石に栄転。加藤清正も五十一万五千石の太守となった。

その一方で主君秀頼は、四十ヵ国に二百二十二万石に及んだ蔵入地が、六十五万七千四百石に削減され、一大名と変わらぬ境遇に転落してしまう。

家康は慶長七年（一六〇二）、八年と二回、大坂の秀頼を訪ねて年賀の挨拶を述べたが、彼が演じた豊臣家の「大老」の役はここまでであった。

公家の頂点である「関白」（引退して太閤）に就くことによって、形式上、成立していた豊臣政権の、基盤そのものを除いた家康は、慶長八年正月二十一日、征夷大将軍に補せられる内示をうけ、謹んでこれをお受けする、と奉答。二月十二日、将軍宣下の儀式が伏見城で執り行われた。勅使は広橋兼勝《ひろはしかねかつ》が上卿《じょうけい》、烏丸光広が奉行、小川坊城俊昌が参仕弁をつとめ、

「宣下目出度候」

と述べたあと、三人に副使がつづいて二拝して、

「御昇進、御昇進」

と二度呼ばわり、家康が宣旨を拝見し、征夷大将軍に任ずるとの宣旨を入れた箱は、その後、奥に運ばれ、家康の家臣・永井直勝によって砂金の袋二つが詰め込まれる。

源氏の長者に任ずる宣旨、淳和《じゅんな》・奨学の両院別当に任ずる宣旨、牛車《ぎっしゃ》と兵仗《へいじょう》を許可する宣旨、内大臣から右大臣に昇進させる宣旨が手渡され、家康からは砂金や金子が下賜されて、一連の儀式は終了する。

天下は名実共に、家康のものとなった。

家康はようやくにして手に入れた天下を、じっくりとかみしめるかと思えば、二年後にはあっさりと、それを嗣子秀忠に譲ってしまう。

天下六十余州に、徳川幕府が世襲であることを宣言するためであった。

さらに家康は、世上の声望を得つつ、徐々に豊臣家内部を侵食し、分裂させ、慶長十九年十月に大坂冬の陣、翌年五月には夏の陣を仕掛け、二十三歳の秀頼を自殺させ、たった一つの憂い事を取り除くことに成功する。

元来が小心で、なにごとにつけても狼狽し、それでいながら短気で激越家――こうした矛盾だらけの男に、天下を取らせたものがなんであったか。

豊臣家を滅ぼした翌年＝元和二年（一六一六）四月十七日、家康はすべてを完了して、七十五歳をもってこの世を去っている。

ついでながら、家康はその死後に神となった。「神君」と尊称され、「東照大権現」と呼ばれたことは、よく知られている。だが、これらの発想には各々、前例があった。

およそ、この天下人らしからぬ物学びの人は、死後においても、先輩である織田信長や豊臣秀吉を恥じらいもなく真似た。

つまり、家康はその生涯において、ついに一度として――その死後までも――己れの独創性をもたなかった。それでいながらこの人物は、忍耐づよく事の本質を見極め、衆知をあつめて、〝素知らぬ体〟で天下を取り込んだ。

その保障は、

「徳川どのは、惨《むご》いことはしなさらぬ」

との、わずかばかりの世上の信頼だけであり、それを礎に二百六十五年の泰平を築いたのであった。

大久保家の三河者魂

――戦国最後の大坂夏の陣に関して、興味深い挿話がある。

このおり、大久保彦左衛門忠教《ただたか》は徳川軍の槍奉行をつとめていた。

彦左衛門の属する大久保党は、彼本人の言葉を借りれば、先祖の大久保泰昌《やすまさ》が松平信光（三代）に仕えてから、家康（九代）の代まで、七代に仕えた譜代の家臣ということになる。

ごく小ぶりでありながら、両眼を刮《かっ》と見開いたように身構えつつ、彦左衛門はいう。


　此御代々、野に臥《ふ》し山を家として、かせぎ・かまり（忍びの物見）をして、度々の合戦に親を打死《うちじに》させ、子を打《うた》せ、伯父・甥・従兄弟・再従兄弟《はとこ》を打死させて、御奉公《ごほうこう》を申上《もうしあげ》、それのミならず、女子眷属《けんぞく》共に、麦の粥《かゆ》、粟稗《あわひえ》の粥を食《くわ》せ、其身《そのみ》もそれを食《く》いて、出てハ打死をして御奉公申上たる其末々《そのすえずえ》子供共が、只今ハ御前へ可㆓罷《まかり》出《でるべき》㆒力もなけれバ、行方《ゆくえ》もなき人之《の》普（譜）代と成《なり》、一季奉公《いっきぼうこう》をして世をめぐるも有り、御走《おんはしり》奉公をするも有、担《にない》商《あきない》をして、鰯《いわし》・田作《たつくり》（ごまめ）を売りて世を送るも有《あり》。（『三河物語』）

忠節一筋にあらゆる艱難辛苦《かんなんしんく》を耐え、一族に多大な犠牲を出しながら生き抜き、懸命に代々の松平党首（家康も含め）に仕えてきたのに、大久保党は何一つむくわれなかった。徳川家が天下を取っても、出世するのはお家が盛大になってから仕官した連中ばかりではないか。この彦左衛門の悲憤慷慨《ひふんこうがい》は、その族人、兄弟・甥にふりかかった、具体的な悲劇を多分に、胸に一物もっての発言であったろう。

彼の長兄・忠世（家康より十歳年上）は、松平（徳川）家の譜代衆の重臣として、主君家康が二十二歳で遭遇した三河一向一揆にはじまり、三方ヶ原の戦い、長篠・設楽原の戦いなどに従軍。徳川家の関東入封により、それまでの関東の覇者・北条氏の居城であった小田原城をまかされた。四万五千石である。

忠世は文禄三年（一五九四）九月に六十三歳で死去したが、そのあとはつつがなく長子の忠隣《ただちか》が襲った。すでに武蔵国の羽生城で二万石を得ていた忠隣は、羽生城を己れの嫡子・忠常《ただつね》に譲り、自らは小田原城主となった。併せて六万五千石を宰領することになった彼は、相模守にも任ぜられている。このとき、四十二歳。

彦左衛門とこの甥は、似た者同士といってよい。加えて、彦左衛門の次兄に、弥八郎（治左衛門とも）忠佐《ただすけ》という武辺を絵に描いたような、獰猛《どうもう》な三河犬のような武士がいた。

永禄十二年（一五六九）、十七歳の新十郎忠隣は、遠江国掛川城を攻めたおり、この叔父と一緒に出撃した。乱戦の中で忠佐は、みごと敵将の近松丹波を組み伏せ、その首を忠隣に譲ろうとしたようだ。

すると忠隣は顔色を変え、

「人のくれたる首、何にかすべき」（『常山紀談』）

といい、叔父をにらみつけ、敵陣へわけ入って、自ら別の首をとって来た。

一方の忠佐はこの後、慶長六年（一六〇一）に沼津城二万石を賜ったが、一人息子が早世し、慶長十八年に七十七歳で没するまで、ついに跡継ぎにめぐまれなかった。

お家の断絶をおそれた忠佐は、当時、三河額田郡に一千石をもらっていた末弟の彦左衛門に、自分の養子となってくれるように、と頼んだ。

ところが彦左衛門は、これを峻拒《しゅんきょ》している。

「手柄をたてて大名になるならいざしらず、兄の手柄を譲りうけて大名にはなりたくない」

取りつく島もない。結局、沼津大久保家は断絶となった。

この後、忠隣の家臣に直った彦左衛門であったが、忠隣は家康の謀臣・本多正信との間に確執をかまえ、それに端を発した政争に敗れたことから所領を没収され、彦左衛門は一介の旗本に逆戻りとなってしまった（のち二千石）。

改易後の忠隣は、近江に配流となったが、己れの潔白を訴える上書を、くり返し家康に提出した。だが、家康はこれを無視したまま死去し、二代将軍秀忠より、改めて申し開きをせよ、とすすめられたが、今度は忠隣が訴えることもなく、

「身に罪なきことを申し上げれば、ご公儀に恥をかかせることになる」

といい、寛永《かんえい》五年（一六二八）六月に、七十六歳で没してしまった。

おそらく家康にのみ、申し開きがしたかったのであろう。

そうした狭間で大坂冬の陣、つづく夏の陣が勃発——五十代半ばの彦左衛門は、槍奉行を拝命した。おそらく、名誉職であったかと思われる。

勝敗は攻城方の圧勝となり、豊臣家は滅亡した。

だが、戦闘の途中、真田信繁《のぶしげ》（俗称・幸村《ゆきむら》）の突撃などもあり、徳川軍の旗奉行の不慣れから、家康の御旗が崩れ、味方からみえなくなった局面があった。

徳川の軍に動揺が走る。まさか、敗れて本陣は退却したのではあるまいな、と関ヶ原の戦いを知らない世代の、徳川将士たちは疑った。が、そこにいたのが歴戦の兵《つわもの》・彦左衛門である。

「わしは槍奉行である。御旗が退《ひ》けばそれを知らないはずはない。慌てるな――」
胴間声《どうまごえ》をからして叫び、どうにか混乱を収拾した。

けれども、その世渡りべたはどうしようもない。のちに旗の崩れが徳川家内部で追及されたおり、多くの者が旗はみえなくなった、と証言する中で、ひとり彦左衛門だけは、

「いえ、旗は立っておりました」

と答えた。家康の尋問でも、頑として答えをかえない。家康は激怒し、

「汝《なんじ》ハ何とて我にハつかざるぞ（手向かうか）」（『三河物語』）

刀の柄を握ったが、彦左衛門はそれでも、「旗は立っておりました」と強情に言い張った。

のちに彦左衛門はいっている。

某《それがし》ハ相国（家康）様迄《まで》、御代御七代召《めし》つかわされ申《もうす》御普（譜）代之者なれバ、御旗に疵《きず》バ付申《つけもうす》まじき。たとへ逃げ申《もうし》たる御旗なり共、「逃げ不レ申《もう》候《さず》」と申上《もうしあげ》て、其《それ》が御咎《とが》ならば、頸《くび》ハ打れ申共《もうすとも》、「御旗之逃げたる」とハ、何として可二申《もうし》上《あげるべき》一哉《かな》。（同上）

見上げた、三河者魂であった。

シェイクスピア、セルバンテス、そして家康

だが、時代は「元和偃武《えんぶ》」（戦争終結宣言）となり、天下泰平の世へと移っていく。

「民の竈《かまど》にハ、朝夕の煙《けむり》も豊かなり。賢王《けんおう》の代に出れバ、ほう王（鳳凰）翼《つばさ》をのべ、賢《けん》（臣）国に来れば、麒麟蹄《きりんひづめ》を研《と》ぐ」と云《い》うことも、此君之御時に知られたり。目出たかりし御事なり。（同上）

彦左衛門も徳川家が天下を取ったことは喜んでいたが、幕藩体制が固まれば、再び戦場働きの機会はめぐって来なくなる。

武断派の武将が活躍した時代から、文治派の官僚が必要とされる世の中に変れば、槍先の功名は不可能となり、戦場を生きがいとする武士にとっては、平和だが閉塞感の強い時代が、新たにはじまってしまう。

終わりの始まり――彦左衛門の「へりたる」（ひるんだ）思いは、どうやらこゝの辺りにあったように思われる。

では、この新しい時代の展開にどう対処すればいいのか。彦左衛門は明快にいい切った。

電光朝路《ママ》（露）、石火之ごとくなる夢之世に、何と渡世を送れバとて、名にハかへべきか。
人ハ一代、名ハ末代なり。

いかに冷遇されても、徳川家と共に生きていくしかない、と彼は子供たち、さらには子孫へ語りかける。

「我等共が先祖、御代々様へ一度背《そむ》き奉り申《もうし》たる事もなし」

蛇足ながら、忠隣の長男・大久保忠常は、関ヶ原の戦いでは父と共に、徳川秀忠の主力軍に参加。真田父子と対峙し、のちに武蔵私市《きさい》藩の藩主となり、二万石を拝領した。が、彼は三十二歳で没してしまい、その息子忠職《ただもと》は祖父忠隣の改易に連座したものの、のちに許されて美濃加納《かのう》藩主となる。そして播磨明石《あかし》藩主へ移り、やがて肥前唐津《からつ》藩主へ。このとき、八万三千石になっていた。

おもしろいのは、その後継（従兄・養子）の忠朝《ただとも》である。唐津藩主を相続したが、のち三代将軍家光の時代に老中となり、国政に参与。下総佐倉に転封して、貞享《じょうきょう》三年（一六八六）には相模小田原藩主となっている。この時、十万三千石。

大久保忠隣・彦左衛門の兄弟の無念は、代を経て一応は晴らされたことになる。

ふと、『菜根譚《さいこんたん》』（明の洪自誠《こうじせい》著）の一節を思い出した。

「人生の福境《ふくきょう》禍区《かく》は、皆念想《ねんそう》より造成《ぞうせい》す」（人生の幸せとか災いとかは、結局はすべて、自分自身の心の中から生まれてくるもので、決して境遇環境に左右されるものではない）

似たような言葉に、「禍福は糾《あざな》える縄の如し」（災いと幸福が表裏転変するのが人生だ）というのもあった。

大久保彦左衛門の生涯——主君家康も含めて——は、そのことを後世に語ってくれたように思われる。しかも、日本人における、性格の一典型を生み出すことによって——。

「あいつは、まさに大久保彦左衛門だよ」

というだけで、後世のわれわれはその人物の全輪郭を、話し相手に理解してもらえるという、ありがたい方便を得た。

彦左衛門に似た風貌の人物に、西班牙《スペイン》の作家ミゲル・デ・セルバンテスが生み出した「ドン・キホーテ」の主人公がいる。

そういえばセルバンテスは、スペインの騎士道が終焉を迎える中で、騎士道賛美を痛烈に批判しながら、「ドン・キホーテ」を執筆した。おかげでヨーロッパの人々は、人間の性格群を分類する便利さを手に入れたわけだが、同じ時代に、同様の役割を英国《イギリス》で担った劇作家に、ウィリアム＝シェイクスピアもいた。彼の生み出したハムレットも、その言葉《セリフ》とともに、一つの人間の典型を世の中に導き出したといえよう。

実はこのセルバンテスやシェイクスピアは、家康―彦左衛門主従と同時代の人間であった。とりわけセルバンテスとシェイクスピアは、徳川家康と同年にこの世を去っている。西暦一六一六年――日本では元和二年――である。

歴史学の世界には、同時多発性の原理という考え方があった。日本でおこることは、欧羅巴《ヨーロッパ》でも別途、派生する、相似現象がみられる、との考え方だが、一見偶然とみえる暗合も、一つの気流で東西南北がつながっている地球儀の世界では、同時代にドン・キホーテと〝天下のご意見番〟となる一徹者《いってつもの》の大久保彦左衛門という、同系の典型を生み出し得たのだ。

どうやら、歴史の流れが急速に転換するとき――たとえば、中世が近世に急な曲がり角《カーブ》を切って曲ろうとする瀬戸際――には、それまでの時代を生きた典型的な人物が、原型に近い形で凝縮され、後世に伝えられる仕組みのようなものが、あったのかもしれない。

もっとも日本の場合、〝天下のご意見番〟大久保彦左衛門が多分に講談の世界で創作された虚構であるのに比べ、その主人である家康は、七十五年の生涯を通じて、日本史の中で、なまな性格劇を演じつづけた。

自らが脚本を書き、自演し、それも脇役から主役までをつとめ、「家康」は「狸おやじ」の典型であるとともに、もしかすると日本人最多の典型を後世に遺したかもしれなかった。その家康に仕えた大久保彦左衛門は、おそらく己れの生涯の中に、徳川家の終わりの始まりをみたに違いない。天下泰平はめでたい。だが、その裏には不安・不吉がしのびよる。もう、徳川家はこれ以上には登っていけない。この先、今以上の飛躍や変化は期待できない。

あるのは、重苦しい閉塞の予感——幕藩体制は槍一筋の武功を否定し、武士の家禄上昇の機会を奪い、生粋の三河武士の生き方まで変えてしまう。

乱世は終り、無事泰平の世は来たが、次の下剋上がいま、また新たにはじまろうとしていた。徳川の世は二百六十五年で終焉《しゅうえん》を迎えるが、家康が時代に植えつけたその性格は、その後も広く深く日本人全体の中に定着したのではなかろうか。

（了）

加来耕三（かく・こうぞう）
歴史家・作家。1958年大阪市生まれ。奈良大学文学部史学科卒。同大学文学部研究員を経て、著述活動に入る。現在は大学・企業の講師をつとめながら、テレビ・ラジオの番組監修、出演など多方面で活躍している。2018年歴史研究会「歴史大賞功労賞」を受賞。
主な著書に、『明治維新の理念をカタチにした　前島密の構想力』（つちや書店）、『日本史を変えた偉人たちが教える　3秒で相手を動かす技術』（PHP研究所）、『鎌倉幕府誕生と中世の真相　歴史の失敗学2——変革期の混沌と光明』（日経BP）、『読むだけで強くなる　武道家の金言』（さくら舎）、『日本史に学ぶ　リーダーが嫌になった時に読む本』（クロスメディア・パブリッシング）、『戦国武将学　歴史に学び未来を読む』（松柏社）ほか多数。
現在、BS11「偉人・素顔の履歴書」（毎週土曜夜8時）、BS‐TBS「関口宏の一番新しい中世史」（毎週土曜昼12時）に出演中。

家康の天下取り
関ヶ原、勝敗を分けたもの

2023年1月10日　初版第1刷発行

著　者　加来耕三
発行者　佐藤　秀
発行所　株式会社 つちや書店
〒113-0023　東京都文京区向丘1-8-13
電話 03-3816-2071　　FAX 03-3816-2072
HP http://tsuchiyashoten.co.jp/
E-mail info@tsuchiyashoten.co.jp
印刷・製本　三美印刷株式会社

　ISBN978-4-8069-1795-3 C0021